KB013787

여성주의 경제학

Feminist
ECONOMICS

젠더와 대안 경제

Gender and Alternative Economy

여성주의 경제학

홍태희 지음

한울
아카데미

머리말

어느 시대이건 말세였고, 어느 시대이건 삶은 팍팍했다. 그러나 세상살이가 이렇게 힘들고 하늘과 땅이 이렇게 더러워진 시대는 없었다. 아이도, 어른도, 소도, 닭도, 아시아도, 아프리카도, 부자도, 빈자도 모두 힘든 시대이다. 세상 곳곳에서, 그리고 세월호에서 "살려주세요"라는 절규가 터져 나오는데 그에 화답하는 손길이 보이지 않는다. 아이들이 죽어가니 세상도 따라서 죽어간다.

죽어가는 것들을 살리는 일, 모두가 잘사는 행복한 세상을 만드는 것이 경제학의 존재 이유라고 여기는 필자는 이를 가능케 할 대안 경제학의 첫 번째 가능성으로 이 책을 구상했다. 그리고 아픈 자식을 돌보고 죽어가는 것을 살리려는 모성에서 대안의 실마리를 찾아보려고 한다. 어떤 사람은 묻는다. 아직도 여성주의냐고. 여성이 대통령도 되고, 장군도 되고, 우주인도 되는 세상에 무엇이 아쉬우냐고. 남성주의라도 내세워야 할 정도로 남성들이 고생하는 대한민국에서 왜 때늦은 여성주의 타령이냐고.

그렇다. 세상은 분명 변했다. 한국 사회는 호주제 폐지, 남녀고용평등법 제정, 성매매금지법 등의 법제화 과정을 통해 제도적 평등을 달성했다. 그러나 현실을 자세히 들여다보면 실질적 평등은 여전히 요원하다. 여성으로 태어나는 그 순간부터 자신의 생긴 모습으로 고통당하고 성형을 해서라도 세상이 정한 아름다움에 자신을 맞추어야 한다. 일과 가정 사이의 줄타기로 직장 여성들은 종종걸음을 치고, 비정규직 단순노동은 여성의 몫이며, 정치적·사회적 권리도 동등하게 보장되었다고 보기 어렵다. 누구는 일하고 만 원 받는데 누구는 같은 일을 하고도 육천 원 받고 있다고 하자. 그만하면 괜찮지 않느냐 하면 누가 괜찮다고 하겠는가.

그렇지만 필자는 여성주의를 여성의 권익만을 내세우는 것으로 이해하지 않는다. "저희도 사람입니다. 그러니 제대로 대접해주세요"라고만 주장하는 것이 아니라 지나친 남성성이 만들어놓은 괴물 같은 세상, 눈앞에 사람이 죽어가도 주판알을 튀기기에 여념이 없는 세상을 바로잡을 도구로 이해한다. 여성성을 통해 세상의 균형을 잡아서, 과도한 책임으로 일과 돈과 힘에 눌려 죽을 지경인 남성들도 제대로 살 대안으로 파악한다. 여성과 남성의 문제는 어느 한 성별의 문제가 아니다. 여성이 살기 힘든데 남성만 잘사는 것은 불가능하다. 남성의 인권이 보호받지 못하는 나라에서 여성의 인권이 보호될 턱이 없다. 할머니와 어머니, 그리고 딸이 기꺼이 아이를 낳고 신명을 다해 기르는 세상은 할아버지와 아버지, 그리고 아들도 살 만한 세상임에 분명하다.

이처럼 필자는 여성주의를 단지 여성의 문제가 아니라 남성의 문제는 물론이고 과도한 남성성이 만들어놓은 세상의 문제를 해결할 대안으로 이해한다. 물론 좁게 정의하면 여성주의 경제학은 여성도 인간이라는 입장에서 쓴 경제학이다. 따라서 여성주의를 중심에 두고 여성과 남성의 경제행위와 행위의 결과에 나타나는 차이와 차별에 주목한다. 그러나 광의로 해석한 여성주의 경제학은 인간 일반을 위한 경제학이다. 왜냐하면 여성주의는 여성 문제를 전담하는 논의이기 이전에 세상을 인간답게 살 방법에 대한 고민이며, 양성평등에 대한 요구이기 전에 도덕과 정의에 관한 문제이기 때문이다.

한 걸음 더 나아가서 필자는 여성주의 경제학을 돈의 논리 앞에 폄하되던 돌봄, 보살핌, 배려 등의 가치를 부각하면서 이윤 추구에 급급한 경제 현실을 넘어 생명을 보살피고 생태계를 살리며 같이 살아가는 세상을 지향한다는 측면에서 인류와 지구의 미래를 위한 대안 경제학으로 이해한다. 따라서 여성주의 경제학은 기존 경제학의 지나친 남성성이 가져온 경쟁과 이윤, 전쟁과 기아, 환경오염 등의 폐단을 극복하고 궁극적으로는 경제학의 패러다임 자체를 바꾸는 것을 목표로 한다.

이 책은 이러한 경제학을 위한 염원을 담아 집필되었다. 필자는 경제학을 공부하는 학생뿐만 아니라 대안 경제와 여성 문제에 관심이 많은 일반 독자들이 쉽게 읽을 수 있는 수준의 책을 구상했다. 그러나 능력의 한계로 적절한 수준으로 집필하지 못한 부분이 많다. 이 점에 대해 독자의 이해를 구한다. 이 책은 총 3부 16장으로 구성되어 있다.

1부에서는 여성주의 경제학 이론들을 소개한다. 여성주의 경제학의 개념과 전개 과정 및 여성주의 대안적 경제론을 미시경제, 거시경제, 경제발전론과 성장론 등의 순서로 설명한다. 따라서 먼저 여성주의 경제학의 이론적 기초에 대해 설명하고, 경제단위로서의 가계를 재조명한다. 다음으로 미시경제학과 거시경제학을 여성주의 관점에서 재해석한다. 아울러 경제성장론과 경제발전론에서 성인지성을 가지려는 시도들을 소개한다. 마지막으로 돌봄 경제학의 논의를 살펴보며 돌봄에 대한 이론과 돌봄의 현실을 소개한다.

2부에서는 현실 경제 속에서 젠더가 어떤 역할을 하는지 확인한다. 먼저 역사 속에서 여성이 어떻게 살았는지 살핀 후 여성의 처지를 이해하기 위해 국가와 여성의 경제, 문화와 여성의 경제 등의 순서로 설명한다. 특히 세계 각국 여성들의 경제적 현실을 문화권별로 나누어 살펴보고 문화 · 젠더 · 경제의 관계를 소개한다. 다음으로는 결혼과 출산, 육아와 여성의 경제를 소개한다. 2부의 마지막으로는 노동시장에서 여성이 처한 현실을 조명한다.

3부는 여성들이 만든 대안 경제를 소개한다. 먼저 어떤 경제가 양성평등 경제인지를 확인하고 여성들이 제시한 대안 경제 이론들을 설명한다. 또한 양성평등적 사회를 만들기 위한 시도의 사례로 보살핌 경제를 소개한다. 그리고 양성평등을 위한 주요 국가들의 정책을 비교하고 앞으로 추진되어야 할 정책 과제를 제시한다. 마지막으로 여성주의 대안 경제를 실현한 경험들을 나누어본다.

이 책은 지난 시간 동안 저자가 지속해서 관심을 가지고 연구하고 발표한 논문들을 바탕으로 쓰였다. 독자들의 이해를 돕기 위해 문장을 쉽게 바꾸고 내용을 짧게 줄였으며 최근 자료를 보충했다. 가독성을 높이기 위해 지나치게 전문적인 세부 인용이나 불편한 각주 등은 대부분 생략했다. 이 책에 관심이 생긴 독자는 필자의 다음 논문들을 읽어보는 것이 좋을 듯하다. 발표된 글들의 출처는 다음과 같다.

1장: 「경제학과 젠더: 성별 경제학(gender economics) 정립을 위한 근대경제학 비판」, ≪경제학연구≫, 제51집 제2호(2003), 151~177쪽; 「경제학과 젠더」, 김형기 외, 『새정치경제학 방법론 연구』(한울, 2005), 207~239쪽.

2장: 「여성주의 경제학의 시각과 대안 경제학으로의 가능성」, ≪여성경제연구≫, 제1권 제1호(2004), 23~46쪽; 「모신(母神)의 보이지 않는 손: 여성주의 경제학」, 박만섭 외, 『경제학, 더 넓은 지평을 향하여』(이슈투데이, 2005), 163~190쪽.

3장: 「미시경제학과 젠더: 성인지적 미시경제학 정립을 위한 시론적 연구」, ≪질서경제저널≫, 제14권 제2호(2011), 1~18쪽.

4장: 「거시경제학과 젠더: 성인지적 거시경제학 정립을 위한 시론적 연구」, ≪여성경제연구≫, 제7권 제1호(2010), 109~130쪽; 「성인지적 포스트 케인지언 경제학의 정립 가능성 모색」, ≪질서경제저널≫, 제13권 제2호(2010), 67~86쪽.

5장: 「경제발전론의 성인지적 재해석: '발전에의 여성참여'에서 '성주류화'로」, ≪경상논집≫, 제18권(2004), 41~61쪽.

6장: 「돌봄과 수선에 관한 경제학적 이해」, ≪여성경제연구≫, 제9권 제2호(2012), 163~182쪽.

7장: 「젠더의 역사적 구성: 성별 관계와 여성 경제사」, ≪여성경제연구≫, 제6권 제2호(2009), 85~109쪽.

8장: 「성별 관계를 통해 본 현대자본주의국가의 동일성과 다양성」, ≪사회경제평론≫, 제23호(2004), 347~382쪽; 김형기 외, 『현대자본주의 분석』(한울, 2007), 207~239쪽.

9장: 「성별 관계를 통해 본 현대자본주의국가의 동일성과 다양성」, ≪사회경제평론≫, 제23권(2004), 347~382쪽; 「현대자본주의국가와 성별 관계」, 김형기 외, 『현대자본주의 분석』(한울, 2007), 541~570쪽.

13장: 「젠더와 대안 경제: 여성주의 경제론과 현실 적용 가능성」, ≪여성경제연구≫, 제8권 제2호(2011), 40~73쪽.

15장: 「조화로운 삶을 위한 '보살핌의 경제론'의 함의와 대안 경제론으로서의 가능성」, ≪경제학연구≫, 제53집 제3호(2005), 153~181쪽; 「여성들이 만드는 참살이 경제의 가능성: 보살핌의 경제론」, 김형기 외, 『대안적 발전모델: 신자유주의를 넘어서』(한울, 2007), 207~239쪽.

16장: 「젠더와 대안 경제: 여성주의 경제론과 현실 적용 가능성」, ≪여성경제연구≫, 제8권 제2호(2011), 40~73쪽, 151~177쪽.

이 책의 발간에 앞서 많은 분에게 감사를 드린다. 한국여성경제학회 동료 경제학자들의 관심은 필자가 여러 가지 어려움 속에서도 이 책을 완성하는 동력이 되었다. 무엇보다 10여 년 전 학회 회원들과 같이한 젠더 경제학 세미나는 이 책의 모태가 되었다. 아울러 국제여성주의경제학회(IAFFE) 회원들의 선구적인 작업들도 어두움을 밝히는 횃불이 되어주었다. 이들 중 특히 줄리 넬슨(Julie Nelson) 교수의 가르침에 깊은 감사를 드린다. 도서출판 한울 김종수 사장님과 편집진의 수고에도 깊은 사의를 표한다. 경제학에 젠더를 붙이는 작업을 시작한 지도 10여 년이 지났다. 처음에는 젠더 개념 하나만으로 천동설을 지동설로 바꾸는 전기를 이루겠다는 포부를 가졌으나 이제는 단지 그간 애쓰지 않은 것은 아니라는 면책을 받을 증거로 졸저를 내놓는다. 남은 허물은 모두 필자의 몫이다.

2014년 가을 보스턴의 바닷가 오두막에서

차례

2부 여성의 경제 현실

3부 여성주의 대안 경제

1부

여성주의 경제 이론

모든 이론은 회색이라는 괴테의 말을 빌리지 않더라도 생생한 현실을 담아내기에 이론이란 그릇은 통상 너무 작거나 너무 큰 구멍을 가지기 일쑤이다. 더욱이 사람이 모여 살며 만든 복잡한 경제 현상을 설명하는 이론은 더욱 성기기 마련이다. 그래서 가장 효과적으로 사회 현상을 서술하는 방법은 모든 변수를 자유롭게 사용할 수 있는 소설일 수도 있다. 그럼에도 인간 세상을 논리적으로 해석하는 시도를 멈추지 않는 것은 객관의 한 측면을 부여받아 문제 해결을 같이 꿈꿔볼 수 있다는 가능성을 잡기 위해서는 이론이라는 잣대가 필요하기 때문이다.

사회과학 중에 가장 현란함을 자랑하는 경제학일지라도 이론의 수준은 아직도 젬병이다. 그러나 그나마 애써 만들어놓은 건축물에 갑자기 젠더라는 서까래를 하나 더 올린다거나, 기초가 잘못되었으니 새로 짓자는 의견은 경제학의 입장에서는 얼추 없다. 이런 사정으로 경제 이론에 젠더를 붙이는 작업은 여전히 무모하고 성가시게 보인다. 그럼에도 이 책의 1부에서는 여성주의 경제 이론을 소개한다. 아직은 어설프고 구멍이 너무 크지만, 빛을 받지 못한 응달을 쳐다보는 훈련이라고 생각하며 접근하기를 바란다.

1장

여성주의 경제학 들어가기

1. 머리말

여성주의는 무엇인가? 여성주의는 단적으로 말해 여성도 인간이라는 주장이다. 그럼 여성주의 경제학은 무엇인가? 여성주의 경제학은 바로 여성주의 관점에서 쓴 경제학이다. 여성도 같은 인간이라는 마음을 품고 밥과 돈을 보고, 여성도 같은 인간이라는 마음을 품고 옷과 집을 본다. 그렇게 보니 세상은 운명적으로 타고난 성별에 따라 사람의 가치가 다르게 매겨지는 곳이다. 한쪽에서는 최첨단 신기술로 신의 영역을 두드리면서, 한쪽에서는 노예시장이 열리는 전근대적 과거가 탈근대적 현재 속에 펼쳐지는 요지경 세상이다. 그 속에 여성은 여전히 제2의 성이다.

이런 요지경 세상을 그냥 받아들일 것인가, 아니면 바꾸어야 할 것인가 하는 갈림길에서 바꾸어야 한다고 결정한 경제학, 여기에 대안 경제학으로서 여성주의 경제학이 설 자리가 있다. 이처럼 여성주의 경제학은 성별이란 운명적 기준이 가치판단의 잣대로 사용되어서는 안 된다는 문제의식에서 출발한다. 왜냐하면 이는 야만이기 때문이다. 이는 정의롭지 못하기 때문이다. 그리고 여성과 남성의 먹고사는 문제가 과거에는 어떠했고, 현재에는 어떠한데, 미래에는 어떠하면 좋겠다는 의견을 제시하는 것을 목표로 하는 경제학이다.

이 장은 여성주의 경제학을 처음 접하는 독자들에게 길라잡이 역할을 할 것이다. 필자는 독자들이 이 장을 읽으면서 여성주의 경제학에 마음을 열고 귀 기울이기를 희망한다. 순서는 다음과 같다. 먼저 여성주의 경제학, 여성의 경제학, 젠더 경제학을 정의한다. 다음으로 왜 여성주의 경제학이 필요한지를 알기 위해 왜 기존의 경제학이 문제인지를 살피겠다. 끝으로 여성주의 경제학을 잘 만들기 위해 무엇을 염두에 두어야 하는지 따져보겠다.

2. 여성주의 경제학의 비전

긴 역사 속에 인류는 인종, 성별, 계급, 나이, 종교 등의 기준으로 인간을 차별하는 일을 끊임없이 해왔다. 그리고 인류는 이런 일들에 끊임없이 저항해왔다. 특히 인권이 시대의 보편적 주제가 된 근대에 와서는 이러한 저항이 더욱 치열해졌다. 그리고 근대인들의 용감한 저항의 결과로 현재 인류는 그들의 조상이 한 번도 경험하지 못한 자유와 평등을 누리고 있다. 그럼에도 조금만 더 찬찬히 주위를 둘러보면 곳곳에 과거의 악습이 현재에도 반복되고 있다는 것을 어렵지 않게 확인할 수 있다.

이처럼 여성주의 경제학이 파악한 세상은 성별을 기준으로 차별이 존재하는, 전근대적 과거가 현재 속에 반복되는 곳이다. 전근대적 과거가 여전히 인류 절반을 옥죄고, 이런 옥죔이 다른 절반의 삶도 왜곡시키는 것이다. 여성주의 경제학은 인류 절반이 겪는 옥죔을 풀고, 절반이 갖는 편견을 반듯하게 교정해, 모두가 더 잘사는 세상을 만들려는 이상을 가진 경제학이다.

그러므로 여성주의 경제학은 성별의 차이에 따른 불평등을 바로잡으려는 요구이며, 인권을 지키려고 노력하는 경제학이다. 그러나 현재로서는 아직 체계가 엉성하여 여성주의 경제학이 어떤 경제학이고, 타 경제학 분야와의 차이점은 무엇이며, 어떤 방법론적 기초 위에 서 있고, 어떤 학문적 성과를 이루었는지 일목요연하게 정리되어 있지 않다. 또한 현재 여성주의 경제학의 큰 울타리 속에서 이루어지고 있는 다양한 연구와 시도가 학문적 엄밀성을 인정받을 수 있는지도 불분명하다. 그럼에도 분명한 것은 여성주의 경제학이 현대 경제학의 부족한 부분을 채워가려고 시도하고 있고, 그 노력이 어느 정도 인정되어 점차 대안 경제학으로서의 입지를 다져가고 있으며, 그 영향력을 학문 세계뿐 아니라 사회에서도 발휘하고 있다는 점이다.

여성주의 경제학을 구체적으로 소개하기 전에 필자가 먼저 밝히고 싶은 것은 이 분야가 언젠가는 없어져야 한다는 점이다. 성별이 문제시되는 사회구조 속에서 생긴 문제를 분석하고 해결하기 위해 생긴 분야가 여성주의 경제학이라면 문제 자체가 없어지면 자연스레 폐기될 것이기 때문이다. 이런 의미에서 여성주의 경제학은 한시적인 용도로 쓰일 분야이다. 여성주의가 여성주의의 소멸 자체를 목표로 삼듯이 여성주의 경제학은 여성주의 경제학의 소멸, 즉 폐기될 시점을 당기기 위해 애쓰는 모순 속에 놓여 있다.

3. 여성주의 경제학의 정의

1) 젠더, 성별 관계, 여성주의 경제학

앞에서 설명한 것처럼 여성주의 경제학은 여성주의적 관점에서 경제행위의 과정과 결과를 분석하는 경제학 분야이다. 흔히 성별이 세상사에 영향을 미친다는 것을 염두에 두는 태도를 '성인지적(gender-aware)'이라고 한다. 이런 관점을 가진 경제학을 젠더 경제학(gender economics), 젠더와 경제학(gender and economics, economics of gender), 여성주의 경제학(feminist economics), 여성 경제학(women economics) 등으로 다양하게 부르고 있다. 사실 이들 간 차이는 종종 매우 모호하고 그 경계도 불분명하다. 대개 연구자의 학문적 입장이나 취향 또는 문제 인식에 따라 지칭되는 실정이다.

명칭은 다르지만, 그럼에도 이들은 성별에 따라 경제행위의 결과가 달라진다는 공통된 인식을 가지고 상대적으로 약자인 여성의 상황에 주목한다. 그리고 기존의 경제학이 분석 대상, 분석 모형, 연구 방법, 연구 결과, 연구 주체 등에서 여성 '경제인(homo economicus)'을 배제하고 사실상 남성 경제인을 대상으로 하고 있다는 점을 지적한다.

이러한 인식에 따라 여성주의 경제학을 정의하면 다음과 같다. 여성주의 경제학은 여성 문제를 분석하고 해결하려는 경제학이다. 따라서 인간에게 운명적으로 주어진 '성(sex)'과 성의 사회적 역할인 '젠더(gender)' 및 성별 간의 사회적 관계인 '성별 관계(gender-relations)'가 경제 현상에 미치는 영향을 주목한다. 즉, 성인지적 시각에서 경제 현상을 관찰하고 분석하는 지식 체계가 여성주의 경제학이다. 그러나 단지 분석에만 머물지 않는다. 울리(F. R. Woolley, 1993)가 정의한 것처럼 성별에 따라 경제가 어떻게 다르게 작동하는지를 분석하고, 양성평등을 위한 정책을 개발하며, 남성 중심의 학문적 풍토가 가지는 편견에서 벗어날 대안을 제시한다.

경제 분석의 대상도 다르다. 기존 경제학이 집중한 생산 영역뿐만 아니라 여성과 많이 관계되지만 도외시한 재생산 영역, 그리고 재생산 영역과 생산 영역의 관계에까지 연구 범위를 확장한다. 이처럼 여성주의 경제학이 여성 문제에 집중하긴 하지만, 기존 경제학에 대한 문제점을 지적하고 대안을 제시한다는 측면에서 성인지적 관점으로 경제학 전체를 재해석하려는 대안 경제학이라 할 수 있다.

여기서 젠더 개념에 대해 좀 더 알아보자. 젠더는 원래 인류학에서 처음 사용되었다. 이를 여성주의에 적용한 것은 인류학자 루빈(G. Rubin, 1975)이다. 개념 자체만 보면 젠더는 '젠스(gens)'라는 어원을 가지고 있는데, 이는 '씨'라는 뜻이다. 씨의 차이로 인간을 나누는 여러 사례 중에 가장 일반적인 예가 여성과 남성이다. 인류가 그동안 씨를 기준으로 인간의 등급을 매기며 살아왔다는 점을 고려하면, 젠더는 계급이다. 이렇게 젠더란 용어는 여성에 대한 폄하를 비틀어서 표현하고 있다.

젠더를 내세우는 측에서는 다음과 같이 주장한다. 성(sex)이 남녀 사이의 생물학적 차이를 말한다면, 젠더는 사회 문화적으로 구성된 성이다. 다시 말하면 성은 자연적 개념이고, 젠더는 인위적 개념이다. 1980년대 후반부터 생물학적 성도 사회적인 것이 아니냐는 진지한 물음이 제기되었고 사회적 성과 생물학적 성 사이의 경계가 모호해진 것도 사실이며, 여성학계가 아직도 이 문제에 해답을 주지 못한 것도 사실이다. 그러나 젠더 개념에 대한 구체적인 합의가 채 이루어지지 않은 가운데에서도 젠더라는 용어를 사회과학에 적용하는 것은 유행처럼 퍼져갔다.

어쨌든 젠더 개념의 온건하며 중립적인 이미지 덕분에 여성과 관련된 다양한 영역에서 환영을 받았고 경제학의 경우도 예외는 아니었다. 그러나 한층 더 진지하게 성과 젠더의 관계를 생각해보면, 둘 사이의 구분이 불가능하고 불필요하다는 것을 발견한다. 사실 젠더 경제학이란 명칭은 각 젠더에 대한 경제학이 아니라 여성주의 경제학이나 여성 경제학의 다른 이름으로 쓰이는 경우가 많다. 다만 젠더를 강조하는 것은 양성 모두의 문제로

〈그림 1-1〉 성별 관계와 성별 관계 변화의 원인

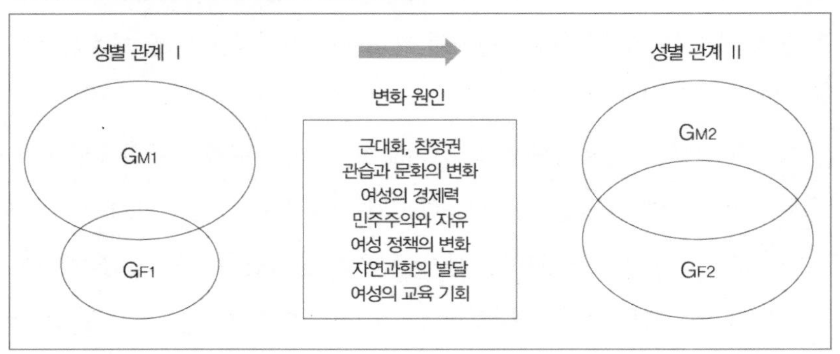

접근할 가능성을 주기 때문이기도 하고 여성주의에 싫증이 난 대중에게 좀 더 신선하게 다가가는 전략으로도 이해할 수 있다.

젠더가 사회적 성이므로 여성주의 경제학의 대들보 역할은 젠더 간의 관계, 즉 성별 관계 개념이 담당해야 한다. 왜냐하면 젠더는 사회적 관계인 성별 관계를 통해 자기동일성을 확보하기 때문이다. 성별 관계는 개별적이거나 자연적인 관계가 아니라, 가치 생산을 하는 생산관계이며 한 사회의 생산 시스템을 작동시키는 기초이다. 사회가 용인하는 삶의 형태가 사회마다 다른 것처럼 성별 관계도 사회마다 다르다. 따라서 성별 관계는 단수인 성별 관계(gender-relation)가 아니라 복수인 성별 관계들(gender-relations)로 쓰여야 한다(Haug, 2001).

세상에는 이처럼 무수히 많은 성별 관계가 있을 수 있다. 그러나 손쉽게 이해하기 위해 〈그림 1-1〉에서처럼 성별 관계 I과 성별 관계 II가 있다고 가정하자. 성별 관계 I에서는 남성 젠더(G_{M1})에 비해 여성 젠더(G_{F1})의 사회적 영향력이 약하다. 이들의 조합인 성별 관계 I에 따라 각 젠더를 구성하는 성격이 결정된다. 남녀가 같이 농사를 지을 때 누가 무슨 일을 할지부터 데이트할 때 비용을 누가 낼지도 결정된다. 이러한 성별 관계 I은 사회의 변화에 따라 성별 관계 II로 바뀔 수 있다. 이런 변화의 원인 중에 대표적인 것은 근대화나 여성 경제력 향상 등을 꼽을 수 있다. 세상이 변하여 여성 젠더(G_{F2})의 사회적 영향력이 커지고 발언권도 강해졌다. 성별 관계 II에서는 남성 젠더(G_{M2})와 여성 젠더(G_{F2})가 비교적 평등한 관계에 있다. 이때 누가 밥을 할지, 누가 돈을 벌지 등은 성별 관계 I 때와는 다르게 결정된다.

여성주의 경제학은 바로 이 성별 관계가 경제행위와 경제적 결과에 미치는 영향에 집중해야 한다. 만약 생물학적 성에 집중한다면 남녀 임금 차이를 물리적 힘의 차이나 노동 강도의 차이, 생산력의 차이 등으로 설명하는 프레임에서 벗어나기 어렵다. 이처럼 성별 관계 개념은 개발시키기에 따라 문제 인식과 해결에 좋은 도구가 될 수 있다. 성별 관계를 단위로 분석해야 사회마다 성별 관계가 다르게 결정되는 이유를 설명할 수 있고, 경제적·사회적·문화적 변화에 따라 성별 관계가 변화하는 것도 해명할 수 있다.

2) 여성주의 경제학과 젠더 경제학

요즈음 학계에서는 여성 문제에 집중하는 경제학을 여성 경제학이나 여성주의 경제학보다 젠더 경제학으로 칭하는 것이 유행이다. 이러한 전략은 충분히 효과적이었다. 여성주의를 부정적으로 보던 학계가 어느 정도 우호적 태도를 보이게 된 것도 젠더라는 용어가 준 이점이었다. 대학에서 여성 관련 강의를 개설할 때 여성주의 경제학이라는 제목으로는 개설되기 어렵지만, 같은 내용이라도 젠더 경제학으로 칭할 때는 어려움이 덜하다는 것을 세계 각국의 여성 경제학자들이 공통으로 이야기한다.

그러면 젠더 경제학과 여성주의 경제학은 같은 것인가? 앞에서 젠더 경제학이 젠더 개념과 더불어 등장한 여성주의 경제학의 다른 표현이기도 하고, 성별을 강조한 경제학 일반을 가리키기도 한다고 했다. 그러나 엄밀히 말해 여성주의 경제학과 젠더 경제학은 다르다. 젠더 경제학이 젠더를 중심으로 경제학을 재정립하려는 시도인 데 비해, 여성주의 경제학은 여성주의 관점에 초점을 맞춘 경제학이다.

이처럼 여성주의 경제학은 여성 문제에 좀 더 집중하고 있다. 물론 여성주의는 시대에 따라 강조점이 다르고 나라에 따라 수용의 범위에 큰 차이가 나서 한마디로 개념 짓기가 어렵지만, 여성 문제의 해결을 위한 사조라고 잠정적으로 정의한다면 여성주의 경제학은 다음과 같은 사명을 띤다. 먼저 현실 속에 있는 여성의 경제 문제를 해명하고, 경제 이론을 여성주의의 관점에서 만들어야 한다. 전자가 여성이 직면하는 경제 상황을 분석하고 대안을 제시하려는 노력이라면, 후자는 여성주의 관점에서 경제 이론과 연구 방법론의 성 편향성을 지적하고, 경제학을 양성평등적 학문으로 바꾸는 작업이다. 따라서 여성주의 경제학은 현실적인 여성 문제를 인지하면서 여성주의적 관점에서 경제학을 재정립하려는 작업을 통칭한다.

젠더 경제학은 성인지적 관점을 가진다는 점에서 여성주의 경제학과 같다. 차이점은 젠더 경제학이 성인지적 시각을 가지는 경제학 일반을 가리키는 데 비해, 여성주의 경제학은 여성의 권익 증진이라는 더 구체적인 목표를 설정하고 있다는 것이다. 그러나 두 분야 사이의 차이가 아직 정형화되어 있지 않으며, 많은 학자가 동일한 의미로 이해하고 있기도 하다. 젠더 경제학이 실질적으로는 여성 젠더를 대변하고 있고 여성의 권익을 옹호하며 양성평등적 경제를 만들기 위한 학문이라는 것을 부인하지 않으므로, 광의로 보아 여성주의 경제학이라 해도 무방하다.

〈표 1-1〉은 여성주의 경제학과 젠더 경제학을 비교한 것이다. 여성주의 경제학이 기존 경제학에 근본적으로 비판적인 입장을 견지하는 것에 비해

〈표 1-1〉 여성주의 경제학과 젠더 경제학의 비교

	여성주의 경제학	젠더 경제학
기존 경제학과의 차이점	여성주의 관점을 가짐	성인지적 관점을 가짐
여성주의에 대한 입장	적극적인 수용	소극적인 수용
집중 연구 대상	여성과 사회적 약자	여성 젠더
젠더에 대한 이해	적극적으로 해석하고 사용	소극적으로 해석하고 사용
경제학 방법론	새로운 경제학 방법론 모색	기존의 경제학 방법론 절충
학계의 반응	강한 거부감	약한 거부감
비전	좁게는 여성을 위한 경제학, 넓게는 인간을 위한 경제학	생물학적 차이에서 가져오는 차별을 극복한 경제학

젠더 경제학은 기존 경제학의 보완을 목적으로 한다고 볼 수도 있다. 경제학계 반응은 젠더 경제학에 우호적이다. 여성을 분석 대상에 포함하는 것은 용인할 수 있으나, 여성주의라고 주장하는 것은 무엇인가 거북하기 때문이다. 그러나 구체적인 연구 내용에서 양자 간의 차이는 불분명하다. 이는 내용의 차이라기보다는 오히려 여성주의에 대한 연구자들의 입장 차이에 가깝다.

이처럼 경제학의 세계에 여성주의 경제학의 자리를 마련하는 것은 그리 녹록하지 않다. 외적으로 주어지는 어려움뿐만 아니라 스스로 가지고 있는 딜레마도 많다. 성 편향적인 경제학의 체계와 언어를 가지고 양성평등적 경제학으로의 변화를 추구한다는 것은 다른 영역에서와 마찬가지로 여성주의 경제학이 직면한 가장 큰 딜레마이다. 성 편향된 인식과 표현 도구를 가지고 성 편향성을 제거하는 것이 과연 가능할까?

이같이 기존 체계를 부정하지도 못하고 받아들이지도 못하면서 새로운 것을 꿈꿀 때 생기는 어려움은 사실 모든 비주류가 직면한 어려움이다. 여성주의 경제학자들은 이 딜레마에서 벗어나는 방법과 대안을 모색하고 있다. 혹자는 기존의 것을 전적으로 거부하고, 혹자는 현실적 한계를 인정하고 이 딜레마 속에서 조금씩이나마 문제 해결의 방안을 모색하며 길을 찾고 있다. 그러나 경제 분석의 변수 속에 더미 변수로 성별을 추가하는 것만으로 이 문제를 해명하지 못한다는 것은 분명하다. 만약 변수로 성별을 추가해 해결될 수 있는 정도의 왜곡이라면 여성주의 경제학은 애초에 필요하지도 않았을 것이다(Figart, 1997).

이처럼 조금은 막막한 처지 때문에 여성주의 경제학의 외연은 제법 넓다. 여성 문제 해결을 위해 경제적 연관에서 여성 문제를 살펴보기도 하고, 시야를 넓혀 사회 문화적 지평에서 재해석하기도 한다. 여성의 권익만 꾀한다는 비판을 수용하고 양성을 두루 아우르는 경제학으로의 도약을 시도하기도 했다. 특히 환경과 생태계 문제에 관심을 두는 학자들은 여성 문제를 인류 전체의 생존과 연결하기도 한다. 이들 중에는 경제의 참뜻을 살림살이로 해석하고, 경제적 행위의 목적을 '이익의 극대화'가 아니라 '필요의 충족'으로 삼아 패러다임의 전환을 모색하기도 했다. 이때 이들에게 여성 젠더는 제2의 성이 아니다. 여성 젠더는 생태계를 보살피고 인류를 살리는 수호자이다. 이러한 시도를 통해 여성주의 경제학은 현재 차츰 그 모습을 잡아가고 있다.

젠더 경제학의 경우에 조금 아쉬운 점은 양 성별을 고루 포함하는 시도를 하지 않고 있다는 것이다. 젠더가 사회적인 성 개념이며, 양성을 두루 지칭하는 개념이므로 젠더 경제학은 분명 '여성 젠더에 관한' 경제학만이 아니다. 그러나 앞에서 설명했듯이 실제로는 그렇게 사용되고 있는 것이 현실이다. 이 점은 앞으로 교정되어야만 할 것이다. 젠더 경제학은 남성에 관한 경제학도 포함하고, 양성 간의 관계에 대한 경제학도 다루어야 하며, 결국 양성 모두에 관한 경제학으로 확장되어야 한다.

4. 기존 경제학의 문제점과 한계

1) 경제학 일반의 문제점

무엇 때문에 여성주의 경제학을 정립해야 하는지 여성주의 경제학자들에게 물으면 그들은 먼저 '그녀가 쓴 경제학(economics she wrote)'이 없어서 '그가 쓴 경제학(economics he wrote)'으로는 그녀들의 상황을 설명하지 못하기 때문이라고 한다(Barker and Feiner, 2009). 이처럼 여성주의 경제학이 필요한 이유는 기존 경제학으로 여성 문제를 해결할 수 없다는 사실과 연관되어 있다. 다시 말해 기존 경제학이 젠더를 소홀하게 다루어 각 젠더의 입장, 특히 여성 젠더의 입장을 잘 담아내지 못하고 있다는 것이다. 그 이유를 여성 경제학자들은 경제학의 남성 편향에서 찾는다. 그리고 여성주의 경제학은 기존 경제학을 현실을 잘 설명하지 못하는 '무능한 학문', 차별이나 편견을 가진 '공평하지 못한 학문'으로 보고, 경제학을 '공평하면서도 유능한 학문'으로 발전시키는 것을 일차적 과제로 삼고 있다.

여성주의 관점에서 보자면 기존의 경제학은 다음과 같은 문제점을 지닌다. 기존 경제학은 주요 연구 영역을 눈에 보이는 경제(시장에서의 경제활동)에 두며 눈에 보이지 않은 경제(시장이 아닌 곳에서의 경제활동)에 대해서는 소홀히 하면서 분석 대상 선정에 편향성을 나타냈다. 자연히 여성들의 주요 활동 영역인 눈에 보이지 않는 가계 내의 경제활동은 물론 사회 속에서 광범위하게 존재하는 돌봄 노동 등은 분석에서 제외되었다. 그러나 동서고금을 막론하고 경제의 중심은 집안의 살림살이이다. 인간으로 태어나고 자라고 어른이 되는 과정에서 발생하는 경제적 상황 전체는 당연히 경제의 기저에 존재한다. 그러나 기존 경제학은 이 중 일부인 성인의 시장에서의 활

〈그림 1-2〉 빙산 모형으로 본 가부장적 자본주의 경제

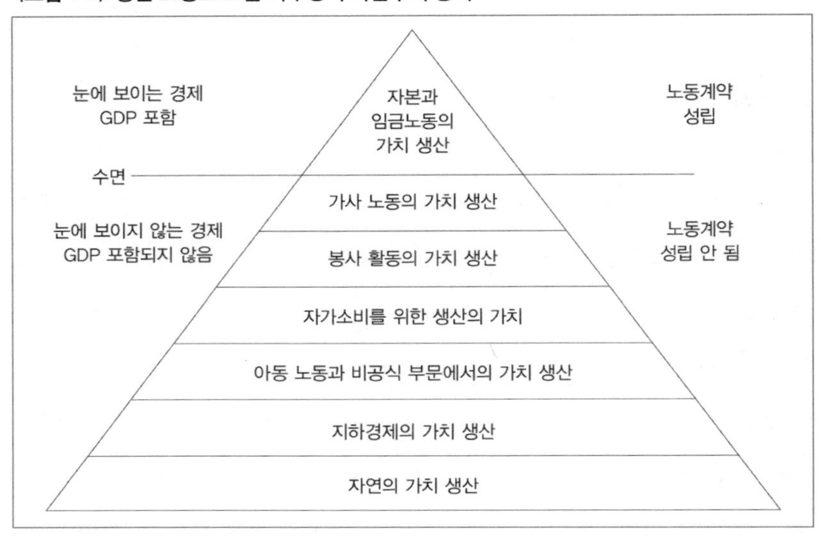

자료: Mies(1986), Mies et al.(1988) 참조.

동에만 집중한다. 자연히 여성의 활동은 관심 밖으로 밀려나 있다.

〈그림 1-2〉는 미즈(M. Mies, 1986)가 현재 경제 시스템을 빙산에 비유한 모형을 재구성한 것이다. 여기서 GDP라고 인정받는 곳은 수면 위에 나와서 눈에 보이는 빙산의 일부분이다. 이는 사회의 경제활동에서 발생하는 가치 중에 그야말로 빙산의 일각에 불과하다. 기존의 경제학은 바로 시장에서 계약이 맺어져 있는 수면 위의 경제에만 집중하고 있다. 그러나 수면 밑의 보이지 않는 경제가 없으면 경제는 작동하지도 않는다. 수면 밑의 경제에는 밀수 같은 지하 경제는 물론 가사 노동, 봉사 활동, 돌봄 노동, 아동 노동, 자가소비 노동 등이 있다. 여기에는 인간은 물론 자연이 생산해내는 가치까지 포함된다. 1993년 유엔은 주부의 가사 노동을 국민계정에 넣으라고 권고했다. 그러나 세계 어디에도 가사 노동을 GDP에 반영한 나라는 없다. 수면 밑에 있는 보이지 않는 노동 대부분을 감당하는 것이 여성, 특히

가난하고 힘없는 여성이다. 이러한 빙산 모형은 현재의 경제학의 문제점을 바로 보여준다. 어떻게 수면 밑의 거대한 얼음덩어리에 대한 고려 없이 수면 위의 경제를 분석할 수 있는가(Wagman and Folbre, 1996).

이러한 경제학의 성 편향은 여러 가지 원인으로 발생한다. 먼저 경제학의 학문적 속성을 들 수 있다. 근대 경제학이 등장하면서 채택한 연구 방법론은 실증주의이다. 실증주의의 핵심은 사실로 인정해줄 수 있는 증거를 제시하는 것이다. 그러므로 실증주의를 방법론으로 채택한 경제학은 자연히 확인할 수 있는 것, 잴 수 있는 것, 숫자로 바꿀 수 있는 것, 보이는 경제를 의미 있는 것으로 받아들일 수밖에 없다. 다시 말해 '중립적', '객관적', '보편적'이라는 근대 학문의 덕목이 지지하는 방법론이 실증주의이고 이 덕목은 남성적 젠더로 대변된다. 이에 비해 여성적 젠더는 '편향적', '주관적', '특수적' 경우로 치부된다. 이러한 환경 속에서 여성 젠더와 관련되어 있지만, 계량화하기 어려운 영역, 보이는 않는 수면 밑의 경제를 근대 경제학의 틀 속으로 가져오는 데는 한계가 있었다.

성 편향의 또 다른 이유는 여성 경제학자의 수가 남성 경제학자보다 절대적으로 적다는 데에도 있다. 경제학자 대부분이 남성인 현실에서 남성 연구자들의 문제 인식은 자연히 자신의 경험에 의한 것일 수밖에 없으며, 연구 역시 남성적인 영역으로 편향될 수밖에 없다. 설령 젠더와 관련된 연구가 이루어졌다고 해도 연구 결과가 남성 연구자들의 관심을 끌기 어려워 학계의 주목을 받지 못한 경우도 많았다.

경제학 자체의 배타적인 성격도 성 편향의 원인 중 하나다. 원래 경제학은 역사학, 수학, 철학 등 여러 학문 분야의 발전과 종교, 도덕, 사상 등의 유산을 물려받아 탄생했고 이들과의 유기적 관계 속에서 발전했다. 그러나 자본주의의 발전과 더불어 사회과학의 중심이 된 경제학은 실증하고 계량하는 작업에만 집착했고, 질적 성취를 가져올 수 있는 여타 학문과의 교류에 인색했다. 자연히 그간 진행된 젠더 및 여성주의와 관련된 타 학문의 선행 연구를 도입하는 데도 소극적이었다. 그러나 경제 문제는 복잡한 사회 현상의 한 측면에 불과하다. 따라서 경제학만으로 해석되지도, 해결되지도 않는다.

2) 신고전파 주류 경제학의 한계

여성주의 경제학이 왜 필요한지를 분명히 알기 위해 기존 경제학에 무엇이 부족한지를 경제학파별로 알아보자. 먼저 주류 경제학의 정통성을 자랑하는 신고전파 경제학을 살펴보자. 신고전파 경제학은 고전학파에게 물려받은 시장을 수학과 통계학을 도구로 삼아 정교하게 다듬는다. 그리고 이를 위해 독자적인 가치론인 한계생산력설과 가치 측정 기준인 효율성 개념을 개발한다. 이들이 제시한 경제행위의 핵심은 귀한 것이 유한한 세상 속에서 인간의 무한한 욕망을 최대한 실현하는 것이다. 물론 경제인 사이의 이해 상충은 시장기구가 해결해준다.

이들이 이해한 사회는 개인이 모여 구성된 곳, 즉 개별 경제인의 집합이다. 가계도 경제행위를 하는 경제주체이나 이들의 주요 업무는 소비였다. 이러한 구도 속에서 가계는 가치 생산 영역에서 배제되고 단지 소비 주체로만 파악되었다. 따라서 가계라는 경제주체와 밀접하게 연관된 재생산 영역, 그리고 생산과 재생산의 관계는 신고전파 경제학의 분석 대상에서 제외되었다. 또한 이들은 집안마다 경제활동을 조정하는 방식, 구성원 간의 관계, 가계 내부의 역학 관계는 간과했다.

이처럼 신고전파 경제학은 성을 생물학적 차원에서만 조명함으로써 성의 사회적인 관계를 덮어버린다. 수요자와 공급자의 교환 행위를 강조하면서 수요자와 공급자의 경제적 사정이나 사회적 배경은 고려하지 않았던 것처럼 여성과 남성을 단순히 생물학적 차이에 따라 나누어 분석하면서 이들 간의 사회적 관계나 역학 관계는 배제했다. 그러므로 신고전파가 경제학 연구 대상에 여성 관련 부분을 추가한다 하더라도 젠더 문제에 대한 바른 설명이나 해법을 제시하기는 어렵다.

이처럼 시장과 숫자의 미학에 사로잡힌 신고전파 경제학에게 시장 밖의 경제, 돈으로 측정되지 못하는 가치는 계륵 같은 존재이다. 특히 이 부분과 여성의 삶이 깊이 관련되었다는 사실로 미루어 신고전파 경제학은 여성과 관련된 영역, 수면 밑의 보이지 않는 경제를 설명하기에 부족하다.

20세기 후반 들어 사회 전반의 변화를 요구하는 목소리가 높아지자 재생산 영역의 가치를 다시 평가하라는 요구도 생겨났다. 특히 '가사 노동의 가치 논쟁'을 계기로 경제학의 성 편향이 도마 위에 오르자 신고전파 경제학 내부에서도 문제를 해결하려는 시도가 생겼다. 그 대표적인 작업이 베커(G. S. Becker)를 중심으로 만들어진 '신가계경제학(new home economics)'이다(Becker, 1991). 이들은 세상 모든 행위의 중심에 경제적 이해가 있다고 보고, 가정도 시장처럼 각자의 이익을 위해 교환하고 분배하는 곳이라고 파악한다. 결혼도 경제적 배경에서 설명하고, 남편과 아내 사이에 역할 분담이나 한 집안의 생산과 분배도 경제적 효용이라는 잣대로 잰다. 효율적인 성 역할 분담은 생산성의 비교 우위에 따라 결정된다.

예를 들어 철수와 영희가 결혼하는 것은 각자의 효용 극대화를 위한 전략이고, 결혼 후 남편 일과 아내 일을 나누는 것은 누가 그 일을 더 잘하는가에 따라 결정한다. 당연히 더 높은 시장 임금과 더 많은 승진의 기회가 보장된 남편 철수는 시장 노동에 비교 우위가 있으니 밖에 나가 돈을 벌고,

돌봄 노동에 비교 우위가 있는 아내 영희는 집안일을 담당한다고 본다.

이러한 '신가계경제학'의 등장으로 신고전파 경제학의 젠더를 이해하는 폭이 넓어진 것은 사실이다. 특히 주류 경제학이 전통적인 여성 영역에도 관심을 두게 되었다는 점은 큰 성과이다. 그러나 이들의 논리는 생물학적 결정론을 경제학 용어로 다시금 치장한 것에 지나지 않는다. 성별 관계의 역학 구도에 따라 서열이 매겨지는 현실을 고려할 때, 신고전파적 접근은 성별 분업을 오히려 강화하고 여성 시장 노동에 대한 차별을 정당화시킬 여지를 가지고 있다.

신가계경제학의 예로 살펴본 것처럼 신고전파 경제학의 젠더 읽기는 다음과 같은 문제점을 가진다. 신고전파는 방법론적 개인주의에 근거하여 이론을 전개하며 가계를 하나의 단일 주체로 해석한다. 그러나 개인과 가계는 다른 범주이다. 이를 동일시하는 것은 가부장적 질서 속에서 주와 종으로 개인들을 재배치하여 하나의 주체로 설정하는 오류를 내포한다. 다음으로 신고전파의 '성몰인지성'을 들 수 있다. '성별 역학 관계'를 고려하지 않은 비교우위론은 생물학적 결정론에 근거해 있다. 거기에는 젠더를 해석할 여지도, 그에 따른 차별적 상황을 해명할 여지도 없다. 만약 신고전파의 해석을 그대로 따르게 되면, 여성 노동 차별도 생산성의 차이에 따른 당연한 결과가 된다.

다음으로 지적할 점은 인간의 정체성 문제이다. 시장에서는 자기 이익만 챙기는 극단적으로 이기적인 인간이 집에서는 한없이 이타적인 존재일 수 있는가? 베커의 신가계경제학에는 시장 행위에서 이기적인 개인이 집에서는 이타주의적 존재로 설정되어 있다. 이는 상당히 작위적이며 자기모순적인 설정이다.

마지막으로 자유에 관한 문제이다. 신고전학파 경제학 속의 개인은 노동과 휴식, 소비와 저축을 마음대로 결정할 수 있는 존재이다. 그러나 신고전파 경제학의 주인공이 누리는 자유는 교과서 속에서나 가능하다. 현실 속 개인에게 그러한 자유는 없다. 많은 사람에게 노동은 생존을 위한 필수 사항이지, 휴식과 노동 중에서 택해야 할 선택 사항이 아니다. 인간은 과거의 역사로부터도, 현재의 사회로부터도 자유롭지 못한 존재이다.

3) 제도학파 경제학의 한계

가격기구만으로 해명되지 못하는 경제 문제에 봉착했을 때 어떻게 해명을 할 수 있을까? 어떤 경제학자들은 그 해답을 인간의 삶에 낙인찍힌 과거의 유산과 현재의 습관에서 찾았다. 그것이 바로 '제도(institution)'이다. 제도학파 경제학은 이 해답을 가지고 시장 밖으로까지 경제학의 세계를 넓힌다. 이들은 배분과 분배가 이루어지는 곳이 시장만이 아니라 사회의 구조, 즉 여러 제도와 권력의 총화라고 파악했다. 이들 가운데 구제도학파는 신고전파의 방법론적 개인주의를 수정하여 좀 더 전체론적인 관점에서 세상을 본다. 그리고 사람과 사람 간의 관계와 이 때문에 발생하는 제도의 역할을 주시했다. 이들이 보기에 적어도 성별 분업은 비교 우위만의 문제는 아니었다.

아내 영희가 남편 철수보다 시장 노동에서 유능한 경우에도 철수는 취직해서 돈을 벌고 영희는 집안일을 한다. 이러한 일반적인 현상을 신고전파의 비교우위론으로만 설명하기는 곤란하다. 또한 많은 사람에게 가정은 사랑하는 사람들이 모여 살며 서로 위해주는 지상의 마지막 천국이다. 서로를 위해 기꺼이 희생하며 이를 통해 행복을 느끼고 살아가는 사람들에게 가정을 '가부장적 착취 구조'로 설명하는 마르크스 경제학의 잣대도 제도학파의 입장에서는 부담이었다. 제도학파는 오히려 인간 사회 속에서 용인된 제도의 영향 속에서 해답을 찾는다. 남성 중심의 문화적·제도적 여건이 차별을 가능하게 했다고 파악하고 세상사를 경제적 교환 관계로만 해석하려던 기존의 경제주의에 반기를 든다.

제도학파의 입장은 성별 관계를 이해하는 데도 큰 시사점을 주었다. 성별 관계를 사회적·문화적 규범과 역사적 배경 아래 형성된 제도로 이해하자 성별 관계가 개인의 삶에 미치는 영향을 인식하게 되었다. 이는 여성주의 경제학의 이론과 정책적 모색에 의미 있는 계기를 제공했다. 사실 제도학파의 전통 속에는 사회적·문화적 여건 속에서 결정되는 젠더의 차이가 경제적 관계(자원의 배분과 분배)에 미치는 영향을 분석할 가능성이 분명히 있다. 한 사회의 상부 시스템인 각종 제도는 그 사회에 통용되는 성별 관계를 만들고, 이렇게 만들어진 성별 관계는 가계의 운용 원리로 작용한다. 아내 영희는 집에서 밥을 짓고 남편 철수는 공장에서 일한다. 혹시 아내가 공장에서 일할 경우에도 밥을 짓는 것은 아내의 일이다.

제도학파의 한 조류인 신제도학파 경제학에서는 경제적 효용이 다시 제도 형성의 중심이 된다. 사람과 사람 사이의 관계에서 발생할 수 있는 다양한 불편을 최소화시키기 위해 사람들을 제도를 이용한다. 양성 간의 관계에서 발생할 수 있는 불편, 즉 거래 비용을 절감하기 위해 성별 관계가 정해지며, 이에 따라 성별 분업이 결정된다고 파악했다. 1980년대 중반부터는 제도학파 내에서 게임 이론을 가지고 젠더 문제에 접근하려는 시도가 있었다. 제도주의적 게임 이론에서 성별 관계는 사회적·문화적 여건이 허락하고 제시하는 게임의 결과로 결정된다. 이들은 양성이 서로 경쟁하기도 하고 협력하기도 하며 세상살이에 더 적합한 새로운 성별 관계를 만들어간다고 본다.

제도학파 경제학이 그간 외생적으로만 주어졌던 제도나 관습을 경제 분석 내부로 가져오면서 젠더 문제를 제대로 이해할 계기를 마련해주었다는 것은 분명하다. 그러나 제도학파의 학풍을 여성주의 경제학의 이론적 기반으로 삼는 데는 다음과 같은 문제점이 있다.

먼저 제도학파 자체의 문제이다. 제도학파는 처음 접하면 명료한 주장인 것 같은데, 구체적으로 들어가면 방법론적으로도 산만하고 체계도 집대성되어 있지 못하다. 전체론적 관점과 개별론적 관점이 혼재하고 구제도학파의 전통과 신제도학파의 변화 사이의 갈등도 적지 않다. 아울러 제도를 둘러싼 논의는 종종 시간의 문제를 낳는다. 제도학파적 접근은 장기적인 분석에는 적절하나 눈앞의 문제 해결에는 무력한 경우가 종종 있다. 젠더 문제는 장·단기 분석이 동시에 필요한 영역이다. 무엇보다 현재 제도학파 경제학은 제도에 대한 신고전파 경제학 방법론에 따른 연구라고 볼 정도로 신고전파와 구분이 어렵다.

마지막으로 젠더 문제에서 제도학파가 제시해줄 수 있는 대안과 관련된 지적이다. 제도학파 경제학은 문제가 제도 때문에 발생한다고 말할 뿐, 그 제도를 변화시킬 방법이 무엇인지 알려주는 데는 인색하다. 즉, 불평등한 성별 관계나 사회 가치 체계가 변화하고 있다고 말할 뿐, 어떻게 하면 변화될 수 있는지는 충분히 설명해주지 못한다. 그러나 젠더 문제에는 당장 해결되어야 할 것도 있다. 경제 위기가 발생했을 때, 여성 가장임에도 여성이란 이유만으로 해고되었을 때 생기는 문제는 당장의 현실이다. 대안적 학문 체계로서의 속성을 가진 여성주의 경제학은 문제를 제시하는 것뿐만 아니라 문제의 해결도 요구한다. 그러므로 제도학파 경제학의 논지만으로 여성주의 경제학의 방법론적 체계를 세우는 것은 문제가 있다.

4) 마르크스 경제학의 한계

역사상 불편한 현재를 편하게 고쳐준다는 해결책이 많이 등장했지만, 종교를 제외하곤 마르크스 경제학처럼 강력하게 사람들을 매료시킨 경우는 드물다. 이처럼 마르크스 경제학은 불평등한 세상을 직시하며 가치가 불평등하게 분배되고 사람이 부당하게 대우받는 세상의 경제적 동학을 설명하려고 한다. 따라서 마르크스 경제학은 불평등의 한 종류라고 볼 수 있는 여성 문제에 무관심할 수 없는 운명을 지녔다. 그럼에도 실제로는 수면 밑에 있는 경제, 이 곤란한 영역을 일단 괄호 속에 넣어두고 자본주의의 운동 법칙을 찾으려고 시도한다. 자연히 재생산 영역은 자본주의적 가치 창조 영역에서 배제되었다. 그러나 여성들이 공장으로 가지 않고 집안에 남게 되는 역사적 과정에 대한 고려 없이 자본주의의 작동 원리를 설명한다는 것은 너무 큰 오류이다. 이런 연유로 정치경제학이나 마르크스 경제학으로 명명되는 학풍 또한 성몰인지적 분야라는 평가를 받게 된다.

이러한 평가와 비판의 결과, 마르크스 경제학 내부에서도 재생산 영역 자체와 재생산 영역과 생산 영역 사이의 관계를 집중한 마르크스주의 페미니즘이나 사회주의 페미니즘 등이 등장한다. 이들이 파악한 세상에는 두 가지 큰 모순 구조가 있었다. 하나는 자본주의고 다른 하나는 가부장제이다. 이 두 모순 구조를 연결하면 여성 무급 가사 노동을 기반으로 남성의 시장 노동 가격이 낮아지고, 자본가의 잉여가 높아진다. 그렇다면 먹이사슬의 가장 밑에서 사회를 지탱시키는 계급은 여성이다. 자본주의 체제는 근본적으로 자본 축적을 위한 착취 구조이고, 여성은 생산 영역과 재생산 영역 모두에서 이중으로 착취된다는 것이다. 따라서 자본주의에는 자본과 노동이라는 계급 갈등과 동시에 여성과 남성이라는 성별 갈등도 존재한다.

세상의 절반인 여성들이 자본주의와 가부장제의 두 가지 모순 구조 속에서 이중으로 착취를 당한다는 이들의 설정은 파격적이고 강력했다. 이에 고무된 여성들은 자본주의, 가부장제와의 전쟁을 선포하고 계급투쟁을 통한 여성해방을 목표로 삼았다. 그들의 시도는 얼마나 성공했는가? 현실 사회주의의 몰락은 물론이고 20세기 말에 와서 더욱 강화된 성별 구도를 보며 그들은 전략을 수정해야 했다.

기존의 마르크스 경제학에 젠더의 문제를 포함하려는 시도는 다음과 같은 한계를 드러냈다. 먼저 기본적으로 마르크스 경제학은 자본주의 생산 영역에 집중되어 있는데, 젠더의 문제는 재생산 영역에 집중되어 있다. 또한 억압받는 여성에 대한 해명은 자본주의 경제체제를 넘어서는 문제이나 마르크스 경제학의 분석은 자본주의에 맞추어져 있다. 젠더 문제가 자본주의 문제보다 깊은 역사적 뿌리를 가지고 있는 데 비해 자본주의의 역사는 아직도 300년이 되지 못한다.

다음으로 마르크스주의적 논리 전개를 위해 변증법을 적용하려면 계급을 중심으로 정과 반이 대치되는 구도가 확인되어야 하는데 성별 관계 사이의 정과 반은 분명하지 않다. 여성을 단일 계급으로 놓고 남성과 대치시키기에는 여성 내부의 계급 차이가 너무 크다. 잘사는 백인 여성이 가난한 흑인 남성에 비해 하위의 젠더인가? 양반집 마님이 하인 돌쇠에 비해 하위의 젠더인가? 그렇지 않다. 변증법적 연구 방법을 젠더 문제에 적용하지 못한다면 이러한 시도 자체가 결국은 벽에 부딪히게 된다.

무엇보다도 가장 큰 문제는 이론 내부에 있다. 마르크스 경제학의 관점으로 젠더 문제에 접근하려면 성별 관계를 생산양식 속에 장착시키는 작업이 필요하다. 그러나 성별 관계를 생산관계에 적용하는 작업은 이론적으로도, 실증적으로도 아직 구체화되지 않고 있다. 성별 관계를 기초로 한 생산양식을 정립하지 못한다면, 지금까지의 시도들은 시대적 요청에 따라 마르크스주의를 적당히 수정했다고 평가될 수밖에 없다. 그러나 인간 세상에서 젠더의 문제는 너무도 근본적인 문제라 적당한 수정으로는 통하기 어렵다.

5) 경제학의 한계를 극복하는 방안

앞에서 우리는 기존 경제학파 속에서 어떤 가능성이 있는지를 알아보았다. 그리고 학파를 불문하여 20세기 후반에 젠더를 연구 대상에 포함시키거나 여성주의 시각에서 기존 경제학을 재해석하려는 시도들이 있었음을 확인했다. 기존의 설명 방식으로 젠더 문제를 재해석하려는 시도는 어느 정도 성과를 보인 반면 한계 또한 분명히 드러냈다. 그럼에도 풀리지 않는 젠더의 문제를 해결하기 위한 다양한 시도들이 지금도 이어지고 있다.

구멍 난 양말을 계속 기워 쓰기보다 새로 사는 것이 경제적일 때도 있다. 어쩌면 기존 경제학파의 전통 속에서 젠더 문제를 다루기보다 새로운 지평에서 새로운 분과 분야로 여성주의 경제학을 정립시키는 것이 더 쉬울 수 있다. 이를 위해서는 어떤 특정 학파의 관점을 서둘러 수용하기보다는 먼저 경제학 전반을 성인지적 관점에서 재해석하는 작업을 충실히 해야 한다.

5. 여성주의 경제학의 유용성과 과제

1) 여성주의 경제학의 유용성

여성주의 경제학을 잘 활용하면 양성평등이라는 시대적 요구에 적절하게 대응할 수 있는 지침 역할을 할 수 있을 뿐 아니라 사회가 가진 자원을 공정하면서도 효율적으로 배분할 수 있는 계기도 마련할 수 있다. 이를 기반으로 대안적 경제정책을 만들 수도 있으며 좀 더 현실 설명력이 높은 경제학으로 탈바꿈할 가능성도 있다. 아울러 여성주의 경제학은 사회 구성원들에게 왜 젠더가 문제인지를 알려주고 젠더 차이가 어떻게 여성과 남성에게 다른 경제적 결과를 가져다주는지를 분명히 해준다. 경제적 행위의 결과가 개개인의 경제적 복지에 어떤 영향을 미치는지도 명확하게 보여주어 의사 결정에 도움을 줄 수 있다. 이처럼 여성주의 경제학은 세상의 지나친 남성성으로 발생한 경제의 위기와 경제학의 위기를 극복할 작은 불씨를 가지고 있다.

2) 여성주의 경제학의 과제

어둠이 깊었던 만큼 변화를 향한 노력도 치열했다. 처음에는 다소 생소하고 민망하게 여겨지던 여성주의 경제학이 학계에 명함을 내민 후에 점차 공론화되자 비교적 짧은 기간에 빠른 발전을 거두게 되었다. 젠더의 문제를 무조건 거부하던 학계의 풍토에도 변화가 생겼으며, 여성주의 경제학, 젠더 경제학, 여성 경제학, 여성과 경제, 성별 경제학 등이 많은 대학교에서 교과목으로 채택되었고, 이 분야를 전공하는 대학원생의 숫자도 급속하게 증가했다. 무엇보다도 중요한 변화는 학계가 여성주의 경제학의 주장에 마음을 열기 시작한 점이다.

그러면 다음 단계는 여성주의 경제학이 기존의 경제학과 당면한 여성 문제의 해결에 어떤 대안을 제시할 수 있는가에 있다. 단지 문제를 제기하는 것에 그치지 않고 진정한 대안을 제시하기 위해서는 먼저 현재까지의 성과를 다시 검토하고 앞으로의 과제를 확인해야 한다. 그리고 여성 문제를 이해하는 관점을 분명히 해야 한다. 무엇보다 젠더와 성별 관계에 대한 정확한 인식이 있어야 한다. 젠더와 성별 관계에 대한 분명한 이해 없이는 경제학을 성인지적 관점에서 재해석할 기반 자체가 없다.

젠더는 생물학적 결정론에 대항하기 위해 개발된 개념이다. 그러나 이 개념은 여전히 생물학적 결정론보다 강하게 우리를 설득시키지는 못한다. 물론 여성학, 정치학, 역사학, 비판사회학, 철학 등에서 나름 중요하게 사용되나 경제학에서만큼은 아직도 초보 수준이다. 따라서 이 개념을 분명히 하는 것이야말로 또 하나의 중요한 과제이다.

한 걸음 더 나아가 성별 관계를 개별적이거나 자연적인 관계가 아니라 가치 생산을 위한 사회적 관계로 정리해야 한다. 양성 사이의 사회적 관계가 각 사회의 작동 방식에 얼마나 결정적인 역할을 하는지를 밝히는 것은 여성주의 경제학이 무엇보다 집중해야 할 과제이다. 다시 말해 여성주의 경제학이 기본적으로 수용해야 할 시각은 성별 관계가 노사 관계처럼 물질적 가치를 생산하기 위한 생산관계이고 사회적 관계라는 점이다. 이를 사회적 관계가 아니라 자연적 관계로 이해한다면 굳이 여성주의 경제학 분야를 따로 만들 필요가 없다.

성별 관계를 사회적 관계로 이해해야 사회마다 성별 관계가 다르게 작동되는 상황을 이해할 수 있다. 이러한 이해를 통해 경제적 변화와 함께 나타나는 세계의 사회 문화적 변화, 특히 양성 간의 역할 관계의 변화를 잘 해석할 수 있다. 이처럼 젠더의 차이가 자연적이라는 편견을 버리는 것은 여성주의 경제학을 만들기 위한 첫걸음이다.

아울러 여성주의 경제학이 과학적 엄밀성을 지닌 분야로 발전하려면 먼저 대안적인 분석 기법과 연구 방법론을 제시해야 한다. 경제학 전반을 성인지적 관점에서 재해석할 대안적인 관점을 제시하기 위해 근본적으로 고민해야 할 문제는 '이 문제에 어떻게 접근할 것인가?' 하는 것이다. '어떤 학문적 유산을 계승할 것인가?' 또는 '아니면 완전히 새로 만들어야 하는가?'에 대해 충분한 논의가 이루어져야 한다. 이는 성인지적 관점에서 첫째, 경제인에 대한, 둘째, 경제학 방법론 전반에 대한, 셋째, 기존 경제학 연구의 편향성에 대한 철저한 고찰을 통해 획득될 수 있다.

이러한 근본적인 과제와 더불어 당장 풀어야 할 당면 과제는 다음과 같다. 첫째, 연구 영역과 대상에 대한 합의가 이루어져야 한다. 이러한 합의가 있어야 우후죽순처럼 등장하고 있는 다양한 연구로 발생하는 비체계성을 극복할 수 있다. 둘째, 체계적 학문 작업을 위해서는 용어 사용이 어느 정도 통일되어야 한다. 셋째, 현재 세계적으로 진행되고 있는 '경제학 대안 찾기 흐름'에 적극적으로 참가하고 이를 바탕으로 성인지적 경제 모형을 개발해야 한다. 넷째, 현실 문제에 적극적으로 대응해야 한다. 현실을 바탕으로 대안적 이론과 정책을 만들고 경제정책의 영향을 분석해야 한다. 다섯째, 여성주의 경제학의 연구 및 연구자의 양과 질을 향상해야 한다.

6. 맺음말

2008년 미국을 시작으로 전개된 세계적 금융 위기는 끝나지 않고 있다. 정치도 사회도 어느 나라 할 것 없이 혼란이 계속되고 있다. 2014년 현재에도 세계경제는 한 치 앞을 장담할 수 없는 상황에 있다. 자연히 기존의 경제학과 경제 운용 방식에 대한 자성의 목소리도 높다. 지금까지의 경제 운영 방식으로는 경제 위기, 생태 위기 및 인간의 위기를 결코 극복할 수 없다는 반성이 전 지구적으로 퍼져가고 있다. 그 어느 때보다도 대안 경제학에 대한 시대적 요청이 크다.

어떤 경제학이 대안이 될 수 있을까? 물론 대안은 하나가 아닐 수도 있다. 많은 대안 경제학 중 하나인 여성주의 경제학은 지나친 남성성이 생채기 낸 지구를 여성성으로 치유하면서 지속 가능하고 환경친화적이며 양성평등적인 경제 현실을 만들어가려는 경제학이다. 이것이 여성주의 경제학의 기본 이념이다. 이는 단순히 여성의 권익을 보호하자는 차원이 아니라, 인류의 미래를 위해 제시되고 시행되어야 할 대안이다.

세상은 각자의 이익을 위해 으르렁거리는 곳만도 아니고, 남녀가 서로 손해를 덜 보겠다고 계산기를 두드리는 곳만도 아니다. 세상은 남성과 여성, 어른과 어린이, 빈자와 부자 모두가 함께 살아야 하는 곳이다. 좀 더 넓고 깊은 애정을 갖고 세상의 살림살이, 사회의 살림살이, 집안의 살림살이를 챙겨가는 경제학이 대안 경제학으로서 여성주의 경제학이 지향해야 할 학문 이념이다.

2장

여성주의 경제학의 전개 과정

1. 머리말

사람이 먹고사는 문제는 인류의 시작부터 현재까지 줄곧 있었고, 지구라는 행성을 차지한 인류가 크게는 두 종류, 여성과 남성으로 나뉜 탓에 이들 간의 갈등 역시 인류사 전체를 통해 늘 나타났다. 그러나 겨우 18세기 초반에 와서야 여성도 자기 목소리를 내기 시작했다. 경제학의 경우는 더 늦어 1816년에 마르셋(J. H. Marcet)의 기념비적인 연구가 있었던 후 한참 지난 19세기 후반에 와서 여성이 전문적인 대학 교육을 받기 시작하자 자신의 목소리를 구체적으로 냈다.

이런 시도들이 여성주의의 이름 아래 등장한 것은 20세기의 일이고, 경제학이 이런 시대의 요청에 화답하여 현대적인 형태의 외양으로 등장한 것은 1970년대 이후였다. 특히 1970년대 보스럽(E. Boserup)과 1980년대 웨어링(M. Waring)의 선구적인 작업으로 여성주의 경제학의 가능성이 열리기 시작했다. 여성 노동의 차별에 대한 버거만(B. R. Bergmann, 1974), 자본주의와 여성의 관계를 보여준 하트만(H. Hartmann, 1981)의 기념비적인 연구도 등장했다. 이러한 작업을 개별 연구자 차원이 아니라 조직적으로 만들려는 노력은 1992년 국제여성주의경제학회(International Association for Feminist Economics: IAFFE)의 창립으로 결실을 보았다. 이런 진척은 지속해서 여성 문제를 제기한 그간 여정의 결과이기도 하지만, 현재처럼 발전한 것은 1990년대 이후 지난 20여 년간 노력한 결실이었다. 이 일은 푸욜(M. Pujol), 보스럽, 버거만, 하트만, 험프리스(J. Humphries), 엘슨(D. Elson) 등이 중심이 되어 이루어졌다. 21세기에 들어와 서구 학계에서는 여성 문제나 여성주의적 관점을 경제학에 접목하는 작업이 거의 폭발적일 만큼 증가했고 학계 인지도도 더욱 높아졌다.

이러한 변화는 단지 연구 축적물의 양적 증가나 연구자의 수적 증가만이 아니라, 연구의 질적 향상은 물론 사회 및 학계에 대한 영향력을 통해서도 확인된다. 1970년대부터 여성 경제학자들이 등장했는데, 특히 1990년대 중반 이후 박사 학위를 받은 사람들을 중심으로 남성 학자들과 견주어 전혀 뒤처지지 않는 여성 경제학자들이 많아졌다. MIT에 재직 중인 핀클스타인(A. Finkelstein)을 비롯한 신예 여성 경제학자들은 자신들의 선배들이 가졌던 한계를 극복하고 정상에 서 있다. 2009년에는 여성 경제학자 오스트롬(E. Ostrom)이 여성 최초로 노벨경제학상을 받았으며, 2014년 현재 옐런(J. Yellen)은 미국 연방준비제도이사회 의장을 맡고 있다. 경제학 분야의 톱 저널인 ≪아메리칸 이코노믹 리뷰(American Economic Review)≫의 편집장도 여성 학자 골드버그(P. Goldberg)이다.

서구 학계에는 못 미치지만, 한국 경제학계에서도 변화는 감지된다. 과거 금녀의 지역으로 간주되었던 각 대학의 경제학과에 여학생의 입학이 자연스레 이루어져 그들의 여자 선배들이 들어왔던, "여학생이 왜 경제학과에 진학했느냐?"는 질문에서 해방되었다. 대학마다 차이는 있지만 어떤 대학에서는 여학생 수가 더 많기도 하다. 경제학회는 물론 경제 관련 연구 단체에도 여성 학자들의 존재가 어렵지 않게 확인되며, 여성 교수에게 수업을 받는 것도 더는 신기한 일이 아니게 되었다. 아울러 여성과 경제, 젠더와 경제 등의 교과목을 개설하는 대학들도 늘어났다.

이 장에서는 이처럼 금녀의 장벽이 무너지고 있는 경제학의 변화와 함께 성장하는 여성주의 경제학의 자취를 확인하며, 여성주의 경제학의 전개 과정과 발전 방향을 설명한다. 이를 위해 먼저 여성주의 경제학의 등장 배경과 전개 과정을 설명한다. 다음으로 IAFFE와 한국여성경제학회의 설립과 발전 및 현황을 알아본다. 마지막으로는 여성주의 경제학의 최근 연구 경향을 소개한다.

2. 여성주의 경제학의 등장 배경

자유가 없다면 무엇을 해볼 수 있었을까? 여성 문제를 사회구조적 관점에서 파악하고 이를 해결하려는 노력을 본격적으로 한 것은 사람들이 어느 정도 인신적인 자유를 확보한 근대 시민사회 이후, 즉 17세기와 18세기 이후라고 할 수 있다. 이후 일련의 역사적 변화와 여성 권익에 대한 요구가 관철되어가면서 여성의 학문적·사회적 영향력도 확대되었다. 이렇게 태동한 변화는 19세기의 제1차 여성운동기와 20세기의 제2차 여성운동기를 거치며 더욱 발전했다. 20세기 후반 제3차 여성운동기에는 사회적 성 개념인 젠더를 개발해 생물학적 결정론에 체계적으로 대응할 수 있게 되었다. 자연히 각 분과 과학에서는 젠더를 빠르게 수용해갔고, 여성운동은 더 환한 미래를 향했다. 그러나 유독 경제학계만 이런 일련의 변화에 둔감했다.

경제학이 여타 학문보다 젠더 문제의 수용이 늦었던 데에는 여러 가지

〈표 2-1〉 여성운동의 변천 과정

	제1차 여성운동	제2차 여성운동	제3차 여성운동	제4차 여성운동
시기	19세기 후반부터	20세기 중반부터	1990년대부터	미래
관점	여성의 관점	여성의 관점	젠더 관점	인간의 관점
주요 이슈	동등한 기회와 권리, 동등한 참정권, 법적 평등	동등한 결과, 여성을 위한 제도 구비	차이와 차별의 구분, 차이 관리와 차별 철폐	여성성으로 세상의 균형을 잡음, 공존 모색

이유가 있다. 이는 무엇보다도 경제학의 학문적 성격과 밀접한 연관이 있다. 화폐라는 가치척도와 효율성 및 생산성이라는 가치 측정 방식을 바탕으로 한 경제학은 표면적으로는 지극히 성 중립적인 학문이다. 기존의 체계가 강고한 경제학에서 대안이 될 성인지적 가치 측정 방식과 척도를 제시하는 것은 무척 어려운 작업이다. 아울러 이 문제를 연구할 여성 학자도 타 분과 과학보다 현저하게 적었다. 무엇보다도 경제 문제에 대해서는 특히 기득권 포기가 어렵기 때문이다. 젠더 문제가 양성 간의 분배 문제와 밀접하게 관련되므로 어느 분야보다 강력하게 기득권 수호가 이루어졌다.

그럼에도 변화의 물결을 막을 수 없었다. 무엇보다도 시대가 당면한 여성의 경제 문제는 경제학이 젠더를 수용하지 않을 수 없게 했다. 이를 해낸 것은 여성 경제학자들이었다. 20세기 초반 리드(M. Reid) 같은 학자의 선구적인 작업을 통해 태동한 근대 여성주의 경제학은 20세기 후반에 와서는 앨벨다(R. Albelda)나 하딩(S. Harding) 같은 학자들에 의해 구체적인 발걸음을 떼기 시작했다. 이들은 경제학을 가장 성 편향적인 학문으로 지적하며 경제학과 경제학계가 시대 조류에 역행한다고 용감하게 주장했다.

경제는 인간 사회에서 가장 중요한 측면이다. 따라서 일단 문제시되면 어느 분야보다 첨예하게 갈등이 드러나는 경향이 있다. 경제학에 여성의 목소리를 담는 작업은 어렵게 시작했지만, 시작한 이상 어느 분야보다 강력하게 양성평등의 요구가 일어났다. 여성주의 철학과 사회과학 방법론의 발전은 경제학에게 젠더 문제에 접근할 길을 마련해주었다. 그간 여성주의 사회철학자들은 사회과학이 과연 성 중립적인 개념, 방법론, 연구 내용을 가진 학문인가를 의문시하면서 사회과학의 분석 대상, 분석 방법, 분석 결과의 해석에 고착된 남성적 가치와 남성 편향을 지적하는 작업을 꾸준히 해왔다. 이들의 학문적 성과를 학습하며 여성 경제학자들은 그들의 시야를 넓혔다. 점차 젠더 문제에 관심을 두었고, 자신들의 연구가 각 성별에게 어떤 의미가 있는지 되묻기 시작했다. 이러한 물음은 점점 구체적인 경제학 연구로 발전했으며, 여성주의 관점에서 경제학의 전 영역을 재검증해 나갔다. 마침내 경제학 내에 성인지적 관점이 대안적 분석 시각으로 자리 잡게 되었고, 여성주의 경제학의 기틀이 마련되었다. 여성주의 경제학은 이렇게 등장했다.

조금 불편하지만 피할 수 없는 여성주의 경제학이란 새로운 용어에 사회가 익숙해지면서 이와 관련된 연구와 활동이 점차 많아지자 파편화되어 있는 연구자들을 연결할 필요성도 제기되었고, 이를 체계화시키려는 움직임이 생겼다. 이는 여성주의 경제학을 경제학의 분과 분야로 만들려는 시도로 발전했다. 이런 염원이 구체화된 것은 1990년 미국 워싱턴 DC에서 개최된 전미경제학회(American Economic Association: AEA)에서였다. 이 학회에서 "여성주의는 경제학에 자신의 둥지를 마련할 수 있을까?(Can Feminism Find a Home in Economics?)"라는 세션이 큰 반향을 불러일으켰다. 이후 여성주의 경제학에 대한 염원이 더욱 커졌고 IAFFE가 만들어졌다. IAFFE는 1992년에 비영리 기구로서의 합법적인 지위를 가지게 되었고, 1997년에는 NGO로서의 자격을 갖게 되었다. IAFFE의 발족과 함께 그동안 비체계적으로 이루어졌던 연구와 활동에 탄력이 붙었다. 특히 IAFFE가 여성 경제학

교육을 중점 사업으로 추진하자 여성주의 경제학 관련 강의를 정규 과목으로 채택한 대학이 증가하여 후진 양성도 원활히 이루어지게 되었다.

IAFFE는 다음과 같은 활동에 주력한다. 먼저 여성 경제학자들 사이의 연대를 강화한다. 또한 경제 이론과 여성주의의 접목을 시도하며, 여성주의 관점에서 경제학의 기본 원리를 재해석하고, 경제학자와 정치인들이 경제 현안을 성인지적으로 파악하도록 지도한다. 아울러 경제학계 내에서 여성의 과소 대표성을 해결하기 위한 현실적 방안을 모색하는 한편, 여성주의 경제학과 여성 정책의 발전을 위해 연구자와 운동가, 정책 입안자 사이의 원활한 연대를 도모한다. 또 경제학 교육 과정에서 여성주의 시각을 함양할 수 있는 제도적 여건을 마련한다.

이처럼 IAFFE는 지난 20여 년간 여성주의 경제학 발전에 견인차 역할을 하면서 꾸준히 성장했다. 1993년에는 네덜란드 암스테르담에서 제1차 국제 학술대회를 개최했다. 대회의 주체는 유럽의 여성주의 경제학자들이었으며, 주제는 "주변을 벗어나서: 경제 이론에 대한 여성주의자들의 시각(Out of Margin: Feminist Perspectives on Economic Theory)"이었다(Kuiper and Sap, 1995). 이후 매년 정기 학술대회가 개최되어 학문의 발전과 연구자들의 교류에 크게 이바지하고 있으며, 국가별, 지역별, 주제별 회합을 조직한다. 아울러 여성 경제학 교육 워크숍을 개최하며 학회 소식지를 발간하고 있다. 그리고 여성주의 경제학에 대한 문헌 정보나 모임 안내지 등을 출간하고 전문 학술지도 발간하고 있다. 1995년부터 발간된 자체 학술지 ≪여성주의 경제학(Feminist Economics)≫은 1997년 학술지협회(Council of Editors of Learned Journals)에서 최우수 신간 학술지(Best New Journal)로 선정될 만큼 정평이 났다. 처음에는 300여 명이었던 회원 수도 2014년 현재는 64개국 600여 명으로 증가했다.

미국 중심의 IAFFE 이외에도 대륙별 단체인 유럽 여성주의경제학회(IAFFE-Europe)가 있고, 국가 단위의 네트워크로는 네덜란드 여성주의경제학회(Feminist Economics Network in the Netherlands: FENN), 캐나다 여성경제학회(Canadian Women Economists Network: CWEN), 독일 여성경제학회(Economics, Feminism and Science: EFAS) 등이 있다.

이런 움직임은 한국에서도 확인된다. 20세기 말에 와서는 젠더 문제에 대한 논의가 한국 경제학계에 구체적으로 등장한다. 이후 여성 경제학자 간의 연대가 생겨났고, 1997년 5월 10여 명의 여성 경제학 박사들이 주축이 되어 한국여성경제학회(The Korean Women Economist Association: KWEA)를 창립했다. 한국여성경제학회는 현재 매년 정기 학술대회를 개최하고 분기별 여성 정책 포럼을 개최하는 등 활발한 활동을 펼치고 있다. 2004년에는 학회지 ≪여성경제연구≫를 발간하기 시작했고, 연 2회의 학술대회, 연 4회의 여성 정책 포럼을 개최하고, 다양한 연구와 사회 기여 등 한국 경제학계에서 입지를 다져나가고 있다.

물론 여성 경제학자와 여성주의 경제학자는 다르다. 여성 경제학자는 성별이 여성인 경제학자를 말한다. 이들 중에는 여성주의 경제학자도 있지만, 여성주의에 관심이 없는 학자도 많다. 여성주의 경제학자 내에서도 다양한 부류가 있다. 여성주의를 어떻게 해석하고 있느냐에 따라 문제의식도 다르고, 각자가 선택한 학파에 따라 연구 방법에도 차이가 난다. 이들은 크게 세 부류로 나눌 수 있다(Dawson et al., 2000). 먼저 지나친 남성 주도의 경제학을 바꾸려는 학자들이 있다. 이들은 더 많은 여성 경제학자를 배출하고 좀 더 힘 있는 지위에 여성이 올라야 한다고 본다. 둘째 부류는 여성주의를 지지하는 실증주의자들이다. 이들은 주로 신고전파 경제학 방법론을 가지고 성별과 관련된 주제를 실증 분석하는 데 주력한다. 마지막으로 여성주의 인식론과 방법론을 가지고 여성주의의 하위 범주로 경제 문제를 받아들인다. 이들은 여성주의로 경제학을 근본적으로 바꾸어야 한다고 생각한다. 현재 여성주의 경제학은 이러한 다양한 연구 조류를 자신의 범주 속으로 받아들이고, 이들 사이의 연대를 여성 문제라는 고리를 통해 유지하면서, 다음 단계로의 모색을 준비하는 단계에 있다.

3. 여성주의 경제학 연구의 전개 과정

여성주의 경제학 연구의 초창기에는 여성주의 시각을 경제학에 적용하고 적용 범위를 확장하는 데에 집중했다. 연구는 여성 문제가 집약된 곳을 중심으로부터 이루어졌다. 자연히 노동시장에서의 여성 차별이 집중적으로 분석되었다. 이러한 미시경제의 문제가 거시적인 영역과 연결되어 있음을 확인하면서 연구는 거시경제 영역으로도 확장되었다. 연구의 엄밀성과 고유성을 확보하기 위해 여성주의 경제학 방법론의 모색도 시도되었으며, 여성주의 경제학의 전문성과 후진 양성을 위해 성인지적 경제학 교과서 집필과 여성 경제학 교육법이 개발되었다.

특히 큰 사회적 반향을 일으킨 것은 여성경제학설사 작업이었다. 역사 속으로 사라진 여성 경제학자들을 발굴하고 재평가하는 작업은 톰슨(D. L. Thomson), 폴킹혼(B. Polkinghorn), 디맨드(M. A. Dimand) 등의 학자들에 의해 주도되었다. 이러한 학설사 작업은 경제학의 역사에 여성 학자들의 이름을 새기는 작업으로 진척되었다. 이를 통해 여성 경제학자들이 '없었던 것'이 아니라 다만 '보이지 않고 있었던 것'이라는 사실이 밝혀지자 여성 경제학계는 점차 자신감을 찾아간다. 이후 여성주의 경제학은 경제학의 한 분과로 자리 잡는다. 이는 그간 산발적으로 이루어진 여러 연구와 연구자들의 중심으로 IAFFE가 1992년 창립되고 이후 학회지 ≪여성주의 경제학(Feminist Economics)≫이 발간된 것이 계기가 된다. 1993년에 출판된 『남성들의 경제학을 넘어서: 페미니스트 이론과 경제학』(Ferber and Nelson, 1993)이 분과 분야로 가능성을 보여준 후 2003년에 다시 출판되면서 이후 10년의 발전과 전망을 제시했으며(Ferber and Nelson, 2003), 1999년에 여성주의 경제학의 백과사전이라고 할 수 있는 책 『엘가의 여성주의 경제학 안내서(The Elgar Companion to Feminist Economics)』(Peterson and Lewis, 1999)가 출판되면서 분과 분야의 모습을 완전히 갖추었다.

연구의 양적 발전이 어느 정도 이루어진 현재, 학계는 여성주의 경제학의 체계를 어떻게 만들어가고 어떤 방법론적 토대를 채택할 것인가를 다시 고민하는 중이다. 다른 분야처럼 연구 전반의 주도적 경향은 신고전파 경제학이다. 그럼에도 여성주의 경제학의 새로운 진로를 계속 신고전파 경제학의 전통에서 찾을 것이냐, 아니면 정치경제학이나 제도주의 경제학의 전통을 받아들일 것이냐, 그것도 아니면 전적으로 다른 패러다임을 만들 것인가 등에 대한 고민과 노력이 확인되고 있다. 전체적 발전 방향은 대략 신고전파의 한계를 극복하려는 시도와 제도주의적 접근으로 요약될 수 있다.

지난 세기말 등장하여 현재 활동 중인 후자폐적 경제학 운동(post-autistic economics movement)과 실재론적 연구 방법에 대한 관심도 확인된다. 특히 눈에 띄는 시도는 다원주의적이며 실용주의적인 경향이다. 어떤 학문 전통이든 젠더 문제를 분명하게 보여줄 수 있다면 채택되어야 한다는 실용주의와 한 가지 연구 방법만을 고집할 것이 아니라 다양한 관점도 고려해야 한다는 다원주의는 여성주의의 나침반이다.

이는 이데올로기 갈등이 증폭되었던 제2차 여성운동기인 1970년대와는 분명히 다른 분위기이다. 오히려 현재 여성주의 경제학의 큰 울타리 속에는 각 학파 간의 반목과 대립보다 연대와 공존이 조성되어 있다. 이는 여성 젠더 특유의 포용성이기도 하고 여성주의 경제학의 과도기적 상황과 한계의 표출이기도 하다. 물론 현실 사회주의 몰락 이후 전개된 신고전파 주류 경제학의 세도에 눌려 다른 학파의 목소리가 들리지 않은 탓일 수도 있다.

4. 여성주의 경제학 연구의 대안적 방법론 모색

실증주의 방법론이 대세인 경제학에서 여성주의 경제학이 방법론을 고민하는 것은 인간 세상 곳곳에 실증될 수 없는 일들이 널려 있고, 특히 여성과 관련된 일에서는 기존의 방법론이 무력한 경우가 적지 않다는 점 때문이다. 이러한 연유로 여성주의 경제학은 실증주의 경제학뿐만 아니라 여타 대안적 방법론을 고려하고 있다. 물론 기존 방법론을 개량하려는 움직임도 있다. 벡톨드(B. H. Bechtold, 1999)는 여성주의 계량경제학을 제시하며 실증주의 방법론과 계량경제학을 폐기할 것이 아니라 더욱 정교하게 사용해야 한다고 주장한다. 그렇다 하더라도 실증주의 경제 모형이 가지는 한계는 분명하다. 계량적 방법론 입장에서는 잴 수 없으면 사실로 받아들이기 곤란하다. 그러나 현실은 잴 수 없는 것이 더 많다.

이런 한계를 극복하고 실증주의 방법론의 패러다임을 전환하기 위해, 전도된 가치 개념을 바로잡으려는 시도와 '공조적 경제학(conjective economics)'이 제시되기도 했고, 구조주의적 접근이 시도되기도 했다. 현상의 존재론적 지평을 재구성한 비판적 실재론도 거론되었고, 게임 이론의 기법도 도입되었다.

〈그림 2-1〉 젠더-가치-컴퍼스 1

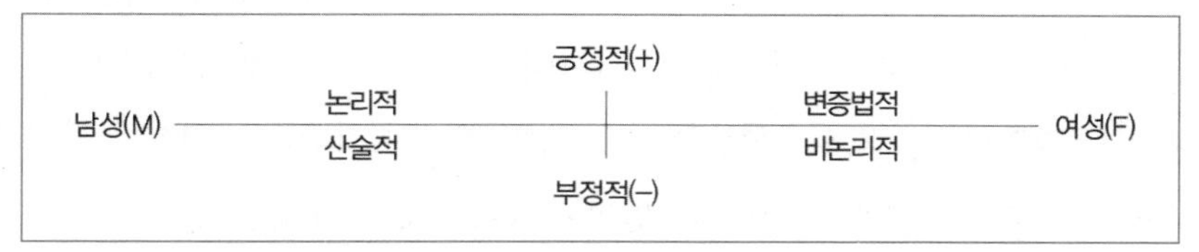

자료: Nelson(1996).

〈그림 2-2〉 젠더-가치-컴퍼스 2

자료: Nelson(1996).

경제학 방법론의 성 편향을 지적한 대표적 학자는 줄리 넬슨(J. Nelson)이다. 그녀는 경제학의 성 편향 원인이 이분법적인 경제학 방법론의 남성 편향에 있으며, 그 남성 편향의 기저에는 성 편향적 가치 개념이 자리 잡고 있다고 주장했다. 넬슨(Nelson, 1996)은 사람들이 습관적으로 물질과 정신을 양분하는 것처럼 여성성과 남성성을 위계적으로 양분하고 여성의 역할과 남성의 역할을 나눈다고 지적한다. 그는 '젠더-가치-컴퍼스'를 가지고 이에 따른 문제점을 설명한다.

〈그림 2-1〉에 따르면, 가치의 지평은 남성적-긍정적(M+), 남성적-부정적(M-), 여성적-긍정적(F+), 여성적-부정적(F-)의 네 영역으로 구분된다. 경제학은 남성적인 것은 긍정적으로, 여성적인 것은 부정적으로 설정하는데, 특히 신고전파 경제학은 M+를 경제학의 학문 이념으로 설정한다. 넬슨은 바로 여기에 신고전파 경제학이 성 편향된 근본 원인이 존재한다고 보았다.

〈그림 2-2〉에서 넬슨은 강한 학문과 약한 학문의 개념을 통해 기존의 경

제학 방법론을 비판한다. 경제학은 자연과학처럼 되기를 학문의 목표로 삼고 사실과 자료만을 긍정적으로 받아들이며 강하고 견고한 학문, 남성적 학문을 주창했다. 그러나 강한 학문에 대한 지나친 집착은 경제학의 진리성을 오히려 왜곡시켰다. 실증과 연역에 지나치게 묶여 있는 경제학을 본연의 모습으로 가져오기 위해서는 부드럽고 정신적이면서도 사회학적 맥락을 고려할 수 있는 유연성이 요청된다.

넬슨은 남성성과 여성성의 이분적인 단절을 극복하고 양성의 긍정적인 측면을 두루 갖추어, 강하면서도 유연하고 단단하면서도 부드러우며 논리적이면서도 인간적인 학문으로서의 경제학 이념을 설정한다. 이처럼 넬슨은 특정 가치에 경도된 경제학에 다른 가치도 제시하면서 경제학의 이념을 변화시킴으로써 기존 경제학의 남성 편향을 극복하려 한다.

실증주의와 합리주의를 동시에 비판하며 등장한 방법론적 시도는 '공조적 경제학'이다. 이를 주창한 맥클로스키(D. N. McCloskey, 1993)는 학문이 사실(fact), 논리(logic), 은유(metaphor), 역사(history)로 구성되었다고 본다. 사실과 논리의 결합으로 남성성과 객관성이 형성된다면, 은유와 역사의 결합으로 여성성과 주관성이 확보된다. 맥클로스키는 사실과 논리의 결합만이 근대 학문에서 학문성을 인정받고 있는 점을 비판한다. 그녀는 여성주의 경제학 방법론에서 이 네 가지 요소를 모두 도입해야 한다고 말했다.

또 다른 방법론적 시도는 구조주의적 접근이다. 구조주의는 일반론, 전체론, 특정 요소 결정론 등의 학문 전통을 비판하며, 데카르트 인식론에 의거해 학문을 실재의 반영으로 보는 근대 학문의 패러다임에 반대한다. 아울러 실증주의나 경험주의의 맹목을 비판하며, 진리 탐구에 고정적인 방법이 있다고 보지 않는다. 이들에게 진리는 실재의 반영이 아니라 조건에 따라 변화될 수 있는 사회 문화적 산물이다. 당연히 초월적 진리나 선험적 진리 자체도 부정한다. 따라서 실용적이며 현실 속에서 파악 가능한 접근을 지지한다.

또 다른 방법론적 대안은 비판적 실재론(critical realism)이다. 대표적인 비판적 실재론자 로슨(T. Lawson, 1999)이 여성주의를 존재론적 관점에서 분석한 이후 비판적 실재론에 대한 관심이 증가했다. 비판적 실재론은 현실을 서로 다른 존재론적 지평으로 분해하고, 실증주의가 적용될 수 있는 지평은 그중 일부에 지나지 않는다는 점을 부각하며 실재론적 관점에서 학문하기를 주장한다. 비주류 경제학의 학문방법론으로 많은 주목을 받고 있는 비판적 실재론은 젠더 문제에 접근하는 새로운 시각임에는 분명하다. 이외의 분석 기법으로는 신고전파 경제학자들에 의해 본격적으로 사용된 게임 이론의 도입도 거론할 필요가 있다. 성별 관계가 두 집단 사이의 관계에 기초한다는 점을 고려하건대, 게임 이론은 가계 내부의 역학 관계나 성별 관계의 영향에 대한 분석에 충분히 유용할 수 있다. 이러한 연구 방법론 외에도 포스트모더니즘, 탈식민지 담론 등도 연구 방법론과 인식론의 틀 안에서 꾸준히 논의되고 있다(Barker and Kuiper, 2003).

5. 여성주의 경제학의 대안적 연구 동향

1) 신고전파 경제학의 대안

현재 여성주의 경제학의 중심 연구 방향은 신고전파 경제학이다. 이들은 기본적으로 신고전파 경제학의 패러다임을 수용하지만, 그 속에 담겨 있는 성 편향성을 지적하면서 여성주의적 발전을 모색하고 있다. 가계를 경제 분석의 대상으로 부각시킨 점은 인정하나 베커의 선한 가부장 개념이나 공동 선호 모형 속에 매몰되어 존재를 인정받지 못한 여성 젠더의 문제를 지적하며 베커(G. S. Becker)와 민서(J. Mincer)의 신가계경제학을 비판한다. 이들 중에는 가계 내부를 게임을 하고 있는 상황으로 파악하여 협조적 게임 이론과 비협조적인 게임 이론을 분석 기법으로 제시한 학자들도 있다.

신고전파 여성주의 경제학의 이론적 뿌리는 여성주의 경험론에 근거해 있으며, 학문적 규범과 방법론에서 성 중립성을 강조한다. 따라서 신고전파의 성 편향성을 비판하는 것은 옳지만, 실증주의 방법론까지 비판해서는 안 된다고 주장한다. 실증주의는 성 중립적이므로, 양성평등적 학문은 참다운 실증주의를 통해서만 정립될 수 있다고 보기 때문이다. 즉, 신고전파 경제학 자체에 문제가 있다기보다는 연구자의 편향성이 성 중립성을 그르치고 있다고 주장하며, 연구에 신고전파적 방법론을 더욱 엄격하게 적용하라고 주장한다.

편향된 현실을 바로잡을 정책적 대안으로 적극적 조치(affirmative action), 여성 할당제, 여성 배정제 등의 법적 조치를 강조한다. 왜냐하면 기존 경제학의 문제가 무엇보다도 학자들의 성비 불균형에서 기인한다고 보기 때문이다. 여성 경제학계의 핵심 과제도 여성 경제학자와 경제학도를 더 많이 배출하는 것으로 본다.

2) 제도학파 경제학의 대안

베블런(T. Veblen)과 코먼스(J. R. Commons) 등의 구제도학파의 영향을 받은 일군의 학자들은 여성 문제에 미치는 사회규범과 성별 관계의 영향을 강조한다. 이들은 1990년대 이후 구제도학파와 구조주의를 경제학에 접목한다. 제닝스(A. Jennings, 1993; Waller and Jennings, 1990)가 그 대표적인 학자이다. 인식론적 측면에서 데카르트의 근본주의와 이원론을 거부하면서 개인과 사회의 관계에서 작동하는 제도의 역할을 강조한다. 이들은 사회의 각종 제도가 특정 성별을 위해 작동한다고 본다. 따라서 여성 문제는 바로 이런 성 편향적 제도, '성별화된 구조(gendered structure)'에서 발생한다고 파악한다. 따라서 정책 대안으로 경제적 결정이 이루어지는 사회의 전 영역에서 제도 개선을 주장한다. 이들은 경제적 효율성뿐만 아니라 기회균등이나 분배 정의 등도 분석의 잣대로 사용되어야 한다고 말한다.

엘슨(D. Elson, 1995)은 비시장재, 비시장 노동 문제를 집중적으로 분석하면서 양화되지 못하는 노동, 그림자 노동, 돌봄 노동에 대한 경제학계의 관심을 끌어냈다. 신고전파와 제도학파의 결합을 보여주는 신제도학파의 연구자들은 완전한 정보나 영(zero)의 거래 비용처럼 신고전파의 비현실적인 전제와 사회규범이나 전통 등의 영향을 배제한 초역사적 접근 방식을 비판한다. 이들은 오히려 이러한 인간 조건들을 제도로 보고 분석의 대상으로 삼았다.

신제도학파의 파머(I. Palmer, 1992)가 비시장 노동의 가치를 가능한 화폐단위로 측정해 소득 노동으로 전환하여 여성 문제를 해결하려는 데 비해, 엘슨은 그런 작업은 가능하지도, 바람직하지도 않다고 본다. 신제도학파는 사람들이 세상을 살아가면서 늘 이런저런 제도를 이용한다고 생각한다. 제도가 만들어지는 이유는 유용하기 때문이다. 즉, 제도가 있을 때 거래 비용이 절감되기 때문이다. 이를 양성 간의 경제행위에 적용하면, 거래 비용을 줄이려고 성별 관계가 정해지고, 그에 따라 성별 분업이 결정되는 것이다. 제도가 유지되는 이유가 경제적 효율성이라는 것이 이들 주장의 핵심이다.

파머는 미시·거시경제 중심의 분석에 반대하며 '중범위(meso)' 수준의 분석과 제도의 역할에 주목한다. 그녀는 여성이 재생산노동을 하는 것은 일종의 세금 납부라고 주장한다. 사회가 여성에게만 '재생산세(reproduction tax)'를 부과하고, 이렇게 징수된 세금을 기반으로 사회의 공공재가 만들어지면 그 편익을 사회 전체가 누린다는 것이다. 그러나 세금 납부로 여성 노동의 가격이 상승하고 시장 경쟁력은 떨어져 여성이 노동시장에서 불리한 처지에 떨어진다.

자본시장에서도 여성은 불리하다. 여성이 재생산세를 내기 위해 재생산노동에만 종사하고 소득 노동에 종사하지 않는 경우, 자본시장에서의 신용도가 소득 노동에 종사하는 남성에 비해 낮다. 신용도가 떨어지니 경쟁력도 없어진다. 이처럼 재생산세 징수는 결국 자본시장에서의 성차별 원인이 된다. 사회적으로도 성차별은 가격 왜곡을 낳아 결과적으로 자원 배분의 비효율을 발생시킨다. '성차별적 시장 왜곡' 개념을 통해 여성의 무급 재생산노동을 설명한 파머는 이를 바로잡을 방안으로 국가의 역할을 강조한다.

또한 파머는 삶의 질과 관련된 사회지표도 경제성장률이나 물가상승률 같은 경제지표처럼 정책 목표로 설정되어 관리되어야 한다고 주장한다. 왜냐하면 그렇게 해야 경제정책의 성차별적 결과에 따른 외부불경제를 내부화시킬 수 있다고 보기 때문이다. 파머의 주장은 많은 여성 학자나 국제 여성단체 등에 의해 지지를 받았다. 이후 가사 노동의 가치 측정에 대한 많은 후속 연구들이 있었다. 그러나 재생산노동을 화폐단위로 측정하려는 시도는 지금까지는 기대만큼 그리 성공적이지만은 않았다.

1980년대 중반부터 등장한 '제도주의적 게임 이론' 역시 신고전파와 제도학파의 결합을 보여준다. '제도주의적 게임 이론'은 게임 이론의 분석 틀에 성별 관계와 성별 분업 개념을 포함하면서 젠더 문제에 접근한다. 제도,

규범, 전통, 질서 등은 가계 밖의 게임들을 통해 만들어지고, 이를 바탕으로 가계 내에도 게임의 법칙이 만들어진다. 그러나 게임 법칙은 불변하는 것이 아니다. 법칙은 현실에 대한 구성원들의 대응 전략에 따라 진화된다. 성별 관계도 사회적·문화적 여건이 제시하는 게임의 결과로 결정되나, 이 성별 관계는 양성의 대응 전략에 따라 변한다고 본다. 이런 기법을 이용해 연구하는 학자로는 센(A. Sen), 아가월(B. Agarwal), 오트(N. Ott) 등이 있다.

3) 정치경제학의 대안

기존 정치경제학에 대한 기대가 현실 속에서 무너지자 여성 학자들은 기존의 정치경제학을 자신들의 관점에서 수정해간다. 이들은 기존 정치경제학이 성 차별과 자본주의 운동 법칙을 서로 관련 없는 것으로 보고 재생산 영역을 가치 창조 영역에서 배제했다고 비판한다. 이러한 경제학은 '성몰인지적' 학문이다.

그럼에도 정치경제학은 사람 사이의 역학 관계를 역사적·과학적으로 접근할 수 있는 분석 틀을 제공한다. 이러한 기본 틀은 받아들이면서도 성 편향적 한계는 극복하려는 다양한 시도와 대안이 제시되었다.

이들이 제시한 대안은 크게 두 가지였다. 먼저 마르크스주의적 여성주의 경제학이다. 이는 마르크스주의를 상위 기제로 두고 자본주의 운동 법칙을 여성 문제에 기계적으로 적용한다. 이에 비해 사회주의적 여성주의 경제학은 서로 이질적인 두 시스템, 즉 자본주의와 가부장 제도에 주목한다. 젠더 문제를 이 두 시스템의 모순이 중첩된 이중적 착취 구도 속에서 해석한 것이다.

이 두 조류가 1980년대와 1990년대를 지나면서 시대의 변화를 따라가지 못하자 구조주의적이며 탈근대적인 접근이 등장했다. 현재 이들이 주목하는 개념이 바로 '사회적 재생산'이다. 케인스 경제학이 대두함에 따라 거시경제에 대한 국가 차원의 조정이 유행하자 이에 대한 반향으로 사회적 축적체제론이 등장했다. 이를 젠더적 관점에서 수정한 것이 1990년대 중반부터 본격적으로 논의된 '사회적 재생산론'이다.

사회적 재생산론은 젠더 문제가 개인 차원에서 발생한 것이 아니라, 국민경제나 경제체제 차원에서 발생한다는 점을 강조한다. 이들은 사회적 재생산 비용의 지불 문제와 여성 경제활동 증가의 실질적인 의미에 주목한다. 많은 나라에서 여성의 시장 노동 참가가 증가하자 여성이 시장 노동과 돌봄 노동의 이중고에 시달리게 된다는 점을 강조한다. 이러한 여성의 상황이 지속되면 여성 노동력이 고갈되고, 사회의 성별 관계에 균열이 오며, 사회 전체가 재생산 위기에 봉착하게 된다. 이는 이 책의 4장에 나오는 〈그림 4-1〉에서 확인할 수 있다. 이들은 경제 위기 역시 재생산의 위기와 결부시켜 분석한다. 누군가 재생산 비용을 지불하지 않는다면 가정이 파탄 나고, 출생률이 저하되며, 축적 구도가 붕괴되고, 좀 과장되게 말하자면 장기적으로 인류가 멸종할 수도 있다고 본다.

이 분야를 이끌어가는 대표적인 학자는 폴브레(N. Folbre)이다. 그녀는 정치경제학적 관점을 견지하면서 진화론적 접근과 제도주의적 게임 이론 방법론을 채택한다. 동시에 여성 문제를 경제적 결정론으로만 접근하는 것에 반대하며, 사회학·인류학·정치경제학의 접목을 시도한다. 1995년에 발표한 논문 「누가 아이를 위해 돈을 내는가?(Who Pays for the Kids?)」에서 그녀는 돌봄 노동의 의미를 재해석하며, 사회적 재생산의 책임과 비용을 공동으로 부담할 것을 요구한다. 이렇듯 기존 정치경제학의 경제적 결정론에 반대한 폴브레는 '제한의 구조(structure of constraint)'라는 개념을 만든다. 인간의 상황에 영향을 미치는 것은 경제만이 아니라 종, 계급, 성, 나이, 국가 등 여러 가지이다. 그녀는 이 제약의 집합 속에서 특정 사회의 선호가 결정되지만, 이 선호도 시간과 더불어 변화한다고 주장했다.

또한 폴브레는 현재의 위기에서 벗어나 시장과 가정, 시장 노동과 돌봄 노동의 조화를 다시 찾기 위해서는, 가정과 사회에서 여성이 남성보다 이타적이라는 편견을 버리고, 돌봄 노동을 하는 것이 각자의 이기심에 위배되지 않게 할 것을 강조했다. 돌봄 노동에 적절한 대가를 지급하는 방법을 개발하고 현실 속에서 이를 관철해야 한다고 주장하기도 했다.

6. 여성주의 경제학의 새로운 연구 동향

1) 여성주의 사회경제학

사회경제학(socio-economics)은 경제와 사회적 행위의 관계를 집중적으로 분석한다. 가령 소비에 미치는 윤리나 도덕, 철학의 영향같이 경제에 미치는 비경제적인 요소의 영향을 주목한다. 여기에다가 사회적 기업이나 자원봉사 같은 제3섹터의 경제도 분석에 포함한다. 사회경제학과 여성주의 경제학은 깊은 관련이 있다(Emami, 1993). 이들이 융합되기 쉬운 것은 사회경제학이나 여성주의 경제학이나 학제 간 연구에 적극적이기 때문이다. 또한 사회경제학자들은 젠더를 경제 현실을 설명하기 위한 카테고리로 받아들이고 있다. 크게 보아 사회경제학 운동이라고 할 수 있는 후자폐적 경제학 운동에서도 여성주의와 젠더는 수용되고 있다.

사회경제학이 강조하는 '착근 또는 뿌리내림(embeddedness)' 개념도 여성주의 경제학이 주목하는 성별 관계와 밀접한 연관이 있다. 여성주의와 사회경제학의 결합을 구체화시킨 학자로는 노동과 여성 문제를 연구하는 피가르트(D. M. Figart)가 대표적이다. 이외에 파워(M. Power, 2004)도 주류 경제학으로 여성 문제를 해명하는 것에 한계를 느끼며 사회경제학의 전통 속에서 여성 문제를 연구한다(Bauhardt and Çağlar, 2010).

2) 여성주의 포스트 케인지언 경제학

포스트 케인지언(Post-Keynesian) 경제학은 영국을 중심으로 발전한 대표적인 비주류 경제학이다. 현재 세계경제의 위기와 경제학의 위기라는 상황 탓에 대안을 찾는 많은 사람에게 주목을 받고 있다. 포스트 케인지언 내의 관점 차이도 크기 때문에 일목요연하게 학파의 입장을 정리하긴 어렵지만, 경제의 불확실성이나 내성적 화폐 개념, 불균형, 비가역성 등을 주장한다. 대표적인 여성 경제학자 조앤 로빈슨(J. Robinson)이 포스트 케인지언인 것만으로도 여성주의 경제학과의 연관을 추측할 수 있겠으나, 정작 로빈슨 자신은 젠더나 여성주의와 직접 관련된 활동을 하진 않았다.

여성주의 경제학자들은 포스트 케인지언에 많은 관심을 보인다(Danby, 2004). 왜냐하면 포스트 케인지언 경제학에는 여성주의 경제학을 발전시킬 가능성이 있기 때문이다. 특히 불확실성과 불균형 개념은 깊은 인상을 남겼다. 기존 경제학의 완전한 정보 가정이나 시장기구(보이지 않는 손)의 조정 기능 등은 여성 젠더가 직면한 경제 현실과 너무도 동떨어져 있는 경우가 많기 때문이다. 이런 범주에 드는 대표적 연구는 다음과 같다. 댄비(C. Danby)를 필두로 세기노(S. Seguino, 2000)는 수출 산업에서의 성차별 문제를 연구했고, 피키오(A. Picchio, 2003)는 거시경제에서 부불노동의 역할을 연구했다. 이외에 애크램로디와 핸머(A. H. Akram-Lodhi and C. L. Hanmer, 2008)도 포스트 케인지언 2부문 모형으로 재생산 영역과 생산 영역의 연계를 시도했다.

3) 역량 접근법과 여성주의 경제학

역량 접근법(capability approach)은 1980년대에 복지경제학 분야에서 개발된 분석 기법 또는 경제를 보는 관점이다. 센(A. Sen)이 주도적으로 개척한 분야로, 여기서 역량이란 개인이 자기가 원하는 것을 실제로 얼마나 가질 수 있는지를 의미한다. 인도 여성의 현실을 확인한 센은 돈이 있어도 시장에 갈 자유가 없으면 물건을 시장에 가서 살 수 없는 현실을 보며 자유가 무한하게 존재한다고 가정하고 이론을 만든 기존 경제학을 비판했다(Sen, 1985).

사실 기존의 경제학에서는 경제인을 무엇이든 할 수 있는 자유로운 존재로 설정한다. 자유롭다는 것은 일할 것인가, 놀 것인가를 선택할 수 있고, 사과를 먹을지, 배를 먹을지를 선택할 수 있다는 것을 의미한다. 그러나 현실은 이와 다르다. 어떤 사람은 자유롭고 어떤 사람은 자유롭지 못하다. 돈이 있고 없고도 문제이지만 그보다 근본적으로 자유가 있고 없음이 더 큰 문제인 것이다. 센은 자유의 중요성, 개인의 능력 차이 인정, 행복의 다양성, 물질적 요소와 비물질적 요소 사이의 균형, 분배의 기회를 확대하는 것을 역량 접근의 핵심 요소로 본다(Robeyns, 2005).

많은 여성 경제학자들이 센에 공감했다. 이를 구체적인 작업으로 이어나간 사람은 누스바움(M. Nussbaum, 2003)과 아가월(B. Agarwal, 1997)이다. 센과 이들의 노력으로 부자유하고 불평등한 인간의 처지가 객관적 지표로 확인되었다. 1995년에 처음 개발된 유엔개발계획(UNDP)의 '인간개발지수(HDI)'와 더불어 여성권한척도(GEM)와 성관련개발지수(GDI)를 발표해왔으나, 문제가 많다는 비판에 2010년부터 성불평등지수(GII)를 발표한다. 세계경제포럼(WEF)은 2006년 이후 매년 『글로벌성격차보고서(The Global Gender Gap Report)』에 성격차지수(GGI)를 발표하고 있다.

4) 생태 여성주의 경제학

생태 여성주의(eco-feminism)는 1970년대 여성운동과 더불어 등장한 사조로 현재까지 꾸준히 주목받는 이념이다. 생태 여성주의는 인간의 자연 지배와 남성의 여성 지배를 동시에 극복하는 방법으로 생태주의와 여성주의를 결합한다. 여성에 대한 억압과 자연에 대한 억압이 같은 맥락에서 이루어진다고 보며, 이를 여성성으로 극복하려는 것이다. 이처럼 생태 여성주의는 여성과 자연에 대한 억압과 지배를 강조하는 것이 아니라, 서로의 차이를 인정하고 그 차이가 가져다주는 다양성 속에서 조화를 이루는 것을 중요시한다. 중요한 것은 '같이 사는 것'이다. 이를 위해 생태계의 모든 생명체를 인간과 공존하는 대상으로 인정하며 인식의 틀을 확장한다.

따라서 여성성에 대한 해석도 적극적이다. 이들에게 여성 젠더는 억압받고 착취당하는 제2의 성이 아니라 생태계 갈무리에 나서는 주체적이고 능동적인 존재이다. 또한 여성들만이라도 돈벌이의 도그마에서 벗어나 세상의 살림살이를 챙기고 삶과 사회의 지속 가능한 발전을 위해 노력해야 한다고 주장한다.

플럼우드(V. Plumwood, 1993)가 정리한 것처럼 생태 여성주의에는 크게 두 가지 조류가 있다. 하나는 '문화적 생태 여성주의(cultural ecofeminism)'

이다. 길리건(C. Gilligan), 노딩스(N. Nodings), 루딕(S. Ruddick) 등이 여기에 속하는데, 이들은 남성과 여성의 차이에 주목한다. 남성성의 특징은 분리, 권력, 가부장이며, 여성성의 특징은 연대, 돌봄, 모성 등이다. 따라서 여성성의 강화를 통해 사회 문제를 해결해야 한다고 주장하는 것이다.

또 다른 조류는 '사회적 생태 여성주의(social ecofeminism)'로, 킹(Y. King)이나 워런(K. Warren) 등이 발전시킨 사조이다. 이들은 인간의 사회적 관계가 문제의 핵심이라 보고 사회주의적 입장에서 생태주의와 여성주의를 접목한다. 인간에 의한 여성 지배와 인간에 의한 자연 지배의 공통성을 강조하며, 인간 해방과 생태계 해방을 실현하려고 한다. 이를 여성주의 경제학과 접목시키는 작업은 퍼킨스(E. Perkins, 1997)를 중심으로 이루어진다.

현재 생태 여성주의를 실현하려는 다양한 연구단체와 운동단체 등이 있는데, 특히 각 지역의 풀뿌리 시민운동과 연결된 경우가 많다. 미국의 이타카 에코빌리지 운동, 인도의 칩코(Chipko) 운동(나무 껴안기 운동), 케냐의 그린벨트 운동 등이 대표적 사례이다. 한국에서는 1994년 지역 주부들이 자연을 지켜낸 우장산 살리기 운동이나 "뭇 생명을 살리기 위해 내 목숨을 버리겠습니다"라고 선언하며 보살도를 실천한 지율 스님의 천성산 도롱뇽 살리기 운동, 내성천 지킴이 운동이 그 예이다. 독일의 비제커(A. Bieseker) 등의 여성 경제학자로 결성된 '보살핌 경제 네트워크(Netzwerk Vorsorgendes Wirtschaften)'도 생태 여성주의 운동으로 볼 수 있다.

5) 퀴어 경제학

퀴어(queer)는 원래 '이상한' 또는 '남다른' 등의 뜻을 가진 단어이다. 이것이 현재 성의 형태가 일반적이지 않은 사람들, 즉 동성애자, 양성애자,

트랜스젠더, 무성애자 등 성 소수자 모두를 포괄하는 단어로 사용되고 있다. 일부 진보적 경제학자들은 경제학의 연구 범주를 동성적(homosexual) 성별 관계로까지 넓혔다. 젠더 개념의 기본에 충실한 배지(L. Badgett, 2001)나 야콥슨과 젤러(J. P. Jacobsen and A. Zeller, 2007) 같은 경제학자들이 대표적으로 퀴어 경제학(queer economics) 분야를 개척하고 있다. 이들이 밝힌 퀴어의 영역은 어느 사회에서나 가장 어두운 곳으로 국내에서나 국외에서나 터부시되고 있다.

퀴어 경제학의 분석 대상은 특정 사회 속의 성 소수자들이다. 이들은 성 소수자들 사이의 성별 관계에 따른 경제적 결과, 그리고 성 소수자와 성 다수자 간의 관계가 경제적 결과에 미치는 영향을 주로 연구한다. 어떤 학자들은 그렇지 않아도 경제학 내에서 '게토화(ghettoization)'되기 쉬운 여성주의 경제학이 퀴어 경제학을 수용하면 대중에게 공감을 얻기가 더 어렵지 않을까 염려한다. 그래서 퀴어가 여성의 권익 자체와는 직접 관련이 없다면서 이 불편한 분야를 가능한 한 여성주의 경제학의 범주 밖에 두려고 한다.

인도에서는 세상에는 남성과 여성 두 젠더만이 아니라 1,000개가 넘는 젠더가 있다고 한다. 모든 사람이 나름의 젠더를 가지고 있다는 점을 고려할 때 젠더 경제학 속에는 남성 경제학이나 퀴어 경제학도 포함될 수밖에 없다. 기존의 경제학을 편견을 가진 지식이며 억압을 정당화시키는 지식이라는 날 선 비판을 주저하지 않았던 여성주의 경제학의 전력을 보더라도 퀴어 문제에 눈을 감기는 곤란하다. 이와 더불어 성매매 여성 문제 역시 여성주의 경제학이 앞으로 좀 더 진지하게 고민해야 할 주제이다. 여성 노동의 가장 그늘진 곳에 그들이 있는 것이 분명하기 때문이다. 이외에도 인종, 계급, 종교와 여성의 경제에 대한 연구도 여성주의 경제학이 꾸준히 관심을 가져야 할 분야이다(Brewer, Conrad and King, 2002).

7. 맺음말

앞에서 살펴본 것처럼 여성주의 경제학은 기존 경제학의 패러다임에 성인지적 관점을 접목하기 위해 다양한 노력을 하고 있다. 그리고 비교적 짧은 시간에 적지 않은 성과를 내왔으며 앞으로는 더 발전하게 되리라고 예상된다. 그러나 이 모든 과정에서 분명히 인지해야 하는 것은 무엇을 위한 연구이며 과연 이러한 시도들을 통해 어떤 현실적 대안을 가지게 될 것이냐는 점이다.

여성주의 관점에서 대안 경제 연구를 하며 '공동체 경제협회(Community Economies Collective: CEC)'를 운영하는 깁슨(J. Gibson)과 그레엄(K. Graham)은 기존의 경제학으로는 돌봄 노동이나 가사 노동을 해명하기 어렵다고 말한다(깁슨-그레엄, 2013). 기존 경제학의 연구 대상이 자본주의이기 때문에 시장 노동에 집중해 있고 자연히 경제의 다른 측면을 해명할 수 없다는 것이다. 이들은 자본주의 경제에서 타자에 불과한 여성에 대한 해명은 기존 경제학을 보완하는 것 정도로는 어렵다고 지적한다. 새로운 경제학, 새로운 경제와 운영 방식 및 그것의 실현만이 대안이라고 주장한다.

과연 이러한 새로운 경제학, 그리고 대안이 가능할 것인가? 이는 이 길을 가면서도 문득문득 걸음을 멈추게 하는 질문이다. 그러나 속 시원한 묘수가 떠오르지도 않는다. 그럼에도 희망을 품고 걸음을 다시 시작해야 하는 이유는 단지 여성만이 아니라 인류 전체를 공멸로 이끄는 현재의 경제 운용 방식은 인류 역사의 시한폭탄임에는 분명하기 때문이다.

3장

여성주의 경제학의 미시경제 이해

1. 머리말

미시경제학은 개별 경제주체의 경제행위를 연구하는 분야로 근대 경제학의 핵심이라고 해도 과언이 아닐 정도로 학문적 축적이 많이 되어 있다. 그러나 미시경제학이 각 젠더의 입장을 충분히 대변하지 못한다는 지적은 꾸준히 제기되어왔다. 이는 무엇보다도 중성화된 경제인, 중성화된 시장, 중성화된 기업에 대해 연역적 도구로 논리를 전개하는 미시경제학의 학문성에서 연유한다고 지적된다.

이 장에서는 성인지적 시각에서 미시경제학의 근간을 재해석한다. 구체적으로는 먼저 미시경제학에 등장하는 가정, 가설, 이론을 성인지적 관점에서 재평가하여, 성인지적 관점을 미시경제학에 착근시키는 방안을 모색한다. 이를 위해 우선 신고전학파 미시경제학이 설정한 가정의 정당성 여부를 성인지적 관점에서 확인한다. 다음으로는 수요와 공급 개념과 모형의 전개 과정에서 젠더 문제를 살펴보고, 미시경제학의 새로운 영역인 게임이론을 통해 미시경제 모형의 성 중립성 문제를 살펴본다. 또 미시경제학에 가계 분석이 포함되지 않는 이유와 이에 따른 문제점을 지적한 후에 가계를 소비 주체로만 인정하는 기존 미시경제학의 성 편향성을 지적한다. 마지막으로 대안적 미시경제학의 방안을 제시한다.

2. 왜 젠더가 미시경제에서 문제인가?

미시경제학은 연역 체계와 논리적 검증 과정을 통해 경제학의 타 영역에 비해 높은 정합성을 가지고 있다고 평가된다. 특정 전제를 배경으로 해서 명제를 제시하고 이에 대해 가설적 지위를 인정하고 있으므로 문제점을 지적하기도 어렵다. 물론 경제학의 역사 속에서 여러 가지 비판을 받았으나 끊임없이 자신을 진화시켜 대응하고 있기도 하다.

그간 여성주의 경제학자들은 미시경제 이론의 성몰인지성을 꾸준히 지적해왔다. 특히 응용 미시경제 분야인 노동시장 연구에서 묵과할 수 없는 경제적 차별에 대한 연구가 많이 이루어졌다. 노동시장 분절, 직종 분리 및 가계경제 분석, 임금 차별 등의 문제에 대한 대대적인 연구가 진행되었다. 블라우와 퍼버, 그리고 윙클러(F. D. Blau, M. A. Ferber and A. E. Winkler, 2010)는 대표적인 연구자이다.

사실 기존의 미시경제학은 여러 가지 문제를 안고 있다. 무엇보다도 미시경제의 주체가 역사적이고 현실적인 존재가 아니라는 점이 문제다. 시장에서의 기능에 따라 수요자나 공급자로만 자기동일성을 확보한 인간과 화폐단위로 측정되어야 하는 그들의 삶의 가치는 박제된 표본 같은 설정이다. 그럼에도 이 박제된 인간이 현실 경제를 해명할 때 시준으로 작동한다. 가설이라고 하나 실제로 이러한 가설이 현실에 미치는 영향력은 막강하다.

미시경제학의 핵심적 프레임인 시장기구는 이론적으로는 경제생활을 잘 이해하게 하고, 의사 결정에도 도움을 주지만 구체적인 경제행위를 설명하지 못하는 경우도 많다. 인간이 이윤을 향해 움직이는 기계가 아닌 이상 호혜, 헌신, 봉사, 착취 등 시장을 통하지 않는 많은 경제행위를 설명하기는 어렵다. 현재 미시경제학은 이를 외부성(externality)이란 개념으로 해명하나 역부족이다.

이처럼 기존의 미시경제학이 경제 현실을 잘 설명하지 못하는 것은 근본적으로 경제란 대상을 잘못 이해하고 있기 때문이다. 기존의 미시경제 이론은 지나치게 수평적 차원에서의 경쟁으로만 세상을 이해한다. 물론 이론이 가질 수밖에 없는 추상화 과정을 인정해야 한다. 그래도 추상적인 시장기구와 다양한 미시경제 모형들이 각 경제주체의 경제행위를 제대로 설명하고 있는가는 여전히 의문이다.

볼스와 에드워즈, 그리고 루스벨트(S. Bowles, R. Edwards and F. Roosevelt, 2005)에 따르면, 경제생활은 수요자와 공급자의 수평적 배치 속에서 경쟁만 하는 시장기구로만 결정되지 않는다. 경제행위에 영향을 주는 것은 이것 외에도 각 경제주체의 힘의 불균형을 바탕으로 명령, 즉 역학 관계의 불균형으로 말미암은 수직적 차원의 명령 관계도 영향을 미친다. 아울러 모든 경제 현상은 물론 행위주체들조차 역사성을 띤다는 사실이다. 따라서 시간의 변화를 동시에 고려해야 한다. 이것이 대안적 미시경제학이 채택해야만 하는 경제라는 현상을 바라보는 기본 시각이어야 한다.

좀 더 자세히 기존 미시경제학의 문제점을 살펴보자. 핵심은 미시경제학의 주인공인 경제인은 남성 젠더이며 미시경제학의 전체 구도가 남성 젠더의 특성에 맞추어져 있다는 것이다. 사실 미시경제학을 들여다보면 시장, 정부, 국제무역 등 모든 영역에서 남성 젠더의 역할과 경험에 집중하고 있다. 물론 시장에서 수요자나 공급자로 등장한 경제인은 성 중립적이고 가치중립적인 행위자로 설정되어 있다. 그러나 실제적으로는 남성이다. 그리고 공동체마다 차이는 있지만 시장에서의 활약은 주로 남성 젠더의 일이다. 게다가 여성 젠더의 활약을 그나마 확인해줄 가정에서의 경제활동은 분석의 대상에서 아예 제외되어 있다. 그러나 가계에 대한 경제 분석을 배경으로 하지 않은 시장에서의 경제 분석은 사실상 사상누각과도 같은 것이다.

미시경제학의 생산자 이론과 기업 이론도 여성 젠더의 경험과 동떨어진 경우가 많다. 이런 문제는 응용 미시경제 분야인 노동경제학에서의 상황도 마찬가지이다. 차별이라 규정하고 사회학이나 여성학이 해결할 문제로 넘기기에 너무나 분명한 경제적 문제가 노동시장에서 펼쳐진다. 또한 소득분배론도 계층적 소득분배 문제에만 치우쳐 있고 젠더 간의 불평등에 대해서는 고려하지 않는 경우가 많다.

이러한 상황을 통해 여성주의 경제학자들은 성인지적 미시경제학이 모형의 변수에 젠더를 추가하는 것으로 불충분하다고 한다. 먼저 관점부터 변화시켜야 한다. 미시적 차원에서 실제로 경제행위를 관찰하려면, 기존의 미시경제학이 강조하는 이익을 극대화하려는 행위자 간의 수평적 경쟁 관계뿐 아니라 경제활동에 영향을 미치는 사회적 관계, 특히 인간 사회에서 엄연한 현실로 작동하는 수직적 관계를 살펴봐야 한다. 아울러 시간과 더불어 변화하는 역사성 역시 척도로 삼아야 한다.

수직적 관계에서 힘의 불균형으로 발생하는 명령이나 강제의 역할을 고려하지 않은 수평적 관계의 분석과 이 모든 것이 시간에 따라 변한다는 역사성을 고려하지 않는 분석들은 젠더를 변수로 포함한다 하더라도 현실 경제를 설명하는 데 무력하다. 무엇보다 집중해서 살펴봐야 하는 것은 수직적인 성별 관계이다. 이 관계가 어떻게 설정되느냐가 여성과 남성의 삶의 내용이 결정하기 때문이다.

3. 미시경제학 프레임에 대한 성인지적 검토

1) 경제인은 어떤 성별을 가지고 있는가?

기존 미시경제학 연구의 과제는 최적(optimization)과 균형(equilibrium)으로 귀착된다. 물론 현실적으로 한 걸음 물러나 게임 이론을 접목하자 최적을 찾는 부담이 줄어들기는 했지만, 최적과 균형이 미시경제학의 키워드임은 분명하다. 여기에서 최적을 만들어가는 도구가 바로 시장이다. 경제인은 물질적 제약 속에서 활동한다. 이 제약 속에서 경제인은 가계와 기업에서 최적이라는 목표를 이루기 위해 노력한다. 이는 각각 효용 극대화와 이윤 극대화로 표현된다. 이들이 목표를 달성하도록 돕는 기구가 시장이다. 시장에서는 최적은 물론 균형을 이룰 가능성이 펼쳐진다. 시장에 모인 개별 경제주체의 행위 결과가 가장 타당한 합의를 도출하고 이 합의가 안정적인 상태를 유지하면 균형이 이루어졌다고 표현한다.

균형은 각 경제주체가 각자의 힘을 표출시킬 때 힘의 크기가 서로 맞아떨어져 생긴 안정적인 상태를 말한다. 그러나 양 힘의 크기가 다르면 균형이 무너져서 불균형적인 관계에 있게 된다. 힘의 불균형은 노동시장의 상황을 보면 더욱 명확하다. 계급적 관계가 작동하는 노사 관계 속에서 이루어지는 경제적 행위는 시장에서의 자발적인 거래에 따른 균형과는 다른 속성을 가지고 있다.

이처럼 계몽 시대를 거치면서 18세기에 발명된 경제인 개념은 현실에 존재하지 않는 존재이다. 가계와 기업도 최적화나 균형만 목표가 아니다. 현실에서 기업은 다양한 목적을 가지고 기업을 운영하고 개인과 가계도 효용 극대화로 채 설명되지 못하는 일을 벌인다.

미시경제학의 가정 중 하나는 경제인이 이기적이고 합리적이라는 것이다. 그러나 각 경제주체의 행위는 합리성과 이기심의 발현만은 아니다. 최근 행위경제학에서 확인된 것처럼 군중심리에 흔들리고 불확실성과 불완전한 정보 아래에서 선택해야 하는 경제주체에게는 중독과 충동, 본능과 주변의 눈치가 행위의 시준인 경우도 많다. 물론 여성 젠더의 역할에 해당하는 돌봄 노동 같은 경우, 이기심과 합리적 판단만으로는 할 수 없다. 사실 인간이 이기적이라면 자신의 선호를 솔직하게 드러낸다는 보장도 없다. 그럼에도 미시경제 이론이 인간을 이기적이라 규정하는 이유는 이를 전제로만 시장 실패를 개인 선택의 실패로 바꿀 가능성이 생기는 것은 물론 시장기구의 효율성을 증명할 수 있기 때문이다.

호모 에코노미쿠스, 즉 경제인은 자유롭게 노동과 휴식을 두고 시간을 배분할 수 있으며 시장에서 거래할 자유를 가졌다. 그가 바라는 것은 가능한 한 작은 대가를 지급하고 큰 편익을 챙기는 일이다. 이런 일을 자유롭게 할 수 있는 것은 오랫동안 남성 젠더의 특권이고 여전히 지구 위의 많은 공동체에서 남성 젠더의 몫이다.

현대사회에 와서 양성평등의 시대적 요구에 따라 상황이 많이 바뀌었다고는 하지만, 젠더 간의 역할 분담은 수직적인 명령 시스템인 젠더 레짐(특정 사회의 젠더 통치 방식) 아래서 결정된다. 물론 예외도 있지만 각 젠더의 선택은 수직적인 명령으로 작동하는 습관과 사회규범, 그리고 사회적 여건 속에서 이것저것의 영향을 받으며 이루어진다. 그러기 때문에 미시경제학이 현실에 좀 더 가까이 가기 위해서는 경제인을 성별, 계급, 인종, 건강,

나이를 가진 더욱 구체적인 인간으로 바꾸어야 한다.

2) 완전한 계약의 가정은 타당한가?

미시경제학은 '완전한 계약의 가정(complete contracting assumption)'을 바탕으로 전개되어 있다. 다시 말해 자유로운 계약에 따라 한쪽에서 대가를 지급하고 다른 한쪽에서 서비스를 받는 당사자 간의 교환을 바탕으로 한다. 여기에서 교환은 자발적 합의에 따라 이루어진다고 가정된다. 혹시라도 발생하는 비자발적인 교환은 외부성의 발생으로 처리한다. 신고전파 미시경제학에서 이러한 계약을 완전한 것으로 보는 이유는 계약을 통해 결정된 가격이 거래에서 따져야 할 중요한 점들을 모두 반영한다고 이해하기 때문이다. 미시경제학은 이를 통해 교환이 강압 없이 자발적으로 이루어진 세계를 그렸다.

고개를 들고 현실을 보자. 현실은 분명히 다르다. 대부분 교환 과정에는 수평적 자발성뿐만 아니라 교환 당사자가 가지고 있는 사회적 배경, 즉 수직적인 역학 구도가 작용한다. 실제로 많은 거래는 비자발적으로 이루어진다. 만약 자발적 거래만 상정한다면 노동시장에서 고용주와 피고용인의 강압적 관계나 여성 노동자의 상대적 저임금을 설명할 수 없다. 판매자의 광고를 통해 구매 의사를 결정했을 때 이것을 자발성으로 보아야 하는지조차 간단한 문제가 아니다.

이러한 비자발적 거래 관계는 남성과 여성 젠더의 거래에서도 잘 드러난다. 특히 가계 내의 여성과 남성 사이의 교환 관계에는 각 사회의 성별 관계와 이를 관리하는 젠더 레짐의 영향이 크게 작용한다. 가계 내부의 역학 관계인 성별 관계는 구체적으로 가계 내의 배분과 분배에 영향을 미친다. 시장에서의 교환에서 여성 젠더의 임금이 남성보다 낮게 책정되는 데에는 여러 원인이 있지만, 그중에서도 각 사회가 용인하는 남성 젠더와 여성 젠더의 역학 관계의 영향이 크다.

따라서 미시경제학은 시장에서 교환 방식의 자발성에 대한 재고는 물론, 그 외의 경제적 활동의 결과를 외부 효과로만 처리해서는 곤란하다. 좀 더 적극적으로 비자발적 거래를 분석의 대상으로 받아들여야 한다. 사실 호혜, 헌신, 희생, 착취, 특히 여성의 경제활동과 밀접한 연관을 가지는 돌봄 노동이나 가사 노동 등 일상적으로 발생하는 경제 현상을 설명하기에 자발적 거래는 너무도 좁은 개념이다.

3) 미시경제학의 법칙들은 성 중립적인가?

미시경제학은 대개 수요와 공급의 법칙으로 시작한다. 수요와 공급은 자신의 이익과 가격 사이의 선택에 따른 독립적인 의사 결정의 산물이다. 여기서 먼저 독립적 의사 결정이란 말에 부딪히게 된다. 생산요소 시장에서 나타나는 파생적 수요는 분명히 독립적이지 않다. 생산물 시장의 수요를 보더라도 마찬가지이다. 수요와 공급에는 사고팔려는 의도와 구매력과 생산력이 담겨 있다. 사고파는 행위에는 각자의 삶의 조건이 담겨 있다.

주머니 사정이 팍팍한 어머니가 자신에게 필요한 물건이 아니라 자식의 물건을 먼저 사는 행위는 단지 가격이나 선호, 유행 등으로 해명할 수 없다. 수요가 가지는 사회적 의미를 되새기며 수요에 영향을 주는 변수들을 좀 더 현실화할 필요가 있다. 이를 통해 미시경제의 법칙들을 새로 만들어 가야 한다.

4) 가계는 소비만 하는 경제주체인가?

미시경제학의 성 편향과 관련한 비판 중에 대표적인 것이 가계를 왜 소비 주체로만 상정하느냐는 것이다. 미시경제학에서 소비자는 소비 주체, 기업은 생산 주체, 정부는 조정을 담당하는 주체로 정한다. 이 과정에서 인간의 삶에 가장 중요한 가치재를 생산하는 가계의 기능이 무시된다. 가계를 소비 주체로 두고 기업을 생산 주체로 두면, 연역적 추론을 통해 수요와 공급을 설명하기는 좋다. 그러나 가계와 기업의 실질적 경제행위를 포착하지 못하게 된다.

가계는 무형과 유형의 가치를 생산해내는 생산의 주체이다. 특히 여성 젠더가 가계 내의 생산에 기여한다. 가계가 생산하는 가치가 공식적인 가치로 인정받지 못한다는 것은 그만큼 여성 젠더 자체가 공식적인 가치를 인정받지 못한다는 이야기와 다르지 않다. 이러한 배제 속에서 여성이 주로 활동하는 영역과 여성이 주로 수행하는 경제행위가 연구에서 배제되고 여성적 경험이 반영되지 않은 채 그 가치가 폄하될 가능성이 있다. 이를 바로잡는 미시경제학이 절실히 필요하다.

미시경제학은 크게 소비자 이론, 생산자 이론, 시장 이론, 그리고 미시경제정책 등으로 이루어져 있다. 여기에 가계 분석은 등장하지 않는다. 물론 가계에 대한 분석이 가계경제학이라는 분과에서 이루어지고 있다. 그러나 이런 분과가 경제학과 내에 정식으로 자리 잡고 있는 경우는 드물다. 아울러 가계에 대한 경제학적 접근도 문제이다. 가계 내의 역학 관계에 따른 분배와 배분에 대한 분석보다 기존의 경제학 연구 방법을 가계경제에 적용한 것이 대부분이다. 신가정경제학의 경우에서 확인했듯이, 효율성과 총량적 효용의 극대화에만 분석이 집중되면 가계 구성원 각자의 효용이나 공평성,

분배 문제 등은 상대적으로 소홀하게 된다. 가계 후생의 극대화가 모든 가계 구성원의 사회 후생을 증가시키는 것은 아니다.

가계를 소비 주체로만 설정한 것에는 여러 가지 이유가 있다. 먼저 가계 내의 생산과 분배를 가격의 형태로 수량화시키는 어려움으로 말미암은 학문적 한계를 들 수 있다. 역사적으로는 근대 시민국가가 생기고 자본주의 시스템이 장착되면서 자유민으로 등장한 근대 시민에게 사적 영역의 비밀 유지가 일종의 권리 같은 것으로 인정되었으며, 이를 집 밖으로 드러내는 것이 터부시된 탓이기도 하다. 아울러 가계는 흔히 여성 젠더의 경제행위가 이루어지는 곳이므로 그리 중요하지 않은 것이라는 편견이 작용한 탓도 있다.

이러한 관행은 그 후 지속해서 이어지고 있고 현대 경제학에서도 가계에 대한 분석은 시장이나 기업, 정부에 대한 분석에 비해 폄하되었다. 이에 따라 가계 내의 생산과 분배는 공식화되지 못하고 은폐된다. 이는 남성을 시장 노동에, 여성을 가사 노동에 집중시키려는 특정 사회의 젠더 레짐과 관련된다. 구성원의 젠더를 서열화하고 성 역할을 규정하는 젠더 레짐의 성격에 맞추어 가사 노동을 가치 노동으로 인정하지 않는 전통은 여전히 전해지고 있다.

5) 왜 미시경제학은 관계에 무관심한가?

기존의 미시경제학에는 가계와 시장, 그리고 거시경제의 관계에 대한 설명도 없다. 가계와 시장, 그리고 거시경제의 관계에 대한 분석은 시장에서의 행위 방식을 이해하기 위해서도 상당히 중요하다. 가계는 인류가 가장 오랫동안 유지한 제도이고, 가계와 시장의 관계에 대한 분석은 사회과학으로서의 경제학이 개인과 사회를 배치하는 중요한 부분이다.

소비자와 생산자가 속한 가계에 대한 분석과 그들 사이의 역학 관계를 배제하고 파편화된 개개인의 시장 행위에만 집중하는가? 세상살이는 '창 없는 모나드'로는 살 수가 없다. 세상살이는 관계 속에서 결정된다. 이 관계들은 대단히 역사적이고 불평등한 경우가 많다. 특히 공식화되지 못하는 사적 영역에서의 경제행위에서는 성별 관계의 힘의 불균형에 따라 수직적 명령이 더욱 강력하게 작동한다. 근대 경제학의 등장과 더불어 고착된 신흥 시민 세력의 삶의 태도는 가부장의 취향을 존중하는 성별 관계에 고스란히 담겨 남성과 여성의 일을 결정한다. 성인지적 미시경제학이 고립된 개인에 집중하지만 말고 개인과 개인의 관계에 관심을 쏟아야 하는 이유이다.

4. 성인지적 미시경제학의 가능성 모색

1) 이론의 시준

젠더를 넘어선 경제 모형을 만들자

미시경제학은 이론경제학의 영역에 속한 분야로 경제 현실을 설명하기보다 현실을 이론화하고 현실의 체계를 만드는 분야이다. 이러한 이론화 과정에서 경제 현상의 연관 관계를 일목요연하게 파악하기 위해 만든 것이 경제 모형(economic model)이다. 대개 경제 모형은 가정(assumption)과 가정들에 근거하여 도출된 명제(proposition)들로 구성된다.

성인지적 시각에서 보면 미시경제학과 미시경제 모형이 현실 경제를 잘 대변하지 못하고 있다. 대부분 경제 모형이 시장에서의 수평적 거래에 맞추어져 있어 수직적 명령이 미시경제에 미치는 영향에 대해 설명하지 못한다. 따라서 독립변수에 젠더를 포함시킨다 하더라도 젠더가 가지는 사회적 관계가 모형 속에 충분히 전달되기는 어렵다.

물론 미시경제학의 모형은 가정에서 결론 사이의 논리 전개에 비교적 충실한 편이다. 그러나 비현실적인 가정을 통해 연역적 추론으로 도출되는 결론은 현실 경제를 제대로 해명해줄 수 없을 뿐만 아니라 때에 따라서는 왜곡시키기도 한다. 역사성을 가지는 독립변수가 수량화되는 과정을 통해 발생하는 왜곡을 방지하기 위해서는 정량적 분석뿐만 아니라 정성적 모형의 개발은 물론 동태적 분석도 사용해야 한다. 즉, 분석의 범주와 방법을 좀 더 입체적으로 구성하여 수평적 분석은 물론 수직적 차원의 분석과 동태적 차원의 접근을 포함해야 한다는 것이다.

가치 개념을 새로 만들자

경제 문제의 핵심은 무엇을 어떻게 생산하며 누가 생산하고 어떻게 분배하느냐이다. 이런 문제의 중심에는 '가치(value)' 있는 것이 무엇인가 하는 고민이 있다. 개별 경제주체의 경제행위를 연구하는 미시경제학이라면 특히 가치에서부터 분석을 시작해야 한다. 기존의 미시경제학은 화폐단위로 표현될 수 있는 시장재를 중심으로 분석하면서 가치론을 배제하고 주관적 효용 가치에 입각한 가격론에 초점을 맞추어왔다. 그러나 시장재만 경제 분석의 대상으로 삼으면서 다음과 같은 문제가 발생했다. 상품 생산노동과 재생산노동이 분리되고, 재생산노동과 부불노동의 영역은 경제학의 분석 대상에서 제외된다. 이와 동시에 가사 노동이나 돌봄 노동 등의 영역도 분석에서 배제된다. 돌봄 노동과 가사 노동이 주는 가치의 생산이 폄하되면서 사회적으로 반드시 필요한 노동이 하찮은 일로 간주되었다. 사회

구성원들이 시장 노동에만 집중함에 따라 가정의 기능이 변하고 돌봄 노동이 상품화되며 많은 인간적 덕목이 사라지는 과정이 전개되었다.

따라서 재화의 교환가치만이 아니라 사용가치도 인정하고 이것이 가격화되는 과정에 대한 메커니즘도 분석에 포함해야 한다. 이처럼 미시경제학에 가치론적 접근을 포함하는 작업은 학문적 정합성의 확보뿐만 아니라 건전한 사회 발전을 위해서도 필요하다. 물론 가치와 가격의 연관을 과학적으로 풀기가 쉽지 않다. 그럼에도 미시경제학에서는 가격의 배경인 가치가 무엇이며 왜 가치 있는지에 대한 이유를 제시할 필요가 있다.

2) 이론을 구축하기 위한 기초 작업

수평적 경쟁과 수직적 명령을 고려하여 수요곡선 다시 그리기

가계 내에서 특정 재화 A에 대해 여성과 남성의 선호와 필요성이 다를 경우에 수요곡선의 탄력성은 독립변수의 변화, 가령 가격의 변화에 따라 다르다. 이 경우 시장에서의 수요곡선에 그 사회의 수직적인 관계가 영향을 준다면 각 젠더의 수요곡선은 젠더 간의 역학 관계에 따라 다른 탄력성을 나타낼 수 있다.

가부장적 성별 관계가 작동하는 사회에서 여성의 수요곡선은 남성의 수요곡선에 매몰되므로, 남성 젠더의 탄력성이 사회 수요곡선의 탄력성을 결정할 가능성이 크다. 구매 의사와 경제적 능력이 있더라도 살 수 있는 권한이 있어야 수요가 현실화되기 때문이다. 만약 성별 관계가 합리적이고 민주적이라면, 사회 수요곡선은 양 젠더의 입장을 고루 반영하여 남성만의 수요곡선보다 비탄력적인 형태를 보일 수 있다.

〈그림 3-1〉에서 보는 것처럼 특정 재화가 여성보다 남성에게 덜 필요한

〈그림 3-1〉 재화 A에 대한 여성과 남성의 수요곡선

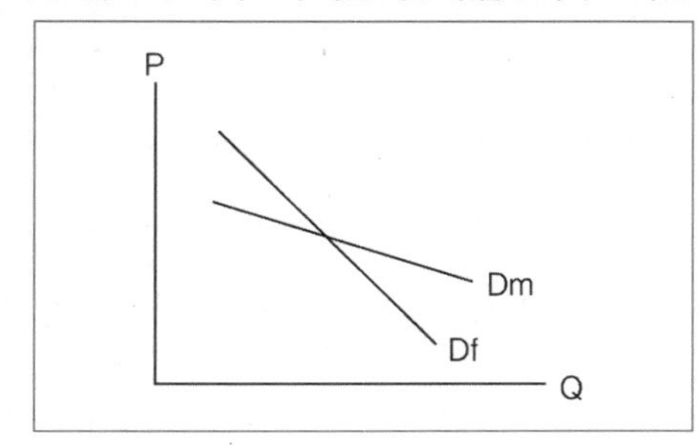

자료: 홍태희(2011a).

〈그림 3-2〉 가부장적 성별 관계의 수요곡선

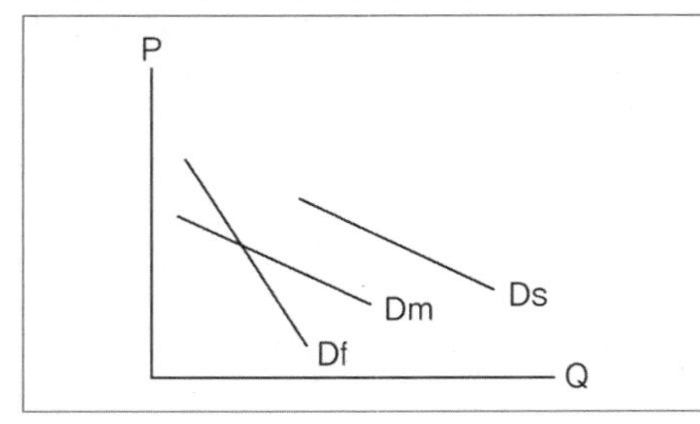

자료: 홍태희(2011a).

〈그림 3-3〉 양성평등적 성별 관계의 수요곡선

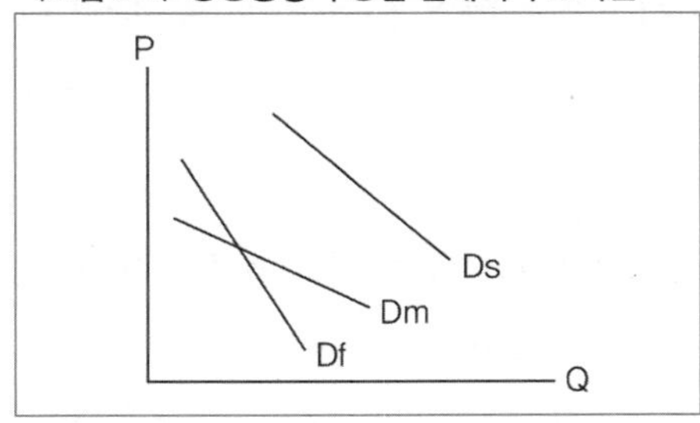

자료: 홍태희(2011a).

물건일 경우에는 여성의 수요곡선이 남성의 수요곡선에 비해 비탄력적이게 된다. 반대로 만약 남성에게는 필요하나 여성에게는 덜 필요할 경우에는 여성의 수요곡선이 탄력적이게 된다. 현실적으로 그 재화의 실질적인 구매 과정에서는 재화를 살 수 있는 권한과 의사 결정권이 누구에게 있는가에 따라 구매량이 결정된다. 다시 말해, 가계마다 정도 차이는 있지만, 재화에 대한 실질적인 구매는 그 사회가 용인한 두 젠더 사이의 성별 관계의 영향을 받게 된다.

〈그림 3-2〉와 〈그림 3-3〉은 각 공동체의 성별 관계 특성에 따라 그 가계의 수요곡선이 다르게 작동할 수 있다는 가능성을 보여주고 있다. 〈그림 3-2〉는 극단적인 경우이기는 하지만 가부장적 성별 관계 아래에서 여성의 재화에 대한 수요가 실현되지 못하고 남성의 수요에 맞춰지는 상황을 설명하고 있다. 이 경우 여성

의 재화에 대한 수요는 남성의 재화에 대한 수요에 흡수되어 가계의 수요곡선은 남성의 수요곡선과 같은 기울기를 가지게 된다.

〈그림 3-3〉은 양성평등적 성별 관계가 작동할 때 남성의 수요곡선과 여성의 수요곡선이 고루 반영되어 가계의 수요곡선을 만들 경우를 가정한다. 가계 수요곡선의 탄력성은 여성만의 수요곡선보다는 탄력적이고 남성만의 수요곡선보다는 비탄력적이다.

이처럼 수요에는 각 사회의 수직적 관계인 성별 관계가 작용한다. 만약 이 역학 관계의 현실적 조정 장치인 젠더 레짐의 성격이 가부장적이고 합리적이지 못할 때 남녀 불평등은 자연스러운 것으로 여겨진다. 이러한 현실을 고려하지 않는 미시경제학은 현실 설명력을 떨어뜨리는 동시에 은연중에 성차별을 옹호하는 역할을 하게 된다.

수직적 명령 및 시간적 변화에 따라 불가능성의 정리 이해하기

다음 〈표 3-1〉은 선호에 대한 사회적 후생함수 도출의 어려움을 설명하기 위해 애로(K. J. Arrow)가 제시한 '불가능성의 정리(Arrow's impossibility theorem)'를 응용한 것이다. 한 가족이 외식을 하기로 하고 대구탕, 갈비탕, 삼계탕을 두고 무엇을 먹을지를 다수결로 결정하기로 했다. 투표 결과는 〈표 3-1〉처럼 나왔다. 어떤 메뉴도 우위를 갖지 못하게 되었다. 이처럼 다수결이 적용되지 않고 투표의 모순이 발생하게 될 때 누구의 선호에 따라 의사를 결정하는가의 문제는 공동체의 역학 관계와 연관된다.

선호의 비체계성이 발생한 이 같은 상황에서 과연 어떤 결정이 내려질까? 투표로는 갈비탕도 삼계탕도 대구탕도 결정되지 못한 상황이다. 누가 결정하고 누가 그 결정을 따라야 하는가? 이 경우 가계의 역학 구도가 결정에 크게 영향을 미친다. 역학 관계의 열위에 있는 구성원의 선호가 미치는

〈표 3-1〉 가족 외식의 선호 체계

구성원	선호 체계
아버지	갈비탕 〉 삼계탕 〉 대구탕
어머니	대구탕 〉 갈비탕 〉 삼계탕
자식	삼계탕 〉 대구탕 〉 갈비탕

영향은 적다. 먹기 싫은 탕을 먹어야 하는 상황이 빈번히 발생하는 세상살이 어디에도 미시경제학이 강조하는 합리적 선택을 적용할 여지가 없다.

수평적 경쟁, 수직적 명령, 시간적 변화로 본 게임 이론

미시경제학의 시장 균형으로 설명할 수 없는 상황을 설명하기 위해 도입된 게임 이론 중 진화적 게임(evolutionary game)을 통해 양 젠더의 관계가 보상에 미치는 영향과 시간에 따른 성별 관계의 변화를 살펴보자. 잘 알려진 매-비둘기 게임을 응용하여 살아남기 위해 벌이는 경쟁과 전략으로 젠더 간의 관계를 해명하면 다음과 같다. 경제적 보상을 얻기 위한 선택을 주도하는 힘은 시장에서의 균형이 아니라 게임 속의 전략이다. 여기서 여성 젠더와 남성 젠더는 생존과 번영을 위해 특정 전략을 선택하고, 사회적 진화 과정을 통해 결국 생존에 유리한 전략이 주도적 위치를 차지하게 된다.

이를 좀 더 구체적으로 알아보자. 가령 젠더 패권적인 사람(가형)과 순종적인 사람(나형)이 모여 사는 공동체가 있다고 하자. 모든 사람은 애당초 10원의 재산을 가지고 있다. 이들이 결혼하면 자신과 같은 형의 자식을 낳게 된다고 하자. 재산이 많을수록 자식을 많이 낳고, 이들이 무작위로 결혼하여 젠더 패권적인 가형과 순종적인 나형이 결혼할 경우에는 패권적 젠더가 모든 재산을 가지는 것으로 하자. 만약 똑같은 가형끼리 결혼하면 가계 내의 패권을 두고 둘 사이에 싸움이 벌어져 둘 다 손해를 본다. 나형끼리

〈표 3-2〉 결혼에 따른 보상 구도 1

		사람 2	
		가형	나형
사람 1	가형	(5, 5)	(20, 0)
	나형	(0, 20)	(10, 10)

자료: 홍태희(2011a).

짝을 이루었을 때는 큰 갈등 없이 각각 모두 원래의 자산을 그대로 가진다.

무작위로 뽑힌 사람 1과 사람 2가 두 전략 중 하나를 선택하는 게임을 했을 때 각각의 유형을 선택한 결과의 보수는 다음과 같다.

$$\text{가형: } R_{가} = \frac{1}{2} \times 5 + \frac{1}{2} \times 20 = 12.5 \qquad (3\text{-}1)$$

$$\text{나형: } R_{나} = \frac{1}{2} \times 0 + \frac{1}{2} \times 10 = 5 \qquad (3\text{-}2)$$

보수의 결과를 비교할 때 가형을 선택하면 식 3-1에서 12원 50전을 얻으나 나형을 선택하면 식 3-2에서 보듯이 5원밖에 얻지 못한다. 가형의 방식을 선택하는 것은 진화적으로 우월 전략이다. 사람들이 가형을 우월 전략으로 선택하면 가형 사람들의 비율이 더 늘어나고 젠더 패권적인 인간상이 그 사회의 표준이 된다. 자연히 남녀 갈등이 심해지고 이혼율이 높아지며 개인이 편익도 침해된다.

여기서 가형 사람의 비율이 특정 공동체에서 p인 상황을 가정할 때 기대보수는 다음의 식 3-3, 3-4와 같다.

$$\text{가형: } R_{가} = p \times 5 + (1-p) \times 20 = -15p + 20 \qquad (3\text{-}3)$$

$$\text{나형: } R_{나} = p \times 0 + (1-p) \times 10 = -10p + 10 \qquad (3\text{-}4)$$

〈표 3-3〉 결혼에 따른 보상 구도 2

		사람 2	
		가형	나형
사람 1	가형	(-6, -6)	(20, 0)
	나형	(0, 20)	(10, 10)

자료: 홍태희(2011a).

식 3-3과 식 3-4에서 보는 바와 같이 모든 p의 상황에서 $R_{가}$가 $R_{나}$보다 크다. 두 유형 사람이 어떤 비율로 섞여 있는 상태든 가형은 나형을 도태시킨다. 따라서 가형을 선택하는 것은 '진화 안정적인 전략(evolutionary-stable strategy)'이 된다. 보수 구조가 바뀌면 다른 결과가 나올 수 있다. 가형끼리 만났을 때 서로에게 심각한 상처를 주어 보수가 -6이 된다고 가정하자. 이 경우 각각 얻을 수 있는 기대 보수는 다음과 같다.

가형: $R_{가} = p \times (-6) + (1-p) \times 20 = 20 - 26p$ (3-5)

나형: $R_{나} = p \times 0 + (1-p) \times 10 = 10 - 10p$ (3-6)

〈표 3-3〉의 보수 체계가 제시될 때 식 3-5와 식 3-6처럼 p의 값에 따라 나형인 사람의 보수가 가형보다 클 가능성이 있다. '10 − 10p 〉 20 − 26p'가 성립할 때이다. 이 조건은 p의 값이 5/8보다 클 때 성립한다. 이 경우 나형을 선택하는 것은 진화적으로 우월한 선택일 수 있다. 이를 통해 해석될 수 있는 것은 보수 체계에 따라 특정 사회에서 진화 안정적인 전략이 달라진다는 사실이다. 만약 어떤 양성이 다투고 자신만의 이익만을 추구하려는 것에 대한 사회적인 압력이 없다면, 그 사회에서는 젠더 패권적인 구성원들의 비율이 점점 더 높아진다. 그러나 〈표 3-3〉처럼 양성 간의 갈등에 사

회적 제재가 가해질 경우, 가형의 사람이 5/8을 넘어설 때 젠더 패권적인 유형을 선택하는 것이 전략적으로 반드시 우월하지는 않다. 나형의 삶을 사는 것이 우월 전략이 될 수도 있다. 나형의 사람이 많아질수록 지나치게 패권적인 사회가 평화로운 사회로 변화할 가능성이 열리게 된다.

여기서 주목할 것은 보수 구도가 사회의 수직적 관계인 명령으로 결정된다는 사실이다. 같은 유형끼리 싸우면 어떤 결과가 나오고 다른 유형끼리 만나면 어떤 보상을 받는지는 개인의 선택만이 아니라 보수 체계의 결정, 즉 그 사회의 여러 제도와 관습, 그리고 성별 관계가 결정한다. 이러한 성별 관계 또한 시간의 흐름에 따라 변하고, 결국 각 사회 속에서 진화적 우월 전략의 성격 역시 변하게 된다.

5. 맺음말

여성주의 미시경제 이론은 기존의 미시경제학이 여성 젠더의 경험이나 현실을 배제한 채 논의를 전개하는 것을 지적하고 보완하기 위해 시도되었다. 현재 기존의 가계경제학을 경제학 속에 구체적으로 자리매김하는 작업과 함께 젠더를 포함한 미시경제에 대한 다양한 연구가 이루어지고 있다. 그러나 대부분 미시경제학이 해결해야 하는 근본적인 과제보다는 시장에서 발생하는 불평등에 대한 실증 분석에 치우친 경향이 있다.

대안적 미시경제학을 만들기 위해서는 무엇보다도 경제인을 좀 더 현실적인 인간으로 다시 세워야 한다. 아울러 각 경제주체의 최적 상황을 성인지적 관점에서 재해석하고 이를 통해 선택에 자유롭지 못한 인간 조건을 분명히 드러내야 한다. 또한 미시경제학의 가정들을 성인지적 관점에서 검증하여 가치중립적이라고 여겨지는 미시경제 모형의 성 편향성을 밝혀야 한다. 이를 통해서만이 가치와 역사, 그리고 젠더를 가진 미시경제 현실을 포착할 수 있을 것이다.

앞에서 대안적 미시경제학을 위한 기초 작업으로 수요곡선도 그려보고 불가능성 정리도 거론했다. 시장에서 결정되지 못하는 가계 내의 의사 결정 상황을 확인하기 위해 게임 이론도 이용해보았다. 거칠지만 좀 더 사실에 부합한 미시경제학을 위한 작은 시도로 의의가 있을 것으로 판단한다.

4장

여성주의 경제학의 거시경제 이해

1. 머리말

거시경제학에는 다른 경제학 분야보다 늦게 젠더가 수용되었다. 경제학계에 여성주의에 관한 관심이 촉발되자 미시경제학과 노동경제학 분야를 시작으로 경제사, 가계경제학 등 경제학의 다양한 분과 분야에서 젠더 연구가 활발히 전개되었다. 그러나 정통 거시경제학의 영역에서의 연구는 상대적으로 부진한 것이 사실이다. 물론 개발경제학 분야에서는 제2차 세계대전 이후부터 제3세계의 여성 문제를 둘러싼 논의가 꾸준히 있었다.

본격적으로 성인지적 거시경제학 연구가 시작된 것은 1980년대이다. 초기에는 주로 제3세계와 관련한 연구가 이루어졌으나 이후 1990년대에 와서는 선진국을 대상으로 한 연구도 이루어졌다. 특히 경제정책의 성차별적 효과와 같은 주제로 다양한 실증 분석이 이루어졌다. 그럼에도 여성주의 관점에서 거시경제의 이론적 기초나 방법론적 지평을 확보하는 작업은 여전히 이루어지지 않은 상태였다.

이러한 학계 상황에도 불구하고 현실에서 성인지적 거시경제학의 필요성은 점점 커졌다. 사실 GDP의 50%를 넘을 수도 있다고 짐작되는 재생산 부문에 대한 고려 없이 설득력 있는 거시경제학이나 경제정책의 정립은 불가능하다. 무엇보다 언제나 거시경제는 사회의 중요한 관심사이다. 각종 경제정책의 실현은 각 구성원에게 구체적인 결과를 가져다주기 때문에, 경제정책 하나하나가 논쟁의 대상이 될 만큼 개인의 경제생활에 직접적인 영향을 준다. 경제성장의 성과는 제대로 공유하지 못하나 경제 위기의 결과는 남성보다 많이 받는 상황이 반복되자, 여성들도 거시경제학의 성 편향에 관심을 두게 되었고 변화를 요구하게 되었다. 이에 부응하여 거시경제학과 여성주의를 결합하는 시도들이 생겨났다.

이 장에서는 여성주의 관점의 거시경제학을 소개한다. 이를 위해 먼저 여성주의 관점의 거시경제학 전개 과정을 살펴본다. 다음으로 성인지적 관점에서 본 거시경제의 정형화된 사실을 살펴본다. 이를 통해 거시경제학이 주목하는 젠더 문제의 핵심을 밝힌다. 또한 여성주의 거시경제학의 요건을 기본 틀, 방법론 및 제도의 재해석을 통해 살펴본다. 이를 바탕으로 성인지적 거시경제의 선행 연구를 분석하고, 대안적 거시경제의 연구 사례를 성인지적 국민계정(System of National Accounts: SNA), 성인지 예산, 포스트 케인지언 2부문 모형, 피에틸라(H. Pietilä, 1997)의 '국민경제 가계중심론'을 통해 설명한다.

2. 왜 여성주의 거시경제학은 늦게야 시작되었나?

다른 분과 분야보다 거시경제학 분야의 발전이 지지부진했던 가장 큰 이유는 거시경제가 경제학의 다른 어떤 분야보다 남성적인 분야이기 때문이다. 이는 거시경제학의 학문적 성격에서 찾을 수 있다. 거시경제학은 거시 집계 변수의 결정 원리와 변화 과정을 살펴보고 이를 적절하게 조정하는 방법을 연구하는 분야이다. 그런데 문제는 거시경제학은 경제주체의 젠더별로 나누어 분석하는 것이 아니라 양 젠더를 포함한 집계 변수를 주로 다룬다는 점이다. 따라서 젠더 문제가 매몰되는 특성을 가진다. 젠더의 고유성이 드러나지 않는 경우 대개 남성 젠더가 대표 젠더가 된다.

양적 자료 분석에 집중하는 거시경제학의 연구 방법론도 원인 중 하나이다. 거시경제학은 국민소득과 물가, 이자율 등 거시 집계 변수를 분석하여 현재를 해명하고 미래를 예측한다. 그러나 젠더 문제가 집중된 재생산 부문은 쉽게 계량될 수 없는 성격을 가진다. 자연히 이 부문에 특화된 여성 젠더의 경제활동도 연구 대상이 될 기회가 적다. 연구의 부진은 연구자의 수와도 관련된다. 젠더에 대한 연구가 주로 여성 연구자에 의해 이루어지는 상황을 고려해볼 때, 여성 경제학자의 비율이 타 학문 영역에 비해 적은 거시경제학계의 사정도 이유가 될 수 있다.

그럼에도 애써 거시경제학에 관심을 집중해야 할 이유는 다음과 같다. 젠더 문제에 대한 고려 없이 시행한 각종 거시경제정책은 많은 경우 불평등을 심화시킨다. 불평등은 불균형을 만들고 불평등과 불균형이 장기화되면 사회는 복원력을 상실하고 결정적 위기에 빠지게 된다. 사회는 여성에게 대가 없이도 가정을 지키는 수호자 역할을 기대하지만, 생산노동과 돌봄 노동의 이중고에 지나치게 시달리면 누구든지 물리적 한계에 직면한다. 이러한 상태에서 이를 더욱 부채질하는 편파적인 경제정책까지 작동하면 가정이 파괴되고 출산율이 급감하며 이혼율이 급증한다. 젠더 사이의 건전한 균형이 무너진 사회는 결국 생산과 재생산의 위기에 봉착하게 된다.

따라서 적절한 거시경제정책을 통해 생산과 재생산의 위기를 방지해야 한다. 경제정책이 양성평등하게 시행되기 위해서는 현상을 제대로 파악해야 하는데, 이를 위해서는 통계와 이론이 필요하다. 성인지적 통계와 경제 동학의 배후에서 작용하는 성별 관계를 인지하는 거시경제 이론은 성인지적 거시경제학이 갖추어야 할 기본 요건이다.

3. 여성주의 거시경제학의 전개 과정

앞에서 지적한 것처럼 거시경제에 대한 선구적 연구들은 주로 거시경제 정책의 성차별적 결과나 제3세계 여성의 상황에 대해 이루어졌다. 이러한 시도들은 1980년대에 와서 좀 더 체계적이고 구체적인 연구로 발전했고, 거시경제 이론과 실증방법론, 성인지적 예산 등의 영역으로 확장되어갔다. 여성주의 거시경제 연구의 우선 목표는 사회적 재생산을 가치 생산으로 인정받고, 여성 젠더의 경제행위를 거시경제 내에서 가시화시키는 일이었다. 선구적 연구는 웨어링(Waring, 1988)에 의해 이루어졌다. 웨어링은 기존 경제학의 국민총생산 개념을 비판하고 성인지적 국민총생산 개념의 필요성을 역설했다.

이후 엘슨(Elson, 1995)도 재생산 부문이 고려되지 않은 기존의 거시경제학을 비판하며 거시경제 이론과 정책이 성 중립적이지 않고 성차별적 편견이 있다면서 미시 부문의 불평등이 거시경제에 영향을 미친다는 사실을 지적한다. 그녀는 특히 '미시(micro)-중시(meso)-거시(macro)' 접근을 연구 방법으로 설정하고 거시경제정책과 성별의 관계를 분석한다. 엘슨은 경제성장 과정에서 나타나는 남성 편향성도 분석했다. 세계은행(World Bank)이 개발한 RMSM(Revised Minimum Standard Model)에 성인지적 변수를 넣어 노동시장, 화폐시장, 생산물 시장에서 불평등을 확인하기도 했다. 테일러(L.

Taylor, 1995)에 의해 경제를 생산 영역과 재생산 영역으로 나누고 두 부문의 관계를 밝히는 작업도 이루어졌고, 콜리어(P. Collier, 1994)는 경제성장 모형 작업에서 젠더가 바탕이 된 경직성의 영향을 분석했다.

코너(L. Corner, 1996)는 경기변동이 각 젠더에게 미치는 영향을 분석하고 경제 위기의 부담이 여성 젠더에게 많이 부가된다는 점을 지적한다. 경제 위기를 극복하기 위한 거시 정책들은 대개 누군가의 희생을 요구하는데 희생을 강요받는 집단은 대개 여성이다. 파머(Palmer, 1994)는 성차별 극복을 위한 정부 역할을 강조하며 삶의 질과 관계되는 거시 지표도 성장률이나 물가상승률처럼 거시경제 목표로 설정되어야 경제정책의 성차별적 결과에 따른 외부불경제를 내부화할 수 있다고 주장한다. 연구는 개발경제학 분야에서도 활발히 전개되었다. 특히 무역과 관련하여 많은 연구가 이루어졌는데 성인지적 가치사슬 분석, 구조주의 분석, 무역의 젠더 탄력성 분석으로 나뉘어 연구되었다.

21세기에 들어와 거시경제학에 성인지적 관점을 접목하려는 시도는 더욱 다양해졌다. 성별 관계와 GDP, 젠더와 소득분배, 젠더와 부동산 소유, 젠더와 세계화의 관계에 대한 연구도 이루어졌다. 세기노(Seguino, 2000)는 중진국을 사례로 소득분배와 불평등의 관계를 해명했고, 플로로와 딤스키(M. Floro and G. Dymski, 2000)는 금융 위기에 따른 여성 경제활동의 변화를 연구했다. 스토츠키(J. Stotsky, 2006)는 여성은 자신보다 구성원 모두를 위한 경제적 결정을 내리는 성향이 있으므로 여성이 자원을 배분할 경우 경제성장과 경기변동이 더 안정적일 수 있다는 연구 결과를 발표했다. 이는 여성주의 거시경제학의 대안적 경제 운영 방식으로의 가능성을 제시한 것이다.

이러한 다양한 노력의 결과, 여성주의 거시경제 연구는 경제 위기가 가계의 위기, 기업의 위기, 국가의 위기, 환경의 위기로 연관되어 나타나는 현대 자본주의의 문제점을 해결하고 여성의 권익 증진만이 아니라 인류와 생태계의 균형을 잡고 안정을 찾기 위한 대안적 관점으로 주목받고 있다.

4. 성인지적 관점에서 본 기존 거시경제학의 문제점

1) 성인지적 관점에서 본 거시경제의 정형화된 사실

오랫동안 거시경제학은 성 중립적이라고 인식되었다. 국가가 공공의 이익을 위한 중립적 존재로 여겨지듯이 거시경제도 각 경제주체의 구체적인 이익과는 독립된 영역으로 파악되었다. 그러나 젠더 의식이 싹트고 국가의 정체성에 대해 논의가 구체적으로 진행된 1970년대 이후 '과연 국가는 남성과 여성에게 같은 의미가 있는가?' 하는 의문이 생겼다. 사실 좀 더 자세히 살펴보면 국가는 시대마다 장소마다, 또는 구성원들의 역학 관계에 따라 다양한 정체성을 가진다. 특히 국가는 구성원의 역학 관계에 따라 기꺼이 자신의 편향성을 드러낸다. 이러한 편향에 따라 각 계층에게, 각 젠더에게 각기 다른 의무와 권리를 부여된다.

현실은 이런 상황을 잘 보여준다. 세상 어느 곳 할 것 없이 국가는 남성 젠더를 중심으로 작동한다. 남녀평등이 어느 정도 실현되었다고 인정받은 북미의 복지국가에서도 남성 젠더 중심의 국가 근간이 흔들린 적은 없다. 여권의 신장과 함께 가계 내의 가부장제가 약화되었더라도 국가 가부장이라는 또 하나의 기제가 작동하고 여성은 국가 내에서 제2의 성이다.

이렇듯 국가가 여성에게 무엇인가 하는 문제는 거시경제 연구에도 시사점을 제공했다. 성인지적 관점에서 확인한 거시경제는 분명히 성 편향을 띈다. 거시경제의 남성 편향을 세계 각국의 경제 현실과 여성 젠더의 상황을 통해 살펴보면 다음과 같은 공통점을 찾을 수 있다. 이러한 공통점을 성인지적 관점에서 살펴본 거시경제의 '정형화된 사실(stylized facts)'로 정리하면 다음과 같다.

· 여성 젠더가 주로 하는 일은 국민계정에 포함되지 않는다.
· 여성 젠더의 시장 노동 참가율은 남성 젠더에 비해 낮다.
· 여성 젠더의 노동은 남성 젠더에 비해 낮게 평가된다.
· 여성 젠더의 일과 남성 젠더의 일이 나뉘어 있다.
· 재생산노동은 대부분 여성 젠더의 몫이다.
· 여성 젠더는 낮은 신용 때문에 금융시장에서 남성 젠더에 비해 불리하다.
· 젠더의 사회적 관계인 성별 관계는 각 거시경제의 특징이 된다.
· 여성 젠더가 인적 자본을 축적할 기회는 남성 젠더보다 적다.

이런 정형화된 사실은 세계 어디에서나 남녀가 불평등하다는 사실을 반영하고 있다. 여성은 남성에 비해 불균등한 교육과 취업의 기회를 가지고 불평등한 노동의 대가를 받으며 살고 있다. 그러나 대부분 공동체에서 이러한 불평등은 자연스러운 현상으로 받아들여지고 있다. 여기서 분명히 해야 하는 것은 이러한 현상은 인간의 의지에 따라 변할 수 있는 지극히 인위적이며 사회적인 현상이라는 점이다. 사회 현상에 정당성을 부여하고 합법성을 보증해주는 대표적인 제도가 바로 국가이다. 따라서 거시경제에서 여성 젠더의 경제적 상황을 확인하는 작업은 국가가 여성 젠더를 어떻게 관리하는지와 직접 관련된다.

2) 성인지적 관점에서 살펴본 거시경제학의 문제점

거시경제학의 몰성성에 대한 여성주의 경제학의 지적은 가계의 정체성 문제와 가치 생산 평가 문제에 집중되어 있다. 앞에서 설명했듯이 기존의 경제학에서 가계는 소비, 기업은 생산을 담당한다. 가계는 기업에 노동력을 제공하고 기업은 임금을 지급하며 가계는 기업의 생산물을 소비하고 국가에 세금을 낸다. 정부는 가계와 기업에서 세금을 걷는 대신에 공공 서비스를 제공한다. 이들의 상호작용 속에 특정 국가의 거시경제가 작동하는 것이다.

이렇게 경제의 흐름을 이해하는 것은 다음과 같은 맹점이 있다. 무엇보다 가계 내의 생산과 사회적 재생산의 가치가 배제되었다는 점이다. 가계는 생산과 소비의 주체로 중간재를 가지고 최종재를 생산하며 소비를 담당한다. 또한 가계에서 가사 노동 또는 재생산노동은 가계 생산과정에 투입된 생산요소를 가지고 노동과정을 통해 순가치를 발생시킨다. 가계뿐만 아니라 공동체 속의 다양한 집단 역시 사회적 서비스를 생산한다. 이렇게 생산된 사회적 자산은 사회를 유지하고 기술과 문화를 발전시키며 구성원의 복지를 증진한다. 여기서 가계 생산과 사회적 재생산노동의 가치를 강조하는 것은 여성 젠더의 노동을 재평가하는 작업과 긴밀한 연관이 있다. 이러한 노동을 주로 여성이 담당하기 때문이다. 이러한 문제의식에 따라 기존 거시경제학에 대한 여성주의 경제학의 비판을 요약하면 다음과 같다.

· 기존의 거시경제학은 성 편향적이다. 근본적으로 국가가 성 편향적이기 때문이다.
· 화폐가 중심이 되어 작동하는 거시경제에서 화폐의 역할과 성별 관계 사

이에는 특정한 관계가 있다.

· 기존의 거시경제 순환 구도에서는 재생산노동의 가치와 가계 생산이 배제된다.

· 기존의 거시경제학 연구에서는 차별을 사회학이나 정치학의 연구 대상으로 규정하고 성차별을 나타내는 변수들은 경제 분석에서 가급적 배제한다.

· 거시경제정책의 결과는 성 편향적으로 작동한다. 대개 남성보다 여성, 특히 가난한 여성들에게 상대적인 불이익을 가져온다.

· 세계무역기구(WTO), 세계은행, 국제통화기금(IMF) 등의 국제기구의 경제 정책은 종종 여성 젠더에게 성차별적 결과를 제공한다.

5. 여성주의 거시경제학의 기본 틀

1) 이론의 시준

젠더를 거시경제학에 접목하려는 시도는 단순히 남녀 불평등을 해결하려는 것이 아니라 실제에 들어맞는 이론을 만들어 양성 모두에게 합당한 경제학을 만들려는 목적을 가진다. 이를 위한 일차적 과제는 성별 관계 개념과 사회적 재생산 개념을 거시경제학 속에 장착시키는 것이다. 허웨이(I. Hirway, 2005), 애크램로디와 핸머(A. H. Akram-Lodhi and C. I. Hanmer, 2008), 카가테(N. Cagatay, 2003), 프라이부르크-슈트라우스(J. Freiburg-Strauss, 2003) 등의 학자들이 연구에서 제시한 여성주의 거시경제학이 갖추어야 할 요건은 다음과 같다.

· 국민계정의 생산 개념을 확대한다.

· 성별 관계를 경제 분석의 잣대에 포함한다.

· 정부, 시장, 가계, 법률 등의 제도가 가지는 성 편향성을 인지한다.

· 계량될 수 없는 경제 부문의 경제적 가치를 인정한다.

· 사회적 재생산을 거시경제 속에 포함한다.

여성주의 거시경제학은 젠더 개념을 거시경제 속에 넣고, 재생산노동을 가시화시키며, 경제행위의 성별화된 속성과 그에 따른 거시경제의 동학을 사회적 맥락에서 해석해야 한다. 그러나 이러한 작업은 단지 거시경제학에 젠더 변수를 포함하는 것만으로는 완결되기 어렵다. 연구 주제에 젠더나 성별 관계를 포함하는 것이 아니라 성인지적 관점에서 거시경제에 대한 이해 자체를 바꿈으로써 이룰 수 있다.

2) 성인지적 거시경제학의 방법론

성인지적 거시경제학을 정립하기 위해서는 학문 방법론의 변화가 요구된다. 성인지적 학문 방법론에 대한 고민은 먼저 실증주의 경제학 방법론에 대한 의문으로 이어진다. 물론 양화된 자료에 대한 실증 분석을 통해서도 거시경제의 특정 부문을 설명할 수 있지만, 이러한 분석을 통해 해명할 수 없는 부분이 존재한다.

경제학 방법론은 크게 개인과 사회를 이해하는 방법에 따라 다음의 두 가지 시각으로 나눌 수 있다. 방법론적 개인주의와 방법론적 전체주의 또는 구조주의 관점이다. 방법론적 개인주의 관점에서 거시경제를 연구하는 학풍은 거시경제의 미시적 기초를 강조한다. 이러한 접근은 주류 거시경제학의 연구 성과를 쉽게 이용할 수 있고, 기술적으로 정교하게 접근할 수 있으며, 미시경제와 거시경제를 매끄럽게 연결해주는 장점이 있다. 에버스(B. Evers, 2003)가 젠더 연구에서 사용하는 'CGE 모형(Computable General Equilibrium Model)'이 전형적인 예이다.

이 같은 방법론은 젠더 연구에서 다음과 같은 문제점을 드러냈다. CGE는 매력적인 분석 기법이다. 그러나 해답이 도출되더라도 이것을 현실에 적용하는 것은 또 다른 문제이다. 대리인 설정도 문제이다. 대리인의 이윤 극대화로 설명될 수 없는 것이 세상에는 너무 많다. 이렇게 설명될 수 없는 경제행위는 대개 여성 젠더의 삶과 깊은 연관을 가지며, 성별 관계에 따른 성 역할은 이윤 추구와는 다른 범주를 가진다. 방법론적 개인주의가 가지는 근본적인 문제는 환원주의의 오류를 범할 수 있다는 점이다. 부분의 합을 통해 기계적으로 전체를 도출하는 것은 그럴듯하지만 답은 아니다. 전체는 부분의 합을 뛰어넘어 전체만의 자기동일성을 가지기 때문이다.

두 번째 관점은 방법론적 전체주의 또는 제도주의나 구조주의적 접근이다. 이러한 접근은 사회 속에서 결정되는 개인의 삶을 직시할 가능성을 준다. 여성주의 경제학자들은 이 가능성을 통해 여성의 삶과 사회적 재생산의 의미를 거시경제에 투영시키려고 한다. 아울러 생산 영역과 재생산 영역의 관계에 대해 집중하며, 생산 개념의 확장을 통해 성인지적 거시경제학의 정립을 도모한다. 젠더의 문제는 개인적 문제라기보다는 분명 사회적 문제이다. 따라서 이러한 구조주의나 제도주의를 통한 모색은 충분히 의의가 있다.

좀 더 구체적으로 보자면 젠더를 분석의 카테고리로 넣고 모형화하기 위해서는 전통적인 집계 변수를 해체하여 젠더를 기준으로 재구성하는 방법, 성별 관계를 포착할 수 있는 대안적 변수를 사용하는 방법, 거시 변수와 가계나 재생산 영역의 관계에 초점을 맞추고 이를 변수로 만들어 모형을 만드는 방법을 선택해볼 수 있다. 이처럼 현재 사회적 재생산 부문을 거시경제 지평에 도입하려는 시도가 꾸준히 이루어지고 있다.

6. 국민경제 순환도의 재구성

1) 가계

기존의 경제학에서 가계는 인간 사회의 최소 단위이나 사회의 여러 이익 관계에 자유로운 곳으로 설정되어 있다. 가계에 대한 경제학적 분석을 대표하는 '신가계경제학'에서는 가계의 존립 이유를 가계 구성원의 효용 극대화로 본다. 여성주의 경제학은 이러한 이해가 성 편향적이라고 비판한다. 비판의 이유로 다음과 같은 신가계경제학의 전제에 동의할 수 없다고 한다.

· 경제인은 시장에서는 이기적이지만 집에서는 이타적이다.
· 가부장은 가족 구성원의 필요와 욕구를 잘 알고 있다.
· 가부장의 선호는 가족 모두의 선호를 대표한다.
· 가계 구성원의 비교 우위에 따라 역할 분담이 이루어진다.

여성주의 경제학은 가계가 사랑과 헌신의 장소만이 아니라 권력과 돈을 두고 경쟁하며 각종 이데올로기가 실현되는 역사적 장소라고 본다. 또 가계는 그저 소비의 주체가 아니라 생산과 재생산도 담당하는 생산의 주체이

〈그림 4-1〉 성인지적 국민경제 순환도

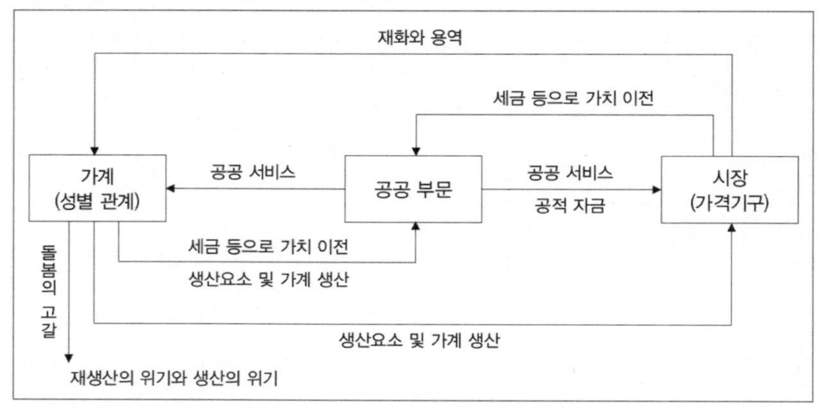

자료: 홍태희(2010a).

다. 가계를 소비 주체로만 인식하는 것이나 가부장의 선한 독재를 전제하는 것은 화폐가치로 환산하여 계량되는 것만 주목하는 실증주의 경제학의 한계이며, 사회적 관계인 가계를 초사회적이고 초역사적인 공동체로 받아들인 지적 태만의 결과이다. 가계는 분명 모든 경제행위의 기초가 되는 주체이다. 가계의 선택에 따라 소비는 물론 거시경제의 저축과 투자 및 성장과 발전이 결정된다. 다시 강조하건대 성인지적 거시경제학을 정립하기 위해서는 생산 개념을 확장시켜 가계를 생산의 주체로 받아들여야 한다.

이러한 관점에 한발 앞서 다가간 이들이 포스트 케인지언이다. 포스트 케인지언에게 가계는 소비만의 장소가 아니라 소비, 생산, 재생산의 장소이다. 각 가계는 자신들의 욕구를 충족시킬 수 있는 재화와 용역의 바스켓을 가지고 있으며, 가계 내 배분은 비교 우위가 아니라 그 사회가 설정해놓은 가계 내 역학 관계와 성별 관계에 의해 경제적 의사결정을 한다.

〈그림 4-1〉은 성인지적 관점에서 기존의 국민경제 순환도를 보충한 것이다. 흔히 경제주체로 가계, 기업, 정부라고 하지만 기업을 주체로 정하면

가계가 소비 주체로 기업이 생산 주체로 설정되는 오류가 생긴다. 국민경제가 크게 가계경제와 시장경제 두 부문으로 나뉘고, 시장을 작동시키는 원리가 가격기구라면 가계는 성별 관계이다. 각 공동체의 성별 관계의 구도 속에서 시장 노동과 가사 노동의 배분이 이루어진다.

가계는 생산요소(노동력)를 제공하기도 하고 가계 내 생산을 통해 가치재를 만들기도 한다. 이때 가사 노동의 핵심이 돌봄 노동인데 가계 내의 배분에 문제가 생겨 돌봄이 제공되지 않으면 한 사회의 국민경제 순환에 문제가 생긴다. 즉, 돌봄 노동의 고갈은 가계는 물론이고 사회의 재생산 위기를 가져오며 결국 생산의 위기도 발생시킨다.

2) 국가와 공공 부문

기존의 거시경제학에서 정부는 거시경제를 조정하는 주체이면서 스스로 경제주체로도 행위를 한다. 정부는 경제정책을 통해 나라의 거시경제가 목표로 하는 경제성장률과 실업률, 물가상승률 등의 변수를 관리하고, 화폐발행권을 행사함으로써 국가 구성원의 부의 크기를 조정하는 역할을 하기도 한다. 아울러 정부는 경기를 조정하며 물적 자본과 인적 자본을 관리하며 공공 서비스를 제공한다. 쉽게 인지하지 못하더라도 정부는 가계의 생산과 분배를 조정함으로써 사회적 재생산을 관리한다.

이처럼 정부는 가계 내의 생산과 분배는 물론 시장 노동의 가치 결정에 이르기까지 여성 젠더의 경제적 삶에 깊숙이 관여한다. 왜냐하면 사회적 재생산은 국가의 운명과 바로 직결되는 사안이기 때문이다. 그러나 이러한 정부의 역할은 은폐되기 십상이다. 성인지적 거시경제학의 정립을 위해서는 바로 정부의 역할을 확인하고 이를 가시화시킬 필요가 있다.

3) 시장과 사적 경제

시장은 어떤 곳인가? 여성주의 경제학이 파악하는 시장은 시장 실패가 늘 발생하나 재화와 서비스가 거래되는 데 필요한 곳이다. 시장이 작동하기 위해서는 제3의 조정력이 요구된다. 시장 실패의 원인에는 여러 가지가 있다. 그중에 자본 사이 힘의 불균형으로 발생하는 시장 실패의 경우를 살펴보자. 현재 세계 자본주의의 특징은 독과점 체제라는 점이다. 이때 특정 자본이 시장 지배력을 갖게 되면 가격기구가 작동하지 않고 실패가 발생한다. 이때 시장 지배자들이 설정한 마크업 할증 가격으로 가격 메커니즘이 마비된다.

독과점적 시장 체제에서는 공장 가동률과 가격 설정권을 가진 자본의 의지에 따라 실업률이 결정된다. 수요는 충분히 실현되지 못하고 숙련을 위한 투자를 적극적으로 하지 않기 때문에 숙련노동과 비숙련노동의 분절이 강화된다. 경기변동의 상승 국면에서도 실업과 노동시장 분절은 해결되지 못한다. 정부가 투자를 유도하기 위해 저금리 정책을 쓴다 하더라도 투자로 이어질지는 미지수이다. 화폐는 불안정하고 경제 위기는 반복된다. 이렇듯 성인지적 거시경제학이 확인한 현실의 시장은 늘 시장 실패가 발생하고 불완전하고 불확실하며 보이지 않는 손이 지나치게 자주 무력해지는 곳이다.

4) 성별 관계

가계 내에서 생산과 분배를 결정하는 제도가 바로 성별 관계이다. 성별 관계는 성인지적 관점에서 거시경제를 해석하는 기본적인 도구이며 여성주의 경제학의 기본 프레임이다. 거듭 강조하지만, 성별 관계는 젠더 간의 관계를 매개로 하지만 양성 간의 개별적이거나 자연적인 관계가 아니라 노사 관계처럼 물질적 가치를 생산하는 사회적 관계이다. 누가 무엇을 생산하고 누가 가질지를 결정하며, 얼마나 생산해서 얼마나 팔 것인가를 결정한다. 사회마다 성별 관계가 다르므로, 이는 각 거시경제의 특성을 나타내는 좋은 기준이 된다. 따라서 성별 관계를 분석하면 각국 여성 젠더들의 상황에 대한 비교 분석은 물론 각국 거시경제의 특징과 변화 과정을 해명할 수 있다.

7. 여성주의 거시경제학을 위한 시도

1) 국민계정의 재해석

여성주의 경제학자들은 특정 사회의 무급 노동이 거시경제의 변수 속에 포함되어야 한다고 주장했다(Hirway, 2005). 이는 가계를 소비 주체로뿐만 아니라 생산 주체로 파악하는 작업과 맥을 같이하며 국민계정을 재해석하는 시도로 연결되었다. 가계는 생산과 소비의 주체로 중간재를 가지고 최종재를 생산하는 일을 담당한다. 또 다른 움직임은 국민계정 속에 가계 생산을 포함시키고, 비국민계정(Non-SNA) 속에 생산되는 가치도 거시경제에 안착시키려는 시도이다.

다음의 〈그림 4-2〉는 국민계정 체계에 속한 경제행위와 위성 국민소득계정에 속한 경제행위를 보여준다. 현재 국민계정에서 인정하는 생산의 범위는 시장재 생산과 자가소비를 위한 생산이다. 그러나 가치의 생산은 이

〈그림 4-2〉 국민소득계정과 위성 국민소득계정

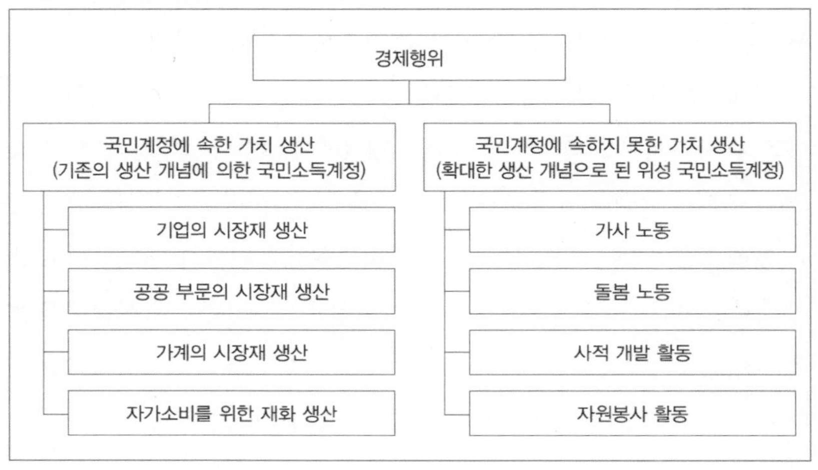

자료: 홍태희(2010a).

외에도 가사 노동이나 돌봄 노동, 자원봉사, 자기 개발 활동 등의 영역에서도 발생하고 이는 생산에 포함되어야 한다. 국내의 한 연구에 의해서 추정된 위성 소득계정의 부가가치는 2004년 GDP의 35.4%에 달한다(김종숙 외, 2005).

국민계정을 모든 국민의 경제행위를 포함해 정리하면 먼저 생산의 개념을 확대해야 한다. 거시경제를 상품경제와 가계경제로 나누고 상품경제는 시장재를 생산하는 영역, 가계경제는 자가 수요를 위해 생산하는 영역으로 나눈다. 상품경제에서 생산은 주로 기업이 담당한다. 생산되는 시장재에는 소비재와 자본재가 있다. 이러한 재화는 기업뿐만 아니라 공공 부문에 의해서도 만들어지는데 이것도 시장재로 분류시킨다. 이 두 부문은 각기 독립적으로 작용하면서 한편으로 상호작용도 한다.

가계는 국민총생산에 포함되는 재화와 서비스를 생산하지만, 국민총생산에 포함되지 못하는 것들도 생산한다. 즉, 가계의 생산에는 계량되는 것과 계량되지 않는 것이 있다. 그 예로 무보수 가사 노동에 해당하는 요리, 집의 보수 및 유지, 육아, 노약자 돌봄 등이 있다. 이것들은 모두 기회비용을 가진다는 의미에서 분명히 경제적 가치를 지닌다. 자원봉사를 통한 가치 창출과 같은 사회적 재생산노동에 의한 재화와 용역의 생산도 비국민계정에 포함되어있다.

생산 개념의 재정립과 더불어 고려해야 할 것이 가계의 투자 개념이다. 기존에는 가계가 내구재를 사는 행위를 소비라고 하며 내구재인 자본재에 대한 소비를 투자에 포함시키지 못했다. 확대한 생산 개념을 사용하면 이러한 내구재 소비를 투자로 이해할 수 있다. 간단하게 설명하면 다음과 같다. 가계의 총부가가치는 순부가가치(가계 생산의 노동 가치+세금-이전 지출)에 자본의 소비(내구재의 감가상각)를 더한 것이다. 여기에 투자(자본재 소비)를 합하면 가계의 총산출이 계산된다.

2) 성인지 예산(gender budgeting)의 도입

성인지 예산은 국가의 예산이 성별에 미치는 영향을 고려하게 만들어진 예산으로 양성평등적 예산의 배분과 집행을 목표로 한다. 따라서 예산의 편성, 집행, 평가 과정에서 성인지적 관점을 관철시킨다. 1984년 오스트레일리아에서 처음 시행된 이후 영국, 스웨덴, 독일 등을 필두로 현재 70여 개국에서 적용되고 있다. 한국에서도 여성운동단체를 중심으로 성인지 예산의 도입이 꾸준히 공론화된 후 2010년부터 성인지 예산서와 결산서 제출이 의무화되었다. 제비슈(J. Zebisch, 2004)에 따르면 성인지적 예산을 적용하기 위해서는 다음과 같은 전제가 충족되어야 한다.

〈표 4-1〉 성인지적 예산

적용 범위	· 성인지적 관점에서 예산을 검토 · 예산의 편성, 심의, 집행 평가 전 과정에 적용 · 예산서와 집행 후 성과보고서에 적용
대상 예산 범주	· 세출: 이전소득, 보조금, 공공 서비스 · 세입: 세금, 이용자 부담, 기부금 등 기타 재정
분석 방법	· 예산의 특성과 유형에 따라 다양한 방법 · 전문가와 시민사회도 참여 · 예산 우선순위, 성별 시간 사용에 대한 예산 영향, 성별 편익 귀착 분석
목표	· 양성평등적 예산의 배분 구조로 변경 · 양성평등적 세입과 세출 구성
활동의 결과물	· 예산서 · 백서 · 문서 · 예산 과정에 통합 문서 · 예산의 편성, 심의, 집행 평가 전 과정에 적용

〈표 4-2〉 양성불평등도 측정을 위한 성별 분리 통계 지표

영역	지표
교육 영역	15세 이상 인구 학력 지표
	대학 교육 전공과 연령 지표
	교육과 연령에 따른 직업군 지표
가계 내의 업무 배분	결혼 여부에 따른 지불노동과 부불노동의 시간
	결혼 여부에 따른 부불노동 종류, 자녀의 수와 연령
	결혼 여부에 따른 경제활동 참가율, 자녀의 수와 연령
	첫 출산 이후 이직률
소득 격차	직업 여부에 따른 소득
	업종에 따른 소득
	공적 부문과 사적 부문 종사에 따른 소득
근로자 수	지위별 근로자 수
	업종과 기업 규모에 따른 사업자
	실업자 수
	노동시간

자료: Schratzenstaller(2002).

· 집계되지 않는 데이터의 수집

· 성별의 특성을 잘 대변하는 지표의 개발

· 성인지적 관점에서 정치에 대한 모니터링

· 양성평등을 지지하는 언론 단체 확보

· 행정, 정치, 사회학, 통계학 전문가의 네트워크

〈표 4-1〉은 성인지 예산의 관점과 범주, 적용 대상, 분석 방법, 목표, 결과물을 정리해놓은 것이다. 양성평등을 목표로 예산의 편성과 집행을 평가하려는 시도라고 할 수 있다. 그리고 우리나라 지방재정에까지 2013년부터 제출이 의무화되었다. 그러나 문제는 제도의 도입이 아니라 실효성에 있다(김영옥, 2012).

성인지 예산 도입의 의의는 양성평등 정책과 거시경제 정책을 연관 지어 경제정책 과정에서 젠더를 고려하는 계기를 마련해주었다는 점이다. 그러나 제도 지속성 확보, 제도 정착의 기제 마련, 관료사회 저항 극복, 특히 거시경제 정책의 구체적인 변화를 이끌어내야 하는 과제도 안고 있다. 〈표 4-2〉는 성인지적 예산 작성에 필요한 지표 중 양성불평등 정도의 측정을 위한 통계 지표의 사례를 보여준다. 경제적 현실을 확인하기 위한 통계의 중요성은 아무리 강조해도 지나치지 않다.

3) 성인지적 거시경제 모형을 만들기 위한 시도

애크램로디와 핸머(Akram-Lodhi and Hanmer, 2008)는 포스트 케인지언 2부문 모형으로 거시경제 이론에 성인지적 관점을 투영시킨다. 이들은 이를 위해 재생산 영역과 생산 영역을 연계시킨다. 기업과 가계로 구성된 2부문 모형에서 가계 생산은 자가소비되기도 하고 시장에서 거래되기도 한다.

$$V = Y + Y' = Q_1 P_1 \qquad (4\text{-}1)$$

가계 생산의 총가치(V), 가계 생산(Y), 상품화되지 않은 가계 생산(Y'), 가계가 생산한 재화와 용역의 크기(Q_1), 가계가 생산한 재화와 용역의 가격 벡터(P_1), 시장화 계수(ϕ), 임금(w), 시장노동시간(L), 노동계수(γ)이다. 식 4-1은 가계 생산에서 발생한 총가치를 나타낸다.

$$Y = \phi Q_1 P_1 \ (0 \langle \phi \langle 1) \qquad (4\text{-}2)$$

식 4-2는 가계에서 생산되는 시장재 산출을 보여준다. 여기서 ϕ는 가계경제의 생산 중에서 시장에서 판매할 수 있는 재화와 용역의 비율을 나타낸다. 특정 거시경제의 가계 생산의 내용은 그 사회의 ϕ에 의해 결정된다. ϕ의 크기는 나라마다 차이가 나는데 가계 내부의 역학 관계와 각 사회의 성별 관계에서 영향을 받게 되며, 결과적으로 가계의 자원 배분을 결정하고 사회가 요구하는 성 역할을 규정한다.

$$Y' = (1-\phi)\, Q_1 P_1 \qquad (4\text{-}3)$$

$$\phi Q_1 P_1 = w\gamma \qquad (4\text{-}4)$$

$$Q_1 P_1 = \frac{wL}{\phi} = (\frac{w}{\phi})L = V \quad (4\text{-}5)$$

식 4-3은 가계가 자가소비를 위해 가치를 생산하는 것을 나타낸다. 식 4-4는 가계의 시장재 산출의 크기가 임금과 노동계수의 곱과 같다는 것이다. 식 4-5는 ϕ와 w의 상대적 관계를 결정하는 방식을 통해 한 사회가 가계경제과 시장경제를 어떻게 조정하느냐를 보여준다. ϕ와 w의 크기에 따라 각 젠더가 시장 노동과 돌봄 노동을 배분하는 방식이 결정된다. 애크램로디와 핸머는 이렇게 간단한 2부문 모형을 통해 사회가 돌봄 경제를 관리하는 체제적 성격, 즉 '돌봄 레짐(caring regime)'의 결정 방식을 보여준다.

4) 피에틸라의 국민경제 가계중심론

피에틸라(Pietilä, 1997)는 가계의 생산이나 돌봄 노동까지 포함한 거시경제를 설정한다. 그리고 〈그림 4-3〉에서 보듯이 라카토스(I. Lakatos) 과학방법론의 용어로 국민경제의 중심인 가계를 설명한다. 국민경제는 세 가지 영역으로 나뉜다. 국민경제의 중심은 자유경제(free economy)로 '경제의 코어(the core of human economy)'이다. 가족을 위한 가사 노동이나 공동체 내의 돌봄 노동, 이웃 간의 연대와 협동 등이 여기에 속한다. 국내 시장에서 생

〈그림 4-3〉 피에틸라의 국민경제 구조

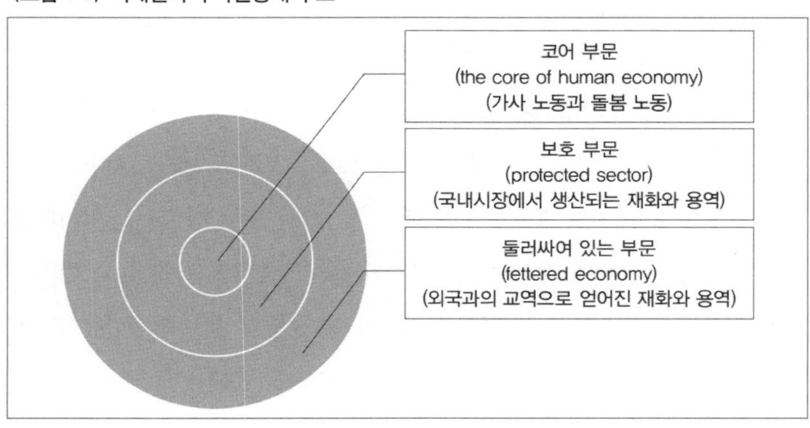

자료: 홍태희(2010a).

산되는 재화와 용역을 대상으로 하는 두 번째 부분은 '보호 부문(protected sector)'의 경제라 정의한다. 세 번째 부분은 '둘러싸인 부문(fettered economy)'으로 외국과의 교역으로 얻어진 재화와 용역으로 이루어진 경제이다. 여기서 피에틸라는 가계를 국민경제의 핵심으로 강조한다.

8. 맺음말

거시경제학은 국가의 경제 전반을 연구하여 거시 정책 목표를 달성하기 위해 경제정책을 제시하는 분야이다. 이러한 거시경제 정책이 시행되었을 경우 정책의 결과는 성별에 따라 다른 영향을 미치게 된다. 이러한 점을 간과하는 기존의 거시경제학을 여성주의 경제학자들은 비판한다. 여성주의 거시경제학의 핵심은 거시경제의 분석 대상과 거시경제 정책에 성인지성을 확보하는 것이다. 가계경제로 분석 대상을 확대하여 생산 영역과 재생산 영역의 관계를 조명하고, 가계도 생산의 주체라고 인정하는 거시경제학으로 재정립해야 한다.

이러한 당연한 지적을 하고 있지만, 여성주의 거시경제학의 전망은 아직 불투명하다. 국민계정에 대한 보완 작업도 지지부진한 상황이며, 가계생산의 가치 평가 작업도 뚜렷한 진척을 보이지 못하고 있다. 그러나 경제가 인간의 삶에 미치는 막강한 영향력을 생각해보면 어렵더라도 이러한 잘못을 바로잡는 노력을 해야 한다. 인간이 제대로 살려면 인간을 보살피는 일을 귀하게 여길 줄 알아야 한다. 이것이 재생산의 가치를 찾아주고, 이 가치를 내포하는 거시경제를 정립해야 할 근본 이유이다.

5장

여성주의 경제발전론과 경제성장론

1. 머리말

여성주의 경제학자들은 경제성장을 하면 장기적으로 경제적 불평등이 줄어든다는 경제성장론의 흔한 가설을 거부한다. 성장에 대한 기여와 다르게 성장의 결실이 나뉘는 것을 여러 차례 확인했기 때문이다. 흔히 경제발전론 교과서의 표지에는 가난한 아프리카 여성의 모습이 단골로 실린다. 여성주의 경제학자들은 이들의 처지가 실제로 얼마나 개선되었는지를 묻는다.

이처럼 여성주의 경제학자들은 단기적으로 해결되지 않더라도 장기적으로는 희망이 있는지를 타진하면서 경제성장론과 발전론에 관심을 가지기 시작했다. 이들은 곧 장기적으로는 문제가 더 복잡하다는 것을 인식하게 된다. 선진국에서 논의되는 여성 문제와 제3세계의 상황이 분명 다르고, 경제만으로는 현실을 파악하거나 개선할 수 없으며, 문제의 배후에 있는 권력관계나 이들을 지원해줄 수 있는 국제기구의 정치력 등도 고려해야 하기 때문이다.

이 장에서는 경제발전론과 경제성장론을 성인지적 관점에서 설명하고 필요성과 가능성을 살펴본다. 이 장은 다음과 같이 전개된다. 먼저 성인지적 관점이 경제발전론에 어떤 변화를 주었는지 살펴본다. 다음으로 구체적인 연구 사례들을 통해 대안적 경제발전론의 가능성을 타진한다. 그리고 성인지적 경제성장론의 전개 과정을 설명한 후에 마지막으로 여성주의 경제성장론의 한계와 가능성을 제시한다.

2. 여성주의 경제발전론의 등장 배경

1998년 노벨경제학상 수상자인 센(Sen, 1999)에게 사회 발전의 핵심은 인간을 억압하는 원천을 제거하는 것이다. 그는 경제발전의 목적과 방법을 '자유의 신장(development as freedom)'이라고 했다. 이는 1974년 노벨경제학상을 받은 뮈르달(G. Myrdal)의 생각과 비슷하다. 뮈르달은 발전을 '사회 전체 시스템의 상향 조정'으로 파악했다. 그는 발전의 핵심을 자유의 확대와 인권 보호 및 삶의 질 향상을 위한 제도적 보완으로 보았다. 발전을 사회 시스템의 상향 조정으로 보든, 자유의 신장으로 보든, 경제발전의 핵심은 인간을 억압하는 제도적 질곡을 제거하는 동시에 더 나은 물질적 여건을 제공하는 것이다. 여기서 경제발전은 단지 물질적 가치의 증식만 의미하지 않으며 비물질적 가치의 함양까지 함의한다.

이런 의미에서 경제발전론의 중요한 연구 대상은 자유의 신장과 제도적 보완 및 물질적 지원의 향상이 시급히 필요한 후진국이며, 후진국 내에서도 사회적 약자인 여성이다. 아울러 경제발전론의 핵심 과제 또한 가난한 여성의 물질적·비물질적 조건을 개선하는 것이다. 구체적으로는 가난한 나라에서의 여성권 보호, 경제적 복지, 삶의 질 향상이 주요 과제이다.

가난한 나라의 여성에 관한 관심이 시작된 것은 20세기 중반이었다. 이는 주로 제2차 세계대전 후 제3세계에 대한 대대적 지원이 이루어진 시기에 국제 구호단체와 인권단체의 사업으로 전개되었다. 그러나 지원 규모가 턱없이 부족하고 지원 전략 또한 단순 원조나 계몽 차원에 집중되어, 저개발국의 구조적인 장벽과 여성에게 주어지는 생물학적·문화적 장벽을 무너뜨리기에 역부족이었다.

특히 개발도상국 중 근대화가 어느 정도 진행된 나라에도 여전히 존재하는 여성 문제는 기존의 발전 전략을 재점검할 필요성을 부각시켰다. 그러나 제3세계가 근대화를 향한 발걸음을 채 내딛기도 전인 1970년대 이후 세계경제의 저성장 기조가 장기화하자 제3세계에 대한 관심과 지원은 급격히 감소했다. 이러던 상황에 1990년대 이후 여성주의 경제학의 발전으로 경제학 내에 성인지적 관점을 확보하는 데 결실을 거두자 여성 문제와 제3세계 문제를 해결하기 위한 거시적 정책 대안과 이론적 작업에 대한 요구도 날로 커졌다. 그러나 경제발전론 분야에서는 현실적인 필요에 비해 일관성 있고 체계적인 연구가 이루어지지 못했다.

여기서 특히 주목할 것은 제3세계 여성 스스로 문제 해결의 주체로 등장하기 시작했다는 점이다. 또한 선진국 여성 학자들이 젠더 개념을 개발하며 여성학의 이론적 지평을 확장하자, 이에 고무된 여성들은 단지 여성 문제에만 국한하지 않고 문화 문제, 환경 문제, 빈곤 문제 등과 결합한 새로운 활동을 전개했다.

이처럼 여성주의 경제발전론은 여성을 교육하고 취업시키는 차원의 발전 전략이나 사회적 약자로서 여성의 열위나 차별의 해소에만 국한되지 않는다. 궁극적으로는 여성을 '주변 머물기'에서 벗어나서 중심으로 이동시켜 양성의 불균형을 해결하려는 시도이다. 즉, 기존의 국제기구를 중심으로 한 계몽이나 보호 차원의 발전 전략이 아니며, 경제발전에서 여성의 순기능에 주목하고 여성의 경제활동을 경제발전에 적극적으로 활용하며, 이를 통해 발전을 이루려는 한층 진일보된 발전 전략이다.

3. 여성주의 경제발전론의 전개 과정

제2차 세계대전 이후부터 1960년대 전반까지 주도적이었던 초기 경제발전론은 구조주의의 영향으로 선진국과의 비교에서 후진성의 원인을 찾아내고 이에 따라 정책 수단을 제시했다. 1960년대 후반 이후의 경제발전론은 대략 신고전파 경제발전론, 개량주의적 발전론, 정치경제학적 발전이론(종속이론)의 3대 조류로 갈라진다. 이 중 신고전파가 주류를 차지하고 개량주의는 신고전파적 연구를 보완하는 입장이다. 아울러 정치경제학적 접근은 구조주의의 연장선상에서 종속이론 등을 중심으로 주류 경제발전론 체계와 대립했다.

대부분 개발도상국의 경제개발도 이때부터 본격적으로 시작되었다. 이들 중에는 모방 효과와 후발 효과를 누리며 급속한 공업화와 근대화에 성공한 개발도상국도 있다. 그러나 대다수 나라에서의 경제개발은 그렇게 성공적이지 못했다. 이런 현상에 대해 1970년대와 1980년대에도 주류로 인정받았던 신고전파 경제발전론은 개발의 실패가 개발도상국 정부의 지나친 시장 개입 때문이라고 주장하며 더욱 강력한 시장지상주의를 주문했다. 그러나 경제발전론의 가장 중요한 논제 중 하나는 과연 '후진국에서도 시장이 작동하는가?'라는 문제이다. 후진국 정부와 시장이 선진국처럼 기능하지 못하는 특수성은 고려하지 않은 채, 세계화라는 이름 아래 후진국 경제를 세계경제에 급속히 편입하는 것만 답이라고 강요하고 있다.

여성주의 관점에서 본 경제발전론은 앞에서 제시한 문제 외에도 더 많은 문제를 가지고 있다. 먼저 경제발전론이 전개되는 과정에서 성별 관계 논의가 제외되었다는 점, 그리고 시장이냐 정부냐 하는 논의에서 시장과 정부는 과연 성 중립적인 제도인가 하는 점이 지적된다. 아울러 경제발전에서의 여성의 역할이나 발전 결과물의 분배에서의 여성 소외 등에 대한 논의뿐만 아니라, 성인지적 관점에서 이론 체계 전체를 재해석해야 한다는 지적도 제기되었다. 이러한 문제 제기는 제3세계 문제에서 꾸준히 견지해 온 근대화론에 대한 비판과 더불어 올바른 경제발전의 방향을 제시하려는 움직임과 함께 더욱 구체화되고 있다.

연구자들은 공통으로 기존 연구의 성몰인지성을 비판하며, 현실 경제와 괴리된, 무엇보다도 여성의 경제 현실과 괴리된 분석과 발전 전략을 지적한다. 따라서 기존 연구에서 중요하게 인식되지 않았던 성성(sexuality), 젠더, 성별 관계 등을 주요 개념으로 채택하여 양성평등적 이론 체계와 정책 대안을 모색하고 있다. 특히 강조해야 할 것은 성별 관계에 대한 이해이다. 사회적 관계의 하나인 성별 관계는 각국의 경제발전에 지대한 영향을 미친다. 따라서 노동력, 기술, 자본 등 경제발전의 원인에 대한 다양한 분석 중에 성별 관계를 중심으로 한 분석이 이루어져야 후진성의 원인에 대해 유용한 함의를 제공할 수 있다. 즉, 성별 관계를 포함한 경제적 분석을 해야만 사회마다 성별 관계의 차이에 따른 경제발전 유형의 차이나 경제적·사회적·문화적 변화에 따른 양성 간 관계의 변화를 해명할 수 있다.

경제발전론은 경제학의 다른 분야보다는 쉽게 성인지적 관점을 가질 수 있다. 왜냐하면 경제발전론은 시장의 법칙뿐만 아니라 전통, 법, 종교, 제도 등의 영향도 분명히 고려하기 때문이다. 또 경제발전론은 완성된 분야가 아니라 유효한 발전 전략을 찾아 지속해서 변화해가는 분야라는 점에서 성인지적 학문으로 발전해갈 가능성을 가지고 있다.

4. 여성들을 위한 개발 담론의 전개 과정

제2차 세계대전 이후 인류는 인간의 이름으로 지옥을 만든 것을 반성하며 휴머니즘을 실현하기로 한다. 식민지는 해방되었고 약소국가에도 유엔에서의 한 표가 보장된다. 이런 노력의 또 다른 축은 사회 가장 밑바닥에서 비인간적 전횡 속에 신음하는 여성들에 대한 관심이었다. 국제사회는 유엔을 중심으로 가난한 나라의 여성 문제 해결을 고민했다. 처음에는 단순한 원조 차원에 머물렀다가 1970년대에 와서 구체적인 여성 발전 전략으로 짜였다. 이렇게 1970년대와 그 이후 국제 원조 기구(donor agencies), 각국 정부, NGO들이 제시한 개발 담론이 바로 '발전에의 여성 참여(Women in Development: WID)'이다.

이후 1980년대에 들어와서 DAWN(Development Alternatives for Women in a New Era)을 중심으로 '여성 권한(empowerment approach)'을 둘러싼 논의가 본격적으로 제기된다. 이런 변화는 기존의 발전 전략에 대한 반성에서 비롯되었다. 여성의 시장 노동 참가만으로 여성 문제가 해결되지 않았다. 오히려 시장과 가정에서 이중으로 고생하는 여성들의 상황을 보면서 사회적 역학 관계의 중요성을 인식했다. WID 전략은 성 역할 분담이나 사회적 지원을 간과하고 여성의 경제적·사회적 권익 보호에만 치중하면서 성차별을 근본적으로 해결하는 데는 미력했다. 그리하여 '성별과 개발(Gender-And-Development: GAD)'이라는 전략이 새롭게 제시된다. GAD는 젠더 이론과 경제발전론을 통합하여 하나의 설명 틀을 만들려고 했다. WID가 단지 기존 정책에 여성 변수를 부가하여 시장 노동에 적극적으로 참여시킴으로써 여성의 지위 개선을 모색한 데 비해 GAD는 성별 관계에 초점을 둔 통합적 접근이었다. 그러나 GAD 전략도 구체적인 통합의 내용으로 제시하는 데 실패하면서 현실적 힘을 받지는 못했다.

다음으로 제시된 개발 담론이 바로 '성 주류화(gender mainstreaming)'이다. 주류화란 주변에 있던 세력이 중심이 되는 과정을 말한다. 여성의 주류화란 여성의 사회적 배제와 주변화 현상을 극복하려는 발전 전략이다. 따라서 성 주류화란 모든 수준, 모든 단계, 모든 정책에 양성평등 관점이 관철될 수 있도록 정책 과정을 꼼꼼히 개발해서 조직하고 평가한 후에 개선하자는 전략이다.

성 주류화 정책은 성별이 아니라 사람 중심으로 발전 전략을 짜고 인적자원을 완전히 활용하는 동시에 남성과 여성 내부에 각기 존재하는 다양성을 확보할 수 있다는 장점이 있다. 유엔의 발전 전략도 1995년 베이징에서 열린 제4차 세계여성대회 이후에는 성 주류화로 전환한다. 한국도 1995년 12월 30일 여성발전기본법이 제정되자 여성 발전 전략으로 성 주류화를 채택했다. 이상에서 살펴본 바와 같이 여성 발전 정책의 전개 방향은 처음에는 여성을 내세우며 남녀를 분리해 접근했으나 점점 남녀를 분리하지 않고 문제 해결을 시도하는 방향으로 변하고 있다.

5. 여성주의 경제발전론 연구 사례들

여성주의 경제발전론을 연구하는 학자들은 대개 제3세계 출신이거나 제

3세계 문제에 관심을 둔 학자였다. 이들은 제3세계 여성의 현실을 확인하면서 여성 문제를 해결하기 위해서는 기존의 경제학적 접근으로는 어렵다고 판단하고 대안적 경제발전론을 모색한다. 이들의 대표 연구를 살펴보면 다음과 같다. 1970년대 초 보스럽은 그의 책 『경제발전에서의 여성의 역할(Woman's role in economic development)』에서 경제발전 과정에서 여성의 역할이 지나치게 과소평가되었음을 지적하면서 이 문제를 처음으로 학계에 제기했다. 이후 경제개발에 미치는 여성 노동의 역할에 대한 논의가 집중적으로 이루어졌으나 더욱 구체적인 연구는 1980년대에 이르러서야 이루어졌다. 모리뉴(M. Molyneux, 1985)는 니카라과를 대상으로 여성 이해관계와 젠더 이해관계의 차이를 연구했는데, 여기서 생물학적 결정론이 아닌 사회문화적인 성 개념을 가지고 경제개발과 여성 문제에 접근했다.

모리뉴의 논의를 좀 더 발전시킨 모저(C. Moser, 1993)는 WID 대신에 GAD 개념을 제시한다. 그녀는 생산노동, 재생산노동 및 공동체를 위한 노동의 삼중고에 시달리는 에콰도르의 빈민 여성을 연구했다. 이 삼중고로 가정이 붕괴되는 과정을 확인하면서 모저는 사회가 여성이 가정의 수호자 역할을 해줄 것을 기대하지만 이런 사회적 기대에 물리적 한계를 넘어서지는 못한다는 점을 발견했다. 아가월은 여성 토지소유권의 중요성을 연구한다. 또 가계 내의 배분을 게임 상황으로 보고 여성의 협상력을 연구했다. 센도 DAWN 개념을 개발하여 여성주의 경제발전의 기틀을 마련했다.

1990년대 이후 구제도학파와 구조주의를 접목한 학자들은 여성 문제가 '성별화된 구조(gendered structure)'에서 발생한다고 파악하고, 정책 대안으로 경제적 결정이 이루어지는 사회 모든 영역에서 제도 개선을 주장한다. 모저(Moser, 1993)는 에콰도르 여성들의 노동시간을 분석하며 여성의 긴 노동시간과 불평등한 성별 분업, 그리고 그에 따른 교육 기회의 박탈을 분석한다. 이에 영향을 받은 엘슨(Elson, 1995)은 『경제발전에서의 남성 편향(Male Bias in the Development Process)』에서 여성 문제에서 사회규범과 성별 관계의 영향을 강조했으며, 양화되지 못하는 여성 노동에 대한 경제학계의 관심을 끌어냈다. 코너(Corner, 1996) 또한 『여성, 남성, 그리고 경제학: 거시경제학의 성별에 따라 다른 영향(Women, Men and Economics: The Gender-Differentiated Impact of Macroeconomics)』에서 거시경제에서 성별의 영향이 어떻게 나타나는지를 분석했고, 노동시장이나 가계에서만이 아니라 거시경제에도 성별 관계가 영향을 미친다는 것도 밝혀냈다.

더욱 구체적인 논의는 수출 중심의 발전 전략을 중심으로 제기되었다. 여성 개발경제학자들은 경제발전 전략이 '2 재화 모델 (시장재, 비시장재)'에 의해 수립될 경우에 나타나는 결과의 몰성성을 지적한다. 경제 위기 때 개발도상국에는 위기 타개책으로 (무역적자를 없애기 위한) 시장재에 대한 수출 증대 정책이 추진된다. 이러한 정책은 IMF나 세계은행 등의 국제기구에 의해 권장된다. 이는 사실 비시장재나 재생산노동이 별 어려움 없이 조달된다는 것을 전제로 하는 것이다. 그러나 이러한 전제는 비현실적이다.

세상에 필요에 따라 무한정 제공되는 재화나 서비스는 존재하지 않는다. 단지 누군가 희생을 감내하고 재화와 서비스를 조달하고 있을 뿐이다. 누가 이러한 희생을 강요당하는가는 각 나라의 성별 관계에 따라 정해지는데, 대부분 경우 여성이다. 그러나 문제는 이러한 경제 운영이 장기적으로 지속 가능하지도, 안정적이지도 못하다는 점에 있다.

이에 비해 신제도학파의 영향을 받는 학자들은 제도를 다른 측면에서 접근한다. 이들은 특히 베커의 영향을 받아, 거래 비용 절감을 위해 성별 관계가 정해지고 그에 따라 성별 분업이 결정된다고 본다. 이들에 따르면 현재의 각종 사회 현상은 경제적 효율성에 근거해 성립되었다. 대표적인 학자인 파머(I. Palmer)는 아프리카 사하라 남부 지역에서 성별 관계가 사람들이 제도에 적응하는 과정에서 어떤 역할을 하는지를 분석했다. 이미 앞 장에서 파머에 대해 설명했듯이, 파머는 여성들이 재생산노동을 담당하는 것은 여성이 일종의 '재생산세'를 사회에 내는 것과 같다고 주장한다. 여성이 낸 재생산세를 기반으로 공공재가 만들어지나 그 편익은 사회 전체가 누린다. 그러나 세금 부과로 여성 노동의 시장 경쟁력이 떨어지고 시장가격이 비싸져 노동시장에서 자연히 불리한 위치에 있다. 따라서 재생산세의 부과는 성차별적 가격 왜곡과 자원 배분의 비효율을 가져온다. 파머는 이를 바로잡기 위해 정부 개입을 주장한다.

파머는 삶의 질과 관계되는 지표도 성장률이나 물가상승률처럼 거시경제 목표로 설정되어야 경제정책의 성차별적 결과에 따른 외부불경제를 내부화할 수 있다고 본다. 또한 노동을 기존의 성장 이론처럼 외생적으로 주어진 것으로 보지 않고, 인적 자본의 투자에 따른 성장 요소로서 내생화시켜야 한다고 주장한다. 파머의 주장은 현재 많은 여성 학자나 국제 여성단체 등의 지지를 받고 있다. 그러나 재생산노동을 양화시키려는 시도는 그리 성공적이지만은 못하다.

성인지적 경제발전론의 시도 중 하나는 '사회적 재생산' 개념을 중심으로 한 정치경제학적 시도이다. 1990년대 중반부터 제시된 사회적 재생산론은 여성 문제가 개인 차원에서 발생한 것이 아니라 국민경제나 경제체제 차원에서 발생한다는 점을 강조하며, 구조와 개인의 관계를 중심으로 여성 문제를 정리한다. 재생산의 위기는 거시경제 전반에 영향을 미친다. 사회적 차원에서 재생산 구조를 유지하기 위한 구체적인 지원을 해야 사회를 안정적으로 유지할 수 있다.

가령 개발도상국 여성 노동의 위기와 자본주의 경제의 위기가 밀접한 연관이 있다고 보며 재생산의 물질적 조건을 강조한다. 폴브레(Folbre, 1994)는 사회적 재생산의 책임과 비용 분배의 평등을 요구한다. 폴브레에 따르면 사람의 처지에 영향을 미치는 것은 경제만이 아니다. 경제 외에도 종, 계급, 성, 나이, 국가 등 여러 가지가 있다. 그리고 이러한 것을 통틀어 제한의 구조라고 한다. 제약의 구조 속에서 특정 사회의 선호가 결정되나, 이러한 선호도 시간과 더불어 변화한다고 본다. 폴브레의 제한의 구조는 경제발전론 연구에 새로운 시각을 제공했다. 센이 경제발전의 수단과 목적으로서의 자유를 강조하는 것도 같은 맥락에서 이해할 수 있다. 발전이란 바로 이 제한의 구조를 민주적이고 양성평등하게 관리하면서 자유를 확장하는 것이다.

6. 경제성장론의 성인지적 재해석

경제성장은 한 나라의 GDP가 증가하는 것을 말한다. 경제성장론은 경제성장의 원인을 분석하고 성장 전략을 모색하는 분야이다. 경제성장도 흔히 성 중립적 대상으로 인식된다. 국민총생산, 경제성장률, 투자와 저축, 자원 배분과 효율성과 생산성 등 얼핏 보면 성장론과 관련된 용어들에 성 편향적인 기제는 확인되지 않는다. 왜냐하면 성장론이 통계 자료를 통해서 확인되므로, 양화되지 못한 경제행위는 은폐될 가능성이 있기 때문이다.

여성주의 경제성장론의 과제는 바로 이렇게 계량화되지 못하는 영역에서 주로 활동하는 여성과 경제성장의 상관관계를 해명하고 경제성장이 어떤 경제적 결과를 남성과 여성에게 제공하는지 밝히는 것이다. 최근 세계 경제 위기와 장기적인 저성장을 해결하기 위한 성장 잠재력 향상을 위해 여성 노동을 적극적으로 활용해야 한다는 주장이 활발히 제기되고 있다. 성별에 따른 노동시장의 분절을 극복하면 생산량이 20%가량 증가한다는 연구나 고령화 시대의 마지막 대안이 여성 노동이라는 이야기는 하나같이 여성의 경제활동 참가가 국가의 경제성장에 기여한다는 주장이다. 여성은 경제 위기나 불황에는 노동시장에서 쉽게 퇴출당하지만, 유능한 여성 인력을 경제 현장에 불러내야 한다는 주장도 늘 위기의 해법으로 제기된다.

당면한 여성 문제를 해결해야 하는 유엔이나 세계은행 같은 국제기구에서는 양성평등이 고성장에 도움이 된다고 주장하며 양성평등의 필요성을 적극적으로 주장한다. 세계은행(World Bank, 2011)은 성별에 상관없이 적재적소에 인적 자본을 배치하면 고효율과 고수익을 얻을 수 있으며, 고립된 여성을 사회화시키면서 사회제도를 좀 더 바람직하게 운용할 수 있게 된다고 밝혔다. OECD(2012)는 한국이 노동시장에서 여성 경제활동을 남성 수준으로 높이면 2030년까지 매년 0.9%의 추가 경제성장을 할 것이라 했다.

최근에 제기된 이런 주장에 비해 그간 경제성장론 내에서 성인지적 작업은 지극히 제한적으로 이루어졌다. 솔로(R. Solow)를 중심으로 한 신고전파 성장 모형에서 경제성장은 인적·물적 자본의 축적과 생산성의 산물이다. 여기에 재생산노동에 관한 공간이 없음은 자명하다. 주류 경제학은 이 문제를 내생적 성장론으로 해결하려고 했다. 내생적 경제성장론은 외생적 성장론에서 한 걸음 더 나아가 자본과 노동 외에도 생산에 영향을 미치는 다양한 요소들을 확인하는 작업을 한다. 이처럼 내생적 경제성장론자들은 주요 경제 요소 외에도 사회적 환경이나 정치적 상황, 자연환경 및 문화, 종교 등을 넣었다. 이러한 경제성장 모형의 확장을 통해 여성은 사회의 잠재적 노동력으로 자리매김하고 있다. 따라서 양성평등과 경제성장의 관계도 연구되고 있다. 그러나 여전히 연구의 시작 단계이고 여성의 부불노동, 돌봄 노동이 경제성장에 미치는 영향은 간과되고 있다. 시장 생산이 아니라는 이유로 재생산노동이 전체 경제의 움직임에 미치는 영향을 고려하지 않은 성장론은 올바른 성장론일 수 없다.

신제도학파 성장론은 경제적 혁신 과정을 내생화시킨다. 특히 지리적 여건과 국제적 통합과 제도적 여건을 강조한다. 소득 불평등도 종종 연구 대상으로 삼는다. 그러나 신제도학파 성장론에서 성별 불평등은 설명되지 않는다. 이는 케인스 경제학의 성장론에서도 마찬가지이다. 케인지언의 대표적인 성장 모형인 해로드-도마(Harrod-Domar) 모형에도 성별 관계에 대한 고려가 없다.

중요한 것은 이러한 몰성성이 결코 성 중립성으로 귀결되는 것이 아니라는 점이다. 저축과 투자, 생산성과 경제성장 속에 작동하는 성별 관계를 고려하지 않는 접근은 오히려 성별 불평등을 조장하고 방조하는 역할을 한다. 특별히 거론하지 않는다는 것은 기존의 가치를 수용한다는 것을 의미하기 때문이다.

경제성장론의 몰성성을 극복하기 위해서는 먼저 집계화된 변수를 사용하는 모형을 성별의 관점에서 분해해서 재구성해야 한다. 그러나 이런 분해에도 문제는 있다. 이렇게 모형을 분해할 때는 여성과 남성의 특성에 따라 분해하게 된다. 그러나 이런 성별에 따른 분해만으로는 남녀 사이의 사회적 역학 관계가 경제에 미치는 영향을 분석하는 것을 가로막거나 여성 경제와 남성 경제를 분리하고 여성 경제를 고립시킬 위험도 발생할 수 있다.

따라서 재생산 경제를 포함하면서도 성별화된 경제구조를 파악하고 이를 통해 정책을 제시할 수 있는 모형을 만드는 것이 필요하다. 아울러 성별 관계를 변수로 포함하는 모형 작업이 필요하다. 포스트 케인지언 성장 모형을 성인지적으로 해석하는 연구도 더 많이 이루어져야 한다. 소득을 이윤과 임금으로 분해해서 거시경제의 순환을 해석하면, 임금이 올라갔을 때 소비가 유발되어 총수요가 증가하게 마련이다. 여기서 성별에 따라 한계소비 성향이 다른 경우를 가정하고 전개해보는 것도 가능하다. 여성의 임금이 올라갔을 때 여성의 한계소비 성향이 크면 총수요가 창출된다. 그러나 기업의 비용 증가로 가격이 상승하고 이윤이 하락하여 수출이 감소하는 결과도 나올 수 있다.

이러한 경제성장론의 시도들은 여전히 변수에 성별을 추가하는 것에서 크게 벗어나지 못했다. 좀 더 의미 있는 변화는 성장의 목표를 재설정해야 가능하다. 누구를 위한 경제성장인지에 대한 성찰을 통해 여성의 권익을 증진하려는 입장에서 한 걸음 더 나아가 공동체 구성원은 물론 생태계의 지속 가능성까지 보장할 수 있는 성장론을 만드는 작업이 여성주의 경제성장론의 장기적 목표가 되어야 할 것이다.

7. 맺음말

이 장에서는 경제발전론과 성장론의 성인지적 연구의 전개 과정 및 연구 동향에 대해 논의했다. 여성주의 경제학의 발전과 더불어 여성주의 경제발전론과 성장론도 비교적 짧은 기간에 빠른 발전을 이루었으며, 짧은 연혁에도 여성과 사회에 늘 새로운 화두와 발전 전략을 제시해왔다. 여성 문제를 시장 노동 참가 등의 경제적 연관으로만 보는 시각에서 벗어나 사회적·문화적 지평에서 재해석하기도 했고, 여성뿐만 아니라 양성의 발전을 두루 아우르는 발전론으로 제시되기도 했다. 특히 많은 제3세계 여성 경제학자들은 경제적 성장뿐만 아니라 생태계의 지속적 발전을 위한 모성적 역할을 강조하며, 여성이 기존의 수혜받는 입장에서 벗어나 능동적으로 경제발전의 방향을 잡는 역할을 할 것을 부각시켰다.

현실을 변화시키려는 노력을 지속하여 여성 발전 전략을 변화시키며 현재에 이르렀다. 1970년대는 '발전에의 여성 참여'였다. 이 전략은 '재생산자'로서 여성의 역할에 '생산자'로서의 역할을 부가함으로써 여성을 개발 과정의 시장 노동에 적극 참여시켜 지위 개선을 모색했다. 이후 1980년대에는 '성별과 개발'이라는 전략이 제시되면서 젠더 개념과 경제발전론을 통합하여 하나의 설명 틀을 만들려고 했다. 1990년대에는 성 주류화 전략이 제시된다. 성 주류화란 모든 수준, 모든 단계의 모든 정책에 성인지적 시각이 적용될 수 있도록 정책 과정을 평가·개발·개선·조직하는 것이다. 이러한 노력에도 불구하고 사회적 약자로서의 여성의 지위는 대부분 나라에서 변화가 없다. 여전히 가난하고 여전히 힘이 없다. 그러나 이는 단기간에 해결될 문제가 아니다.

현재 여성주의 경제발전론과 성장론은 이제까지 상식으로 받아들여지던 사고방식에 새로운 가능성을 제시함으로써 여성과 사회의 발전을 모색하고 있다. 앞으로의 과제는 지금까지 이루어진 성인지적 경제학과 방법론의 결과를 연구에 더욱 구체적으로 적용하는 것이다. 더 나은 미래를 위한 대안은 여성성이다. 만들고 부수는 남성성이 아니라 지속하고 보존하는 여성성으로 공멸의 위기에 있는 세상을 구제할 과제가 여성주의 경제성장론에 있다.

6장

돌봄 경제학

1. 머리말

"시장의 보이지 않는 손은 보이지 않는 가슴에 기대고 있다." 대표적인 여성주의 경제학자인 폴브레는 그녀의 저서 『보이지 않는 가슴(The Invisible Heart: Economics and Family Values)』(2001)에서 가족과 공동체의 틀 밖에서 시장은 작동할 수 없다고 하며 돌봄을 경제학의 세계에 등장시켰다. 경제라는 단어를 들으면 누구나 시장이나 임금, 주식이나 환율, 이자 등의 단어를 연상하게 된다. 경제의 본질이 인간의 의식주와 관련된 재화의 생산과 분배에 대한 일인데도 우리가 생각하는 경제는 온통 재화를 사고파는 일에만 집중되어 있다. 오히려 돌봄이나 봉양 등 경제의 실현과 구체적인 관련이 있는 단어는 비경제적인 것으로 이해되기도 한다. 그러나 돌봄이나 봉양 없이 경제는 돌아가지 않는다. 여기에 최근에야 자신의 이름을 가지고 경제와 경제학에 명함을 내미는 무급 노동이나 돌봄 경제를 주목해야 하는 이유가 있다.

여성주의 경제학자들이 먼저 시작한 작업은 돌봄도 만들어지려면 비용이 든다는 점이다. 돌봄을 생산하는 데 드는 비용은 누가 지불하는지, 생산된 돌봄은 어떤 방식으로 분배되는지를 살펴보며 무급 노동이나 돌봄 노동에 대한 경제학의 관심을 유도한다. 이들은 무엇보다 이러한 무급 노동이나 돌봄 노동의 종사자 대부분이 여성이라는 점을 강조한다. 사회적으로 가치 없는 것으로 치부되면 누구도 기꺼이 하지 않게 된다. 이를 오래 방치하면 결국 돌봄의 위기, 재생산의 위기를 맞게 되는데 인류가 현재 이러한 상황에 직면했다는 것이다.

한 걸음 더 나아가 최근에는 세계적 경제 위기는 물론 후쿠시마 원전 사고 같은 생태계의 위기를 겪으며 대안 경제로 돌봄을 내세우는 학자들도 등장했다. 이 장에서는 기존의 경제학에서 오랫동안 홀대받은 무급 노동과 돌봄 노동을 소개한다. 먼저 돌봄 경제학(caring economics)의 개념과 돌봄의 경제적 의미를 확인한다. 다음으로 왜 현재 돌봄이 문제가 되는지를 설명한다. 마지막으로 돌봄을 경제학에 흡수시키려는 노력 중에 돌봄 노동의 가치를 측정하는 다양한 방식에 대해 논의한다.

2. 가사 노동, 비공식 노동, 무급 노동, 돌봄 노동

여기서 먼저 개념들을 정리하자. 노동은 여러 가지 관점에서 분류할 수 있다. 물리적 힘의 사용 정도에 따라 육체노동과 정신노동, 금전적인 대가의 지급 여부에 따라 임금노동과 무급(unpaid) 노동, 시장을 매개로 했느냐 아니냐에 따라 시장 노동과 비시장 노동, 공식적인 일자리인지 아닌지에 따라 공식적인 노동과 비공식적인(informal) 노동, 노동 장소에 따라 가사 노동(domestic work)과 시장 노동으로 나누어볼 수 있다. 이러한 분류와는 조금 다르게 타인을 보살피는 노동을 돌봄 노동(care work)이라고 부른다.

여성 노동이 문제가 될 때 흔히 등장하는 용어가 가사 노동, 비공식 노동, 무급 노동, 돌봄 노동 등이다. 그러나 돌봄 노동, 가사 노동, 무급 노동 등에 대한 구체적인 정의는 아직 없다. 그럼에도 혼란을 최소화하고, 좀 더 정확하게 상황을 파악하기 위해 구분을 시도해보자. 가사 노동은 가정생활을 유지하기 위한 노동이고, 가족을 보살피며 노동력을 재생산하는 노동이다. 흔히 주부의 노동을 지칭하는 용어로, 한 인간을 사회의 일원으로 사회화시키는 교육의 기능도 가진다. 가사 노동은 대부분 무급 노동이며, 지불하려 해도 질과 양을 측정할 기준이 없어 객관적으로 평가되기 어려운 노동이다. 가계가 재화를 소비하는 과정에 수반되는 노동으로 시장 노동보다 낮은 사회적 평가를 받는다.

가사 노동은 고도의 숙련된 기술이 필요한 노동이 아니며 단순노동이 반복되는 경향이 있다. 시장 노동과는 달리 공식적인 휴식 시간이나 휴무가 없다는 것도 가사 노동의 특징이다. 아울러 가사 노동은 개인과 가계의 사적인 영역에서 가계의 관리나 경영과 관계되기 때문에 타인의 노동으로 대체되기 어려운 측면도 있다. 문제는 가사 노동이 임금노동과 달리 무가치한 노동으로 치부되고, 이에 종사하는 여성 대부분이 가계의 시장 노동 종사자보다 열등한 지위에 놓이게 된다는 것이다.

비공식 부문의 노동은 비공식적인 기업이나 기타 비공식적인 일자리에서 이루어지는 노동을 말한다. ILO는 비공식 부문을 진입이 쉽고 법인 사업체라기보다는 가족 사업체이며 경영 규모가 작고 노동 집약적인 부문이 많으며 정규교육을 받지 않아도 숙련될 수 있는 부문이라 정의한다. 비공식 부문의 종사자는 특히 비숙련 여성 종사자인 경우가 많고 노동의 내용도 돌봄일 경우가 많다.

무급 노동은 노동의 대가가 지급되지 않는 노동을 말한다. 무급 노동은 가족 구성원에 의한 가사 노동처럼 가계 구성원에 의해 재화와 서비스가 생산되기도 하고, 자원봉사처럼 시장 밖에서 무급으로 이루어지기도 한다.

돌봄 노동은 개념화하기도 어렵고 측정되기도 어려운 특성이 있다. 즉, 정의하기도 어렵고 노동 강도의 기준을 마련하기도 어렵다. 더욱이 돌봄에는 헌신과 봉사, 사랑 등 감정적인 요소까지 요구된다. 이러한 특성을 직시하며 힘멜바이트(S. Himmelweit, 2002)는 돌봄 노동을 완전히 상품화되기 어려운 노동으로 보았다. 이런 돌봄 노동의 특성이 장점으로 작용하여 상품화 과정에서 노동자가 자기소외를 덜 겪는다는 특성도 있지만, 단점으로 작용하면 돌봄 노동 과정에서 정서적 개입의 요구가 일어나 일종의 억압이 발생할 수도 있고, 돌봄의 대가를 제대로 지불받지 못할 가능성도 있다.

돌봄 노동과 가사 노동의 관계에 대해서도 많은 논의가 있었다. 둘은 구분하는 것이 불가능할 정도로 비슷한 개념이다. 돌봄 노동이 광의의 개념으로 돌봄 대상자에게 직접적인 돌봄을 제공하는 개념이라면, 가사 노동은 가계를 꾸리면서 발생하는 육체노동은 물론 가계 경영 및 계획을 세우는 다양한 정신노동도 포함된다. 가사 노동에도 육아와 같이 직접적인 돌봄 노동이 존재하며, 가계부를 적는다거나 차량을 관리하는 것 등은 간접적인 돌봄 노동이라 할 수 있다. 다시 말해 가사 노동이 가정이라는 공간적 특수성 속에서 이루어진다면 돌봄 노동은 노동의 특성을 더 강조한 개념이라 할 수 있다.

비공식 부문 노동, 무급 노동, 가사 노동의 공통점은 대부분 여성이 맡고 있으며 주로 타인에 대한 돌봄을 내용으로 한다는 점이다. 무급 노동을 한다는 것은 기회비용인 유급 노동의 포기를 의미한다. 당연히 현재의 소득과 미래의 소득을 대가로 지불해야 한다. 만약 여성이 육아를 위해 사표를 내고 돌봄 노동에 종사한 후 다시 노동시장에 복귀한다면 보수의 감소를

〈그림 6-1〉 가사 노동의 기능과 분류

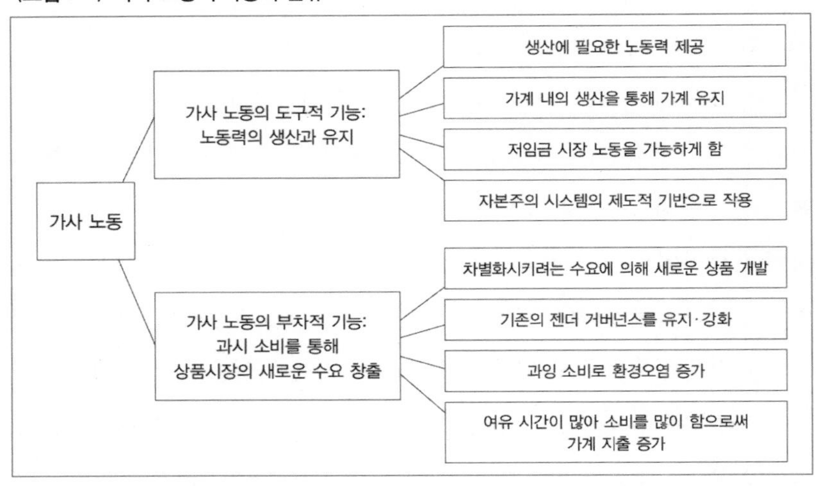

자료: 홍태희(2012).

감수해야 할 수 있다. 이런 중요한 경제적 현상에 대해 경제학의 관심이 닿지 않는 것은 경제학이 여전히 충분히 과학적이지 못한 이유 중 하나이다.

3. 사람은 왜 돌봄 노동을 하는가?

인간이 돌봄 노동을 하는 데에는 다음과 같은 이유가 있다. 무엇보다도 돌봄은 인간의 본능이다. 모든 생물에게는 자신의 종에 대한 돌봄의 본능이 있다. 따라서 인간도 동물적 본능에 따라 타인을 돌본다. 또 다른 이유는 사회적 강제이다. 계급사회에서 노예 같은 하위 신분은 왕이나 귀족 등 상위 신분에게 돌봄을 제공해야 할 의무가 있다. 이러한 강제 돌봄 현상은 인간의 역사가 증명한다. 종종 순장 같은 제도를 통해 죽음 이후에도 돌보아야 했다.

돌봄이 생물학적 본능이나 사회 계급에 따라 이루어지는 것만은 아니다. 자원봉사자들은 자신의 삶을 의미 있게 만들려는 마음이나 좀 더 좋은 사회를 만들겠다는 신념, 사회적 존경을 얻는 방안으로 돌봄을 실행하기도 한다. 그러나 경제학이 주목하는 이유는 많은 사람이 일종의 직업으로 대가를 지불받기 위해 돌봄 노동을 한다는 점이다. 이 경우 돌봄의 이유는 일반적 시장 노동과 다르지 않다.

돌봄 노동을 하는 이유가 이처럼 다른 시장 노동과 다른 것처럼 돌봄 노동은 기존 노동과는 다른 특징을 가지고 있다. 폴브레(Folbre, 2008)는 돌봄 노동이 매우 노동 집약적인 특징을 가지고 있으면서, 표준화하기 어려우며 노동의 질이나 효과를 측정하기도 어렵다고 말한다. 이런 특징 때문에 돌봄 노동은 보상을 요구하기 어렵다. 그럼에도 돌봄 노동은 대개 긍정적인 외부 효과를 가져온다. 또한 돌봄 노동은 복합성, 상호성, 관계성을 가지는 노동이다. 무엇보다도 다른 노동과 달리 노동의 결실이 타인의 만족이나 행복이라는 측면에서 종교심이나 이타적 동기, 즉 노동자의 정서적 동기 및 도덕적 의무와 무관하지 않다. 이처럼 돌봄 노동에는 경제인이라면 하지 않을 비합리적인 성격이 포함되어 있다. 아픈 자식을 위해 헌신적으로 간호하는 부모의 돌봄은 합리성이나 효율성으로만 설명되기 어렵다.

4. 왜 여성이 돌봄 노동을 담당하는가?

가계에 대한 신고전파적 분석을 시작한 베커는 가사 노동을 효용을 가진 재화와 서비스를 만들어내는 일종의 투입 요소이며 생산노동으로 인정한다. 그는 가계를 생산요소를 이용하여 재화를 만드는 공장으로 이해했다. 베커는 여성이 가사 노동에 비교 우위가 있으므로 가사 노동을 담당한다고 주장했다.

그러나 정치경제학자인 엥겔스(F. Engels)는 여성 불평등의 기원을 이러한 성 역할 분담에서 찾는다. 그는 여성이 비교 우위에 의해서 가사 노동을 하는 것이 아니라, 성별 간의 권력관계가 성 역할을 결정한다고 보았다. 따라서 여성이 가사 노동에서 해방되는 것이 불평등을 해결하기 위한 첫걸음이라고 주장했다.

물론 지금은 여성의 사회 진출이 활발함에 따라 남성의 가사 노동 분담이 점점 증가하는 시대이다. 그러나 여전히 어느 나라 할 것 없이 전업주부의 비율이 압도적으로 많다. 기존의 경제학은 여성이 가사 노동을 하는 것은 여성 가사 노동의 기회비용이 남성에 비해 낮기 때문이라고 설명한다. 가사 노동을 함으로써 잃어버리는 임금이나 경력이 남성에 비해 작으므로 남성이 시장 노동에 종사하고 여성이 가사 노동에 종사하는 것이 가계의 합리적 선택이라는 말이다. 그러나 여성주의 경제학의 입장은 조금 다르다. 물론 학자마다 차이는 있지만, 효율성만으로 가사 노동의 결정을 설명할 수는 없다는 것이 공통된 주장이다. 누가 가사 노동에 종사하는가는 공동체가 돌봄을 관리하는 방식이나 제도 속에서 결정된다. 그 결과, 대부분 공동체에서 가사 노동은 여성의 일로 '성별화(gendered)'되어 있다.

사실 인간은 태어나서 돌봄을 받으면서 자라 어른이 되면 돌봄을 주는 사람이 되고 나이가 들어 노인이 되면 다시 돌봄을 받는 과정을 거친다. 이 자연스러운 과정에 대해 여성주의자들이 문제 삼는 것은 크게 두 가지이다. 하나는 일생에 거쳐 돌봄을 누리는 쪽과 돌봄을 베푸는 쪽이 정해져 있다는 것이다. 즉, 돌봄 노동, 무급 노동, 가사 노동, 비공식 부문 노동에는 여성 젠더라는 낙인이 찍혀 있다. 따라서 주로 담당하는 사람들이 여성 젠더이다. 두 번째 문제는 이러한 노동들이 정당한 대가를 받지 못하고 있다는 것이다. 다시 말해 여성 경제학자들이 지적하는 두 번째 문제는 돌봄의 가치가 무시되거나, 지나치게 저평가되어 있다는 점이다.

여기에서 돌봄 경제와 여성 경제를 연결하는 것은 시대와 체제, 사회의 발전 정도와 상관없이 여성들이 대부분 돌봄을 담당하고 있기 때문이다. 그 결과, 상대적으로 무가치한 일에 종사하는 사람, 돈벌이를 못하는 사람, 놀고 있는 사람으로 규정하는 각 공동체의 관습, 관행, 상식에 대해 재조명할 필요가 있기 때문이다. 돌봄 경제학이 가장 문제시하는 것은 경제의 가장 중요한 부분인 돌봄이 왜 경제 분석에서 배제되며 가치 없는 것으로 받아들여지고 있는가이다. 경제학은 이 질문에 해답을 내놓아야 한다.

5. 돌봄 경제가 왜 문제가 되었나?

여성 문제가 구체적으로 제기된 20세기에 들어와 경제학은 가사 노동의 개념과 시장 노동과의 관계, 가사 노동의 가치 측정을 두고 고민했다. 사회주의 여성주의자들이 주도해서 전개한 '가사 노동 가치 논쟁'이나 선구적인 여성 경제학자 리드(M. Reid)가 제시한 '제삼자 원칙(third party criterion)' 등이 그 고민의 산물이다. 이들의 선구적 작업을 바탕으로 가사 노동과 돌봄 노동을 경제 전체의 관점에서 살펴볼 가능성이 생겼다. 리드는 타인은 물론 자신의 자녀를 보살피는 일이라고 하더라도 타인의 노동으로 자신의 노동을 대체할 수 있기 때문에 돌봄도 노동이라고 정의했다.

이러한 가사 노동에 대한 해석은 당시로는 가히 혁명적이었다. 리드의 주장은 아주 분명하다. 집 청소는 주부가 할 수 있지만, 돈을 주고 가사 도

우미를 시킬 수도 있다. 그러므로 집 청소를 하는 주부의 노동은 가치를 생산하는 노동이라는 것이다.

리드의 연구가 세상에 나온 이후 한참이나 반향이 없던 경제학계에서 이 문제가 다시 관심을 끌게 된 것은 어느 나라 할 것 없이 돌봄의 위기가 도래했기 때문이다. 이제까지 늘 주어졌던 돌봄이 더는 제공되지 않은 상황이 벌어지고 이제까지 묵묵히 돌봐주던 사람들이 "왜 우리만 누구를 돌봐야 하느냐? 왜 우리만 이렇게 돈 안 되는 일을 해야 하나?"라고 묻기 시작했다. "다들 멋지게 입고 회사에 출근하고 돈도 벌고 자아도 실현하는데 나는 왜 집에서 아기나 보고 있어야 하는가?" 하는 푸념을 대부분 전업주부들이 한다면 이는 사회적 문제가 된다.

누구나 자신의 삶을 의미 있게 살고 싶어 한다. 자연히 사회적 인정이 따르지 않는 일을 피하게 된다. 집에서 노인과 아이를 돌보려 하지 않고 시장 노동만 하려고 하면서, 출산율이 줄어들고 이혼율이 증가한다. 돌봄의 위기를 맞고야 사회는 돌봄의 중요성을 자각하기 시작했다.

현재 세계는 생산 부문의 경제 위기뿐만 아니라 재생산의 위기, 돌봄의 위기도 맞고 있다. 그 누구도 손해를 보지 않으려는 세상에서는 아무도 누군가를 헌신적으로 돌보려 하지 않는다. 1인 가구의 증가, 만혼과 이혼, 저출산 등으로 돌봄의 양 자체가 줄어들었다. 또 가계에서 생산되던 돌봄을 시장이 담당하게 되면서 돌봄의 질도 떨어졌다. 이러한 돌봄의 공백은 자연히 사회 재생산의 위기를 가져온다. 한 공동체의 돌봄의 공백을 다른 공동체에서 조달하는 돌봄의 공백이 세계화되고 재생산의 위기 또한 세계화된다. 우리의 돌봄을 위해 베트남의 처녀를 데려온다면 베트남의 돌봄은 어떻게 하나?

6. 돌봄 경제학은 어떤 의의가 있나?

돌봄 노동에 대한 초과 수요가 발생한다면 이 문제를 해결할 공동체 단위의 가능성을 찾아야 한다. 나라마다 1인 가구가 급격히 증가하는 현재, 돌봄의 혜택을 가정 밖으로 확대하여 사회적 약자나 노약자, 어린이 등을 관리하는 사회적 시스템을 갖추는 것은 물론이고 돌봄의 위기에 빠진 공동체에 대안을 제시할 필요가 있다. 이런 요구 때문에 등장한 분야가 돌봄 경제학이다. 돌봄 경제학은 이러한 시대 상황에 직면하여 돌봄의 수요자와 공급자의 관계는 물론이고 돌봄 자체의 경제적 가치에 대해 연구하는 분야이다. 아울러 한 사회의 번영과 안정에 중요한 돌봄을 어떻게 관리하는지, 누가 생산하고 누가 지불하며 누가 누리는지 그 과정을 추적하여 이를 관리하는 분야이다.

이에 따라 기존의 경제학이 돌봄을 제대로 처리하지 못했다고 비판한다. 돌봄이나 비시장 노동의 중요성에 대한 올바른 인식 없이 시장재와 시장 노동에만 집중한다고 비판한 것이다. 신고전파 경제학은 시간을 여가와 시장 노동으로 구분하고 인간이 이 두 가지 대체 관계에서 자유롭게 선택할 수 있다고 설정한다. 신고전파 경제학에서 돌봄은 여가로 이해된다. 따라서 분석 대상에서 제외되며, 가계에서 발생하는 사적인 일로 치부되는 것이다.

베커의 신가계경제학은 가사 노동이나 가계 생산을 주목하지만, 가사 노동이나 돌봄 노동을 비교 우위에 의한 자발적이고 합리적인 선택으로 해석한다. 따라서 만약 불이익을 당하더라도 개인의 자유 선택이므로 책임도 수반된다고 해석한다. 이처럼 신고전파는 돌봄 노동의 수행자를 결정하는 사회적 역학 관계를 고려하지 않는다.

이러한 문제점은 마르크스 경제학도 마찬가지이다. 마르크스 경제학은 시장 노동과 시장재의 생산과 분배에 집중한다. 마르크스 경제학은 기본적으로 노동력을 가진 노동자와 생산수단을 가진 사용자 사이의 사회적 관계에 집중하면서 이를 규정하는 사회 시스템을 분석한다. 이 과정에서 발생하는 시장 노동에 대한 착취를 지적하며 착취가 이루어지지 않는 경제 현실을 설계하려고 한다. 마르크스 경제학은 사용가치와 교환가치를 동시에 가지지 않고 사용가치만 있는 비시장 재화나 노동을 분석의 대상에서 배제한다.

이러한 마르크스 경제학의 편협한 노동 이해에 대한 비판이 있었고 비시장 노동, 특히 가사 노동과 경제의 관계를 해명하려는 많은 시도가 이어졌다. 시장에서의 착취가 중요한지, 가정에서의 착취가 중요한지를 두고 학자들 사이에 논쟁도 존재했다. 이러한 가사 노동 가치 논쟁의 시기를 거치면서 경제학은 가사 노동과 임금노동의 관계를 분명히 할 수 있었다. 여성의 무급 가사 노동을 바탕으로 남성의 저임금 시장 노동이 가능했다는 인식은 정치경제학의 새 지평을 열어주었다.

공동체에서 돌봄은 단지 경제적인 측면만이 아니라 공동체 자체 존립의 필요충분조건이 될 수 있다. 그런 의미에서 지금까지 경제학의 변방에 있던 돌봄을 경제학의 핵심으로 이해하려는 시도들이 생겨났다. 이는 돌봄 노동에 대한 폄훼나 왜곡을 바로잡는 일이기도 하고 기존 경제학의 한계를 극복할 수 있는 대안적인 움직임이기도 하다.

이를 위해 돌봄을 구체적으로 경제학에 장착시키는 과정이 다양하게 전개된다. 가장 큰 변화는 시장 밖에서 행해지는 다양한 노동을 생산적인 노동으로 인식하는 일이다. 이러한 시도는 현실을 긍정적으로 변화시키는 데 이바지한다. 돌봄 노동을 생산노동으로 산정한다면 경제학은 좀 더 쉽게 실제적인 소득의 크기나 불평등, 가난 등의 영향을 측정할 수 있다. 사실 화폐 소득이나 시장 소득만으로는 한 공동체가 누리는 경제적 수준을 제대로 설명할 수 없다. 맞벌이 가구의 삶의 질과 홑벌이 가구의 삶의 질의 차이가 실질적으로 크지 않은 것은 전업주부의 가사 노동이 무급 노동의 형태이더라도 편익을 만들어내기 때문이다. 이에 착안하여 등장한 것이 '확대 소득 개념(extended income, full income)'이다.

확대 소득 개념에 따르면 공동체나 가계의 생활수준을 이해하기 위해서는 비시장 소득이나 가사 노동의 기여를 인정해야 하며 이를 포함한 소득을 설정해야 한다. 확대 소득을 주장하는 사람들은 시장 소득만으로는 경제생활을 설명할 수 없다고 본다. 이러한 측면에서 빈곤선도 다시 설정해야 한다. 전업주부의 돌봄을 받는 가구와 돌봄을 받지 못하는 가구의 빈곤선이 다른 것은 당연한 이치이다.

돌봄 개념을 경제학에 도입하면 시장 노동과 여가의 이분법적인 선택을 강요하던 미시경제학의 문제점도 해결할 수 있다. 미시경제학에서 흔히 사용하는 기회비용이나 매몰비용 등의 개념 속에는 돌봄 노동의 비용 개념이 숨어 있다. 더 나아가 돌봄 경제학은 거시경제학에 국민소득 개념의 변화를 요구한다. 총소득은 흔히 시장에서 생산되는 재화나 서비스만을 포함한다. 20세기 최대 발명품이라고 칭송되는 GDP의 변화를 나타내는 경제성장률은 각 국가의 가장 중요한 경제지표로 간주된다. 그러나 지표의 크기만으로는 실제 상황을 다 설명하지 못한다.

사실 GDP가 증가해도 세상살이는 더 팍팍해지고 사람들이 더 행복하지도 않는다는 탄식이 여기저기에서 들린다. 국가 간 소득 비교도 한계가 있다. 지표와 실제 삶의 괴리는 나라마다 다르다. 많이 벌어도 사람들의 생활이 더 나아지지 않는 이유 중 하나는 지금까지 그냥 제공되던 돌봄 노동을 돈으로 구입하기 때문이다. 이처럼 경제학이 돌봄에 접근하는 방식을 개선하는 작업을 통해 좀 더 현실 설명력이 높은 경제학으로 접근할 가능성이 열리게 된다.

7. 무급 가사 노동과 돌봄 노동의 가치를 어떻게 측정할 수 있는가?

가사 노동의 가치를 화폐로 매기는 작업은 여러 형태로 진행되었다. 무급 가사 노동의 가치를 측정하려면 노동시간을 어떻게 측정하느냐는 문제와 노동시간당 가치를 어떻게 부과하느냐는 문제를 풀어야 한다. 노동시간을 측정하는 대표적 방법은 시간 사용 조사법이다. 방법은 간단하다. 노동하는 데 얼마만큼 시간을 사용했는지를 가계부 쓰듯이 기록한다. 시간 사용 조사법은 구소련에서 사회주의 계획경제를 관리하기 위해 처음 개발된 이후에 점차 전 세계적으로 활용되었고 방법도 차츰 개선되었다. 1995년 유엔 인간개발보고서(Human Development Report)에서 31개국의 시간 사용 조사를 통해 여성의 경제적인 기여를 측정하면서 큰 주목을 받았다. 현재 각국은 고유한 시간 사용 조사를 하고 있다. 유럽의 통합 시간 사용 조사(European Harmonized Time Use Survey), 미국의 시간 사용 조사(American Time Use Survey) 등이 그 대표적인 예이다. 한국에서도 5년 주기로 생활시간 활용 조사를 하고 있다.

일단 시간은 측정했다고 하더라도 시간당 가치를 측정하는 것은 더 어려운 문제이다. 무급 노동의 가치를 측정하려는 시도에는 '투입 접근 방법(input approach)'과 '산출 접근 방법(output approach)'이 있고, 투입 접근 방법에는 기회비용법과 대체비용법이 있다. 기회비용법은 가사 노동에 투입한 시간을 시장 노동에 투입하여 벌어들이는 가치로 측정하는 방법이다. 이는 가사 노동과 시장 노동 사이에 선택할 수 있는 경제인이 자신의 이익을 극대화하기 위해 시장 노동 대신에 가사 노동을 선택했다는 것을 전제로 한다. 따라서 인적 자본 축적이 많은 사람의 돌봄 노동 가치는 그렇지 않은 사람의 가치보다 크다. 이 방법은 같은 돌봄의 대가에 다른 가치를 매겨야 한다는 문제에, 시장 노동에 참가하지 않아 기회비용을 설정할 수 없는 사람에 대해서는 측정하기 힘들다는 문제까지 가지고 있다.

또 다른 측정 방법은 대체비용법이다. 이것은 시장에서 사온 된장찌개와 어머니가 끓여주는 된장찌개의 가치가 같다고 전제하고 무급 노동의 가치를 시장에서 구매할 때 드는 비용으로 측정한다. 대체비용법에는 전문가 비용법과 일반인 비용법이 있다. 전문가 비용법은 돌봄 노동을 크게 몇 가지로 분류하고 각 부문의 전문가를 고용했을 때 드는 비용으로 돌봄 노동의 가치를 측정한다. 일반인 대체법은 돌봄 노동에 가장 유사한 대체 작업의 임금을 기준으로 돌봄 노동의 가치를 평가하는 것이다. 이러한 대체비용법의 단점은 돌봄 노동의 가치를 저평가한다는 점이다. 시장에서 살 수 없는 정성과 배려가 포함된 가사 노동의 산물을 시장재와 동일하게 파악하는 과정에서 돌봄 노동의 가치는 저평가된다.

총계 방식은 돌봄 노동의 가치를 가계 총소득의 70~80%로 평가하는 방식이다. 이외에도 전업주부가 노동시장에 진입했을 때 노동시장에 계속 남도록 하는 최소한의 임금을 가사 노동의 가치로 평가하는 요구 임금 방법도 있다. 2008년에 발표된 전업주부의 연봉은 캐나다 1억 2,000만 원, 미국 1억 1,000만 원, 영국 5,500만 원, 한국 2,500만 원이다. 한국에서 가사 노동의 가치는 대략 GDP의 30~40%로 파악되고 있다. 국내 한 연구에 따르면

18세까지 자녀를 양육하는 시간 비용이 맞벌이 가구는 1억 1,900만 원, 홑벌이 가구는 1억 8,300만 원이라고 한다(윤자영, 2010).

이러한 측정에 대한 비판적 시각도 있다. 비판의 핵심은 평가할 수도 없고, 평가해서 도움이 되지 않는다는 것이다. 가사 노동의 경제적 기여를 인정받기 위해 시작한 평가가 여성의 경제적 지위를 향상하지도, 성별 임금 격차를 줄이지도 못했다는 비관론도 있다. 오히려 성별 분업만 강화된 측면이 있다는 주장이다. 아울러 가사 노동의 가치 평가가 평가 주체 및 측정 방법에 따라 큰 차이가 나서 신뢰성이 의심되기도 한다.

이러한 비판에도 불구하고 더 정교한 측정 방법을 만들어야 한다는 의견이 우세하다. 왜냐하면 이런 시도가 완벽하지는 않지만 제법 유용하기 때문이다. 돌봄 노동의 가치를 평가함으로써 돌봄 노동의 경제적 기여를 공식화하고 돌봄 노동에 대한 폄훼를 어느 정도 막을 수 있다. 또 전업주부의 경제적 기여를 객관화하여 손해배상이나 재산 분할, 연금이나 이혼 등을 청구하게 될 때 기준으로 사용할 수 있다. 아울러 조세제도의 성 평등적 적용에도 기여하는 부분이 크다. 이렇게 무급 노동의 가치를 가시화하는 작업은 분명 의미가 있다. 다만 이를 표준화하는 작업이 무엇보다 시급하다.

8. 맺음말

폴브레는 돌봄 경제에는 '착한 사람의 딜레마(이타주의의 딜레마)'가 작동한다고 말했다. 사람들이 서로 돌보고 살면 서로 이익을 얻지만 그렇지 않으면 착한 사람만 손해를 보게 된다는 것이다. '보이지 않는 손'과 '보이지 않는 가슴'의 균형을 이루는 방법으로 그녀는 다섯 가지 지침을 제시했다.

· 여성이 남성보다 이타적이라는 주장 거부하기
· 구성원의 이기심이 가족이 가지는 가치를 침식하지 않도록 보호하기
· 가정, 공동체, 국가, 지구촌에서 민주적 지배 구조 정립이 어렵다는 사실을 직시하기
· 더 친절하고 현명한 경제발전 목표를 설립하기
· 돌봄 노동에 대한 보상과 관련된 법적 조치를 개발하고 강화하기

이러한 지침을 따르면 조화로운 사회가 만들어지는 것일까? 지나치게 막연한 대책은 아닐까? 그러나 사실 다른 길이 있는 것도 아니다. 가장 중요한 것은 모두 함께 잘살아야 한다는 사회적 목표를 분명히 세우는 것이다. 이에 따라 서로 돌보는 사회적 분위기를 마련하는 것이 매우 중요하다. 그리고 이를 위해서는 경제학의 역할이 중요하다. 돌봄 경제에 대한 올바른 이해는 돌봄 노동에 종사하는 여성들의 경제적 기여를 분명하게 만든다. 특정 사회가 운영되는 데 가장 중요한 돌봄을 사회적으로 재평가하여 시장 노동 중심의 경제와 경제학 패러다임을 전환할 필요가 있다.

지금까지의 논의는 '수선(repair)'의 개념을 포함한 논의로 발전될 수 있다. 세상과 자신을 수선하는 인간으로 인간상을 재정립하려는 스펠맨(V. E. Spelman, 2002)은 '수선하는 인간(Homo reparans)'을 통해 새로운 여성주의 윤리를 제시했다. 고장 난 지구를 수선하는 인간에 대한 논의는 돌봄 경제학의 한계를 극복하는 데 시사점을 줄 수 있다.

현재 세상은 앞을 내다볼 수 없을 정도의 불확실성과 불안정성 속에 있다. 이러한 혼돈 속에서 삶을 지탱하기 위해 무엇보다 중요한 것이 돌봄이다. 그러나 돌봄은 결코 무상으로 제공되는 것이 아니다. 누군가 다른 사람을 위해 자신의 시간과 힘을 쏟는 것이다. 돌봄의 위기, 재생산의 위기를

극복하는 방법은, 가깝게는 돌봄의 노고를 사회적으로 인정하는 것이고, 멀게는 성별을 불문하고 '보편적 돌봄 수행자(universal caregiver)'로서의 인간 이념을 새로 세우는 것이다.

2부

여성의 경제 현실

여성으로 산다는 것은 남성으로 산다는 것과 어떤 차이가 있을까? 무엇보다 먼저 떠오르는 차이는 여성은 엄마가 될 수 있는 존재라는 것이다. 물론 유전공학의 발전이 이러한 기본적인 질서조차 무너진 미래를 제공할 날이 올 수도 있겠지만, 이 위대한 일을 할 운명을 타고난 여성은 이를 지켜볼 남성에 비해 육체적인 힘이 약한 특징을 갖고 있다.

이러한 분명한 생물학적 차이로 그 옛날 원시시대 남성이 매머드를 잡으러 갈 때 여성은 아이를 데리고 산딸기를 따러 나갔을 것이다. 남성이 군역에 종사하러 변방을 떠돌 때 여성은 삼베를 짜서 나라에 세금을 냈을 것이다. 이런 여성의 경제적 현실은 세월과 더불어 점차 변한다. 농업혁명과 산업혁명을 지나서 IT 혁명까지 겪은 오늘날 여성의 일과 남성의 일은 차이가 점점 나지 않는다. 아이들을 키우는 일도 옛날에는 안방마님이나 하녀에게 맡겼지만, 현재는 돈을 내면 어렵지 않게 보육 시설을 찾을 수 있다. 변하지 않는 것이 있다. 누군가 먹어야 할 찬밥을 여성들이 먹고 있다는 사실이다. 2014년 세계경제포럼(WEF)이 발표한 「남녀격차보고」에 따르면 여성이 일해서 얻을 성과와 기회가 남성의 60%에 불과하다고 한다. 그리고 앞으로 83년이 지난 후에야 일자리에서의 양성평등이 가능하다고 한다. 현재로선 이렇게 말할 수 있다. 여성들을 위한 나라는 없다!

이 책의 2부에서는 긴 세월 동안 여성이 겪었고 현재 겪고 있을 경제적 현실을 조명한다. 그러나 이러한 작업은 결코 간단하지 않다. 사람이 사는 일에 정답이 없듯이 인간은 살아남기 위해 못할 것이 없는 존재이기 때문이다. 그럼에도 전체의 그림을 그려보는 것도 의의가 있다고 생각하고 대강을 스케치한다. 이와는 다르게 살았던 수많은 삶도 있음을 염두에 두고 읽기를 바란다.

7장

역사와 여성의 경제

1. 머리말

사람이라면 누구나 한번은 역사에 대해 생각해보고, 여성이라면 한번은 그 많은 역사적 영웅 중에 여성은 왜 드물까 하는 의문을 가진 적이 있을 것이다. 이 같은 의문은 종종 또 다른 의문을 남긴다. 원래 여성의 됨됨이가 조연급이어서인지, 아니면 주연이 되고 싶어도 세상이 주연급으로 발탁해주지 않아서인지, 그것도 아니면 주연으로 활동했음에도 역사의 기록부에서 빠진 것인지, 역사에 이름을 남긴 몇몇 여성은 다른 여성들과 무엇이 달랐는지……. 이렇게 의문은 꼬리에 꼬리를 물고 이어지지만, 대답을 찾기는 쉽지 않다.

이런 문제에 해답을 찾는 일은 결국 인간의 삶을 찬찬히 들여다보는 일에서 시작할 수밖에 없다. 과거의 삶이 어떠했는가를 살펴보기 위해 기술된 사료를 뒤지는 방법도 있겠지만, 인류의 현재가 과거의 결실임을 주지할 때 현재 삶의 모습을 통해 추적해볼 수도 있다. 이 장에서는 현재를 좀 더 정확하게 파악하기 위해 과거를 읽는 계기를 마련한다. 여성이 역사 속에서 남성과는 다르게 살았다는 것은 충분히 짐작할 수 있다. 가령 일제강

젊기 군인으로 끌려간 한국인 남성과 일본군 위안부로 끌려간 여성의 삶이 달랐다는 것은 분명하다. 그러나 역사는 기록된 것을 현재에 다시 확인하는 과정을 통해서만 존재한다. 그런데 지나간 역사를 현재화시키는 작업에서도 성별에 따라 차이가 나는 것이 현실이다. 일본군에 징병되었던 한국인 문제는 해방 후에 바로 제기되었지만, 일본군 위안부 문제가 주목받은 것은 1980년대 말이었다.

이 장에서는 현재를 좀 더 정확하게 파악하기 위해 과거를 읽는 계기를 마련했다. 이를 위해 먼저 여성사, 여성주의 여성사, 젠더사를 구분한다. 다음으로 성인지적 관점에서 인류의 시작부터 현재까지 여성의 삶을 산업화 이전과 이후로 나누어 접근한다. 먼저 세계 여성 경제사를 살펴본 후 한국 여성 경제사를 시대별로 나누어 살펴본다. 이 짧은 글 속에서 기나긴 여성 경제사를 요약하는 것은 위험한 일이다. 곳곳에 왜곡과 과장이 있을 수 있다. 이 장을 읽는 독자들의 현명한 책 읽기를 기대한다.

2. 여성사, 여성주의 여성사, 젠더사

여성주의 경제학이 젠더에 따라 경제적 삶이 어떻게 결정되는가를 문제시한다면, 그 출발점은 사람들이 어떻게 살았던가 하는 역사적 사실이 될 수밖에 없다. 여기서 여성에 대한 경제사적 질문의 핵심은, 과거의 여성들은 무엇을 가질 수 있었으며 어떻게 벌고 어떻게 쓰고 살았느냐는 문제로 함축될 수 있다. 역사학에서는 이 문제에 접근하기 위해 다양한 가능성을 열고 있다.

성인지적 관점에서 역사를 이해하는 방식에는 먼저 여성을 주제로 한 역사 기술에 해당하는 '여성사(women's history)'가 있다. 역사의 기술 대상으로 여성을 포함했다는 점에서 의의가 있는 접근이다. 이에 비해 '여성주의 여성사(feminist history)'는 차별의 기원과 작동 방식을 역사 속에서 고증하고 그 해결책을 모색하려는 입장이다. 다음으로는 여성과 남성의 사회적 성 역할을 강조하고 성별화된 여성의 역사를 재구성하려는 '젠더사(gender history)'를 들 수 있다. 이는 어떻게 성별 차이와 성별 관계가 사회를 구성하고 작동시키며, 사회는 또 어떻게 성별 관계를 재생산하느냐 하는 문제의식을 역사 속에 투영시킨다.

여성주의 역사관이 남성과 여성을 대립시켜 역사를 이해하려고 한다면, 젠더 사관은 여성과 남성의 분리 구도를 해체하고 사회적 성 역할을 강조함으로써 둘 사이의 관계를 강조한다. 이런 의미에서 여성뿐만 아니라 남성도 분석의 고리 속에 포함하려는 시도이다. 그러나 여성을 둘러싼 논의의 여타 분야와 마찬가지로 역사학에서도 여성주의 역사와 젠더 역사 사이에 뚜렷한 경계나 합의가 이루어지지 못한 상황에서 혼란과 혼동이 있다.

여성주의 경제학과 젠더 경제학의 경계가 모호하고, 여성 경제학과 여성주의 경제학이 뒤섞여 있는 작금의 상황과 다르지 않게 역사학에서의 논의도 지지부진하다. 그럼에도 굳이 구분하자면, 여성사나 여성주의 역사는 중요한 것을 구술하는 것이 역사의 사명이라고 할 때 기존 역사 서술은 중요 대상인 여성을 기술하지 않았으니 잘못되었으며 바로잡아야 한다고 강조하는 입장이다.

이에 비해 젠더사는 여성사에 대한 거부감을 희석하는 전략으로 등장한 측면이 있으며, 무엇보다도 성은 고정되거나 불변하는 것이 아니며 역사적 국면에서 구성된다는 시각을 가지고 있다. 즉, 젠더사는 계급적 우위나 권력의 강약에 따라 중요한 것과 중요하지 않은 것으로 서열화하는 기존 방식이 아니라, 인간과 인간 사이의 관계를 분석의 기준으로 삼는다. 따라서 성 역할 구분과 그에 따른 사회적 관계가 인간의 삶에 미쳤을 역사적 국면을 해석하는 젠더사적 시도는 시사점을 가진다.

이러한 각각의 차이점에도 성인지적 사관의 공통점은 남성 중심의 역사 서술을 비판하고 양성평등적인 역사 이해를 시도한다는 점이다. 여기서 문제는 오히려 무엇을 근거로 기술하는가 하는 점이다. 역사적 접근에 가장 중요한 문제는 사료이다. 역사가 지나간 일을 증빙할 수 있는 사료의 해석으로 재구성된다는 점을 고려한다면 여성, 서민, 소수자 등을 대상으로 하는 역사를 만나기가 어려운 이유를 짐작할 수 있다. 이들과 관련된 사료가 별로 없다는 것 때문에 발생할 수밖에 없는 문제이다. 그러나 아직도 역사가에 의해 발굴되고 관심을 가지고 복원해야 할 사료가 지천에 널려 있다. 사료의 부족을 탓하기 이전에 사료의 발굴에 힘을 기울어야 할 시점이다.

3. 세계 여성 경제사

1) 여성사 시대 구분

인류는 여성과 남성의 조화와 갈등 속에서 척박한 자연 속에서도 억척같이 살아남고, 기를 쓰고 그들의 문명을 지켜나가 지구라는 행성 위에 자신들의 제국을 만들었다. 그 긴 역사 속에서 여성은 생물적 재생산과 물질적 가치의 생산을 담당하면서 각 공동체의 중추 역할을 했다. 여성의 경제적 삶이 어떻게 변해왔는지 살펴보는 작업은 사람들이 늘 어떻게 생산하고 어떻게 나누었는지를 살펴보는 일에서 시작된다. 지금도 지구촌에는 스리

랑카의 베다족처럼 수렵과 채집으로 살아가는 부족이 175개쯤 된다고 한다. 이들 부족에서 수렵은 대개 남성 젠더의 영역이다. 그러나 우리의 추측과는 달리 사냥만으로 식량을 원활하게 공급받지 못하고 생존은 채집으로 대표되는 여성 젠더의 일에 달려 있다. 이처럼 원시적인 분업 관계 속에 남성의 생존 기여도보다 여성의 기여도가 오히려 더 크다는 것은 학자들의 의견이다. 이로 미루어보건대 대부분 공동체에서 과거에는 여성 젠더의 역할이 더 중요했다. 그러나 현재는 공동체의 발전과 성별 관계가 각 공동체에 미치는 영향에 따라 남성과 여성에게 허용되는 일의 범위와 기여도가 결정되고 있다. 이러한 기준에 가장 큰 영향을 미친 역사적 사건은 산업화이다.

여성사적 관점에서 흔히 역사학에서 하듯이 역사를 구분하면, 고대란 최초로 인류가 등장한 시기부터 여신이 지배하던 시기, 흔히 모권 사회라 일컫는 여성 중심의 시기로 정리된다. 중세는 여성의 종속적 지위가 종교적 차원에서 조정되는 시대로 가부장제가 정착된 시기를 일컫는다. 이후 르네상스부터 18세기까지 근대로 연결된 역사적 과정은 오히려 성별 분업이 정착되고 여성 종속이 구체화된 시기이다. 근대는 여성의 사회적·경제적 지위에 큰 변화를 가져온다. 참정권 운동과 여성해방운동을 필두로 여성 스스로 자신의 목소리를 내기 시작한 시기이다.

그러나 경제사에서 확인되는 경천동지할 역사적 사건은 산업화이다. 산업혁명과 더불어 진행된 산업화 과정을 통해 20세기에 사회의 대변혁과 과학기술의 발전 속에서 여성들은 이제껏 한 번도 겪어보지 못한 시대를 경험하게 되었다. 이 시대에 와서 여성들은 역사의 전면에 등장한다. 물론 여성들은 늘 일을 해왔다. 사실 여성의 일과 남성의 일이 따로 존재하지도 않았다. 이집트의 피라미드를 세우고 미얀마의 수로를 개발한 여성이 현재는 자동차를 디자인하고 있다. 그러나 잘 알고 있듯이 고대 그리스에서 여성은 일을 했지만 시민의 범주에 들어가지 않았다. 중세의 여성도 온전한 인간으로 대접받지 못하기는 마찬가지였다.

여성의 삶이 인간 일반의 삶과 괴리되지 않기 시작한 것은 여성이 경제력을 가지고 자신의 이익을 위해 조직화한 근대 이후, 산업화 이후이다. 그러한 의미에서 여성 경제사를 크게는 산업화 이전과 경제력과 정치력을 어느 정도 갖춘 산업화 이후로 나누는 것은 의미가 있다. 이는 흔히 나누는 고대·중세·근대 구도보다 더 간단하지만, 더 명확하게 시대를 구분해준다.

2) 산업화 이전의 세계 여성 경제사

일반적으로 원시사회는 생산수단이 공유된 공동 생산과 분배가 이루어진 사회로 이해된다. 이러한 공동체를 흔히 원시공동체 또는 씨족공동체로 부른다. 수십 명 단위로 모여 살았다고 추정되는 이 시기에는 도구의 발달이 미비했기 때문에 생산성이 낮았으므로 상대적으로 경작 가능한 토지만이 중요했다. 사유재산제는 아직 정착되지 않았으며 계급도 생성되지 않았고 남녀 차별 또한 분명하지 않았다.

구석기 시대의 환경적 상황을 고려한다면 여성과 남성의 성 역할 분담이 있었으리라고 추측하는 것은 어렵지 않다. 남성은 사냥, 여성은 채집과 집안 관리, 이것은 공존을 위한 선택이었다. 이에 사냥보다 수확이 안정적인 채집 활동으로 여성의 지위가 높았음이 추측된다. 즉, 여성은 인간의 재생산과 물질 생산에 관여하면서 안정적 지위를 누렸다. 신석기 농경사회 속에서도 여성의 지위와 역할은 낮지 않았다. 간석기와 농경으로 대변되는 신석기 시대 여성들의 경제행위의 핵심은 농업을 통한 식량 공급이었다.

원시사회는 계급 없는 평등한 사회로 이해되고 있고 공동 분배 경제생활을 했다고 한다. 이러한 사회 조직을 원시공동체, 다르게는 씨족공동체라 한다. 생산물은 물론 생산수단 역시 공유했으며, 인간은 수십 명 단위로 모여 살았다. 이 시대에는 도구가 발달하지 않은 탓에 농업생산력이 낮아서 넓은 토지를 가진 것만으로는 의미가 없었고 경작 가능한 토지만이 중요했다. 그러한 상태였으니 토지는 대가족이 공유하게 되었고 사유재산제도 발달할 수 없었다. 또 이러한 생활 조건 아래에서는 이기주의도 쉽게 싹틀 수 없었다. 부족마다 지도자가 있기는 하나 다른 사람보다 풍족한 생활을 하지는 않았으며 남녀 차별 또한 없었다. 다만 일의 특성과 각자의 적성에 따라 조리는 여성이 담당하고 수렵과 어로는 남성이 맡았다. 그리고 농사를 지을 때는 모든 사람이 각각 분담하여 일했다.

노동의 특성과 적성에 따라 성별 분업이 이루어졌다는 사실은 매우 중요하다. 마일스(R. Miles)의 연구에 따르면, 이 시기 여성들의 채집은 부족 생존의 바탕이었다. 남성들의 사냥을 통한 수확이 보장되지 않았으므로 여성의 역할이 중요했다. 여성 노동이 특화되자 여성은 채집의 성과를 잘 활용하기 위해 식물을 분류하고 그 쓰임을 익혔으며 이를 다른 여성에게 전수했다. 아울러 노동생산성을 높이기 위해 돌이나 나무 등 여러 가지 재료의 도구를 개발했다.

원시사회는 자연의 조건에 의해 생산이 크게 영향을 받는 사회였기 때문에 자연히 잘살고 못사는 것의 기본인 생산이 초자연적인 질서에 지배된다는 의식이 있었다. 인간은 자연에 의존하는 단계였고, 자연히 인간을 생산하는 여성의 지위는 다른 시기에 비해 상대적으로 높았다고 한다.

고대사회는 그리스와 로마처럼 도시가 중심이 된 사회였다. 도시는 문명과 정치의 중심지이지만 고대사회에서는 경제적 중심지로 기능하지 못했다. 도시의 제조업은 초보 수준이었으며 도시 주위의 농촌에서 나온 생산물로 연명했다. 그럼에도 도시는 농촌을 지배했고 그 바탕에는 고대의 노예제가 있었다. 생산력의 기반인 노예는 일종의 상품으로 거래되고 생산에 투입되었다. 노예에 의해 생산된 농산물은 점차 도시를 발전시키고 거래를 촉진했다. 여성의 경제적 삶도 노예와 크게 다르지 않았다. 잘 알려진 것처럼 민주주의가 태동한 그리스에서조차 여성은 시민으로 취급되지 못했다. 그럼에도 농업에 투여된 여성 노동은 각 공동체의 경제 번영에 기여했다.

고대 이후 중세에는 사회의 규범과 삶의 양식이 종교의 통제 아래 있었다. 중세 봉건사회에서 경제적 삶의 단위는 생산 단위와 생활 단위가 같은 '페밀리아(femilia)'였다. 페밀리아에서 여성은 재생산노동과 생산노동의 분리 없는 삶을 살았다. 페밀리아 내에서 일도 하고 자녀도 키우고 살았다. 무엇보다 아이들을 옆에 두고 일하는 것이 가능했다. 흔히 중세를 암흑기라고 하나, 중세 여성은 페밀리아를 중심으로 하는 생산 공동체에서 중요한 역할을 했고 일정한 입지를 가졌다고 추측된다. 수도원이나 수녀원에서도 전문 지식을 쌓았던 여성들이 등장해 활약했다.

그럼에도 일반적으로 보아 중세 여성은 가정 밖에선 활동하기 어려웠고 여성의 자율권과 발언권 등도 심한 제약을 받았다. 또 시대를 앞서 가거나 더 평등한 삶의 방식을 꿈꾸던 여성들이 마녀사냥으로 억압받기도 했다. 마녀사냥은 경제적으로도 상당히 중요한 사건이다. 페데리치(S. Federici, 2000)는 마녀사냥을 경제적 측면에서 접근했다. 마녀사냥이 단순히 종교적 이단자에 대한 징벌이 아니고 자본주의의 원시적 축적을 원활하게 하는 가부장적 질서를 구축하기 위해, 즉 여성을 남성의 종으로 만들기 위해 이루어진 범죄라고 본다. 특히 마녀사냥의 희생자가 대부분 가난한 농민 여성이었다는 점을 통해 여성의 종속과 더불어 계급 갈등의 통제 수단으로 자행되었다고 지적한다. 그 결과, 여성은 집에서 살림하고 남성은 공장에서 일하는 근대적 분업 구도가 완성되었다고 본다.

동양의 유교 사회처럼 14~15세기 중세 유럽에서도 남존여비 사조가 있어 삼종지도나 여필종부처럼 여성은 결혼하기 전 아버지의 보호를 받고 결혼해서는 남편의 보호 아래 살며 남편이 죽으면 아들의 보호를 받아야 했다. 여성은 역사의 전면에 나설 수가 없었다.

3) 산업화 이후의 여성 경제사

근대는 여성도 세상의 주인공임을 확인하는 과정이었다. 근대는 경제적으로는 산업화의 역사적 과정과 궤를 같이한다. 자유와 평등이라는 근대의 시대정신은 여성들을 고무시켰고, 여성들은 변화를 위해 나섰다. 수천 년 동안 집안에서 가족, 남편, 자식을 위해 살아왔던 여성들에게 근대는 시장과 시청에 출입할 수 있게 해주었고, 자신을 위해 살 가능성을 열어주었다.

농경사회에서 산업사회로의 전환은 세상의 중심을 시골에서 도시로, 가정에서 공장으로 옮겼다. 생산력의 현저한 증가는 남편, 가정, 가족을 분리해놓았으며 기존의 생활방식을 와해시켰고 가내 생산에서 공장제 생산으로의 전환은 여성의 지위에 큰 영향을 미쳤다. 부부가 같이 농사를 짓던 중세와 달리 전업주부의 경우 생산자의 지위를 상실했다. 산업화 이전에는 여성 대부분의 생활과 노동이 가족 단위로 일치되었지만, 근대화와 함께 진행된 산업화는 일과 가정을 분리했고, 남성의 일과 여성의 일을 구분했다.

여성들 중에는 시장 노동에 참가한 여성도 있었다. 그러나 시장 노동에 참여한 결과도 결코 녹록지만은 않았다. 결과적으로 여성은 돌봄 노동과 시장 노동의 두 짐을 짊어지게 되었다. 이처럼 산업화 과정을 겪으면서 여성의 시장 노동 참여의 가능성이 커진 것은 사실이지만 그 자체가 여성의 지위 변화를 의미하는 것은 아니었다. 산업화와 과학의 발달은 상대적으로 사회적 입지가 약한 여성을 더욱 열등한 지위로 떨어뜨렸고 일터에서의 권한도 오히려 약화되었다. 이에 따라 산업화가 본격적으로 진행된 19세기 이후 여성 대부분이 사회의 새로운 하위 계층으로 전락한다. 물론 이 시기에 여성은 선거권과 같은 참정권을 가지기 시작했고 교육의 기회를 얻었다.

이렇듯 산업화가 여성에게 가져다준 현실은 양면적이었다. 여성은 상대적으로 시장 노동에 불리했지만, 과학의 발전에 따른 기계화는 점차 육체 노동의 강도를 줄여주었고, 여성에게도 일자리가 제공되었다. 이렇게 시작한 시장 노동을 잘 수행하기 위해 여성은 교육의 기회도 얻게 되었다. 시장 노동을 통해 얻은 경제력과 교육을 통한 의식의 개혁은 여성들이 역사의 주인공으로 등장할 기반이 된다.

20세기의 더욱 가속화된 산업화와 민주화는 여성의 경제활동을 더 크게 변모시켰다. 여성 경제활동 참가율이 증가했고 여성이 고등교육을 받게 됨은 물론이고 여성에게 터부시되던 금기의 직업에도 진출했다. 20세기 초에는 20%도 되지 않던 미국의 여성 경제활동 참가율이 20세기 말에는 62%까지 증가했다. 사회 곳곳에 여전히 차별이 존재했지만 지난 수천 년 동안의 삶과 비교하면 변화는 분명한 것이었다. 출산율이 줄어들고 평균수명이 길어졌으며 여권을 향상하기 위한 여성해방운동도 조직적으로 이루어졌다. 자연히 여성의 경제활동이 활발해졌다.

20세기에 여성이 활발하게 시장 노동에 진출한 것은 단지 여성운동의 결과만이 아니었다. 이는 오히려 사회의 경제구조에 여성 노동이 필요했기 때문에 가능했다. 특히 서구에서는 제1차 세계대전과 제2차 세계대전을 겪으며 남성 노동이 부족해지자 여성 시장 노동이라도 필요해졌다. 대부분 개발도상국은 저임금과 저숙련노동 경제발전 전략을 세웠다. 자연히 여성 노동이 시장에 적합해진 것이었다.

이처럼 20세기에 와서 여성의 시장 노동이 보편화되었다. 여성들의 의식과 생활도 변하게 되었다. 경제적으로나 법적으로 완전한 인간이 되어갔다. 그럼에도 20세기에 여성의 정치적 평등과 경제적 안정이 실제로 얼마나 실현되었는지는 의문이다. 여전히 세상은 남성 위주로 돌아가고, 대부분 여성은 시장 노동과 돌봄 노동의 이중고에 허덕이고 있다. 19세기 중반부터 세탁기 같은 가사용 기계가 도입되긴 했지만, 여성들이 원하는 만큼 돌봄의 의무가 줄어들지는 않았다. 일감은 여전히 성별 분업의 잣대로 나뉘어 있고 숙련의 기회도 적었다. 시장 노동의 대가도 여전히 불평등하게 매겨져, 전 세계 노동인구의 1/3을 차지하는 여성 노동의 대가는 전체 노동 수입의 10%에 불과하다. 현재 여성은 세계 총자산의 1%에 못 미치는 자산을 소유하고 있다. 더 낯 뜨거운 현실은 많은 나라에서 여성은 여전히 전근대적인 과거를 살고 있다는 점이다. 현재 여성의 3/4이 개발도상국에 살고 있다. 이들의 처지는 20세기 초의 서구 여성보다 열악하다고 한다.

노동시장에 참가해서 얻는 시장 노동과 돌봄 노동 사이에 서커스를 하는 많은 여성의 삶은 지나치게 고단할 수밖에 없다. 삶에 대한 이상과 여성의 삶이라는 현실 사이의 불균형은 결국 각 공동체의 장기적 생존 자체를 위협한다. 급격한 출산율의 감소와 높은 이혼율은 이러한 불균형이 가져온 결과라 할 수 있다. 21세기 현재 여성이 남성과 같은 권리와 특권, 기회와 여가를 누리는 곳은 세상 어디에도 없다. 그것이 현실이다.

4. 한국 여성 경제사

1) 산업화 이전의 한국 여성 경제사

여성의 삶 일반과 한국 여성의 삶 사이에는 공통점과 차이점이 있다. 특히 앞에서 언급한 여성 삶의 전형이 서양 여성이라는 점을 고려한다면 차이점이 적지 않다. 한국 역사에서 여성이 구체적으로 등장한 것은 19세기 말 1894년 갑오개혁 이후의 일이다. 이때부터 한국 여성은 한국 사회가 정해준 여성의 기본적 의무 조항에서 조금이나마 벗어날 수 있었다. 재혼이 허락되고 조혼이 금지되는 등 한국 여성의 지위에 변화가 나타난 것이다. 물론 19세기 말 이전의 한국 여성이 모두 같은 형태의 삶을 살았던 것은 아니다. 여성은 각 시대의 생존 방식에 알맞게 자신의 삶을 자신의 의무에 맞추어왔다. 역사적 기록이 남성에 비해 적을 뿐, 한국 여성은 늘 재생산과 생산의 담당자 역할을 충실히 해왔다.

전근대 시대 여성의 중요 활동 영역이 가정이었다는 점을 고려할 때 가족제도의 변화는 여성 경제사에서 매우 중요하다. 한국은 고대에서 고려 시대까지 비부계적이었으며, 이후 조선 시대에서부터 부계적 전통이 강화되었다. 이 가족제도의 핵심에는 유교를 신봉한 조선의 성별 관계가 자리하고 있음이 분명하다.

인류 최초의 공동체인 원시사회는 토지의 공유를 바탕으로 형성된 사회였다. 단순하게 반복되는 생산은 자연조건에 의해 지배되었고 초자연적인 존재에 의지하며 영위했다. 인간이 자연을 능동적으로 이용하기보다 인간이 자연에 얹혀살아가는 시대였으므로 원시사회에서는 다른 사회와 구분되는 경제 방식, 즉 채집과 수렵이 경제의 원천이 되었다. 사회가 분화되지 않은 만큼 계급의 분화도 늦어 여성이 채집 노동을 했다고 하여 채집이 수렵보다 차별을 받은 것은 아니다. 미개한 문명은 생명의 탄생을 신의 영역으로 이해하게 했고 그만큼 여성의 존재는 중요하게 취급되었다. 한국 여성의 상황도 이런 일반적 상황과 다르지 않았으리라 추측된다.

고대사회에 들어 고대국가가 건립되자 구체적으로 지킬 것이 생기고 집단과 집단 사이의 전쟁이 빈번하게 발발하면서 남성의 역할이 중요해졌다. 채집과 수렵에 의존하던 방식에서 나타나던 성별 분업이 전쟁이라는 폭력 앞에 더욱 구체적으로 이루어지게 되었다. 전장에서 공동체의 안녕을 지켜내는 남성은 전쟁에서 어떤 역할을 하기가 부적절하다고 여겨지거나 아예 배제된 여성에 비해 중요시되었다. 자연히 남녀 사이에 따라 계급적 구도가 발생했다. 이는 가정 내의 차별적 위계질서를 만드는 계기로 작동했다.

고대국가에서는 부족 연맹적 공동체와 달리 나라의 제도, 법, 사상 등이 정비되었다. 이렇게 정비된 제도는 계급 분화와 그에 따른 차별적 지위를 구성원들에게 제공했다. 남녀 관계도 예외가 아니었다. 고구려, 읍루, 옥저, 부여 등의 공동체에서 성별 관계는 가부장제의 강화 정도에 따라 차이를 나타냈다.

고구려에는 교환혼의 일종인 서옥제가 있었다. 서옥제는 남성이 처가에 노동력을 제공하고 아내를 얻는 제도이다. 이 제도는 고구려인의 특권을 지속하고 내부 단합을 꾀하기 위해 이용되었다. 이후 고구려에 가부장제가 정착되면서 어느 정도 변화는 있었지만, 서옥제의 전통은 여전히 남아 있었고 고구려 여성의 지위에 크게 영향을 미쳤다. 고구려 여성들은 남편을 대리인으로 배후에서 사회에 관여했다. 농사일과 돌봄 노동 외에도 토기 제작, 직조 등이 여성의 일이었다. 특히 길쌈은 여성 일의 전형으로 여겨졌고 국가 차원에서 장려되었다.

백제는 상업과 농업을 위한 유리한 입지 덕분에 경제적으로 윤택하고 문화적 수준이 높았다. 그러나 고구려보다 강한 가부장제가 성립되어 여성의 지위는 고구려보다 낮았다고 평가된다. 특히 율령제 등의 법과 제도의 정비는 백제 여성의 종속성을 부추기는 기능을 했다. 삼한에서는 당시 성행하던 잠업과 이와 관련된 직조업에 여성이 적극적으로 참여했다. 당시 삼한 사회 여성의 지위도 다른 고대국가들과 비교해 뒤지지 않았으리라 파악된다.

신라의 경우 선덕여왕과 진덕여왕의 존재 자체만으로 상당한 평등 사회였다고 추측된다. 그러나 여왕의 존재가 전체 신라 여성의 지위를 대변하는 것은 아니다. 물론 신라에는 모계 전통이 존재하기도 했지만, 전체적으로는 성별의 차이가 분명한 사회였고 백제처럼 강하지는 않더라도 차별은 존재했다.

신라 여성의 이름이 일본으로 수출되는 면포와 비단에 명기된 것으로 보아 신라 여성은 직물업에 활발히 종사한 것으로 보인다. 사료를 통해 여성 직물 기술자의 존재를 확인할 수 있다. 815년부터 작성된 신라의 호구 조사서인 신라촌락문서에 여성의 수와 삼밭의 수 등이 명기된 것으로 추측하건대 신라 여성은 길쌈에 종사했으며 재산권과 경제권을 행사했다. 또 시장에서 부녀자가 사고팔았다는 기록으로 보아 여성의 상업 활동도 활발했다.

고려 시대에 와서 한국에는 제도, 종교, 법률 등이 구체적으로 자리 잡았다. 사회가 안정화될수록 체제 유지를 위한 제도의 역할이 강조되었다. 고려는 양계 제도를 바탕으로 남녀가 동등한 상속권이 보장되는 사회였고, 정치 이외의 영역에서는 차별이 비교적 적은 사회였다. 고려의 호적에는 남편과 아내를 부처로 표현하는데, 이는 부부보다 더 평등한 표현으로 여겨졌다. 여성은 집안 살림을 꾸려가야 했고 세금을 내고 가족의 의복을 마련하기 위해 일상적으로 길쌈에 종사했다.

고려 여성들은 장사를 하기도 했다. 개경의 시전이나 지방의 장시에 참여했다. 고려 시대나 조선 초 여성들이 남편과는 별개로 독립적인 경제력을 지니고 있었다는 점이 확인되는 것으로 미루어보건대 여성의 경제활동 또한 원활히 이루어진 듯하다. 서민 여성들은 돌봄 노동 이외에 농업과 직조 노동에 종사했고 상류층 여성 중에는 상업과 무역에 종사하는 사람들도 있었다. 여성 직업이 분화되어 일종의 직업여성이라고 할 수 있는 궁인, 기녀, 무녀가 있었다.

조선 시대에 들어와 가부장 중심의 가족제가 정착되었고 태종 이래로 종법제가 실행되었다. 바로 종법제에 의해 적장자 중심의 부계 직계 가족제도가 확립되었다. 장자상속제와 적장자법은 여성의 재가 금지나 족내혼 금지로 귀결되었다. 조선 초는 유교적 성별 관계가 채 정립되지 않아 여성의 사회적·경제적 지위가 남성과 크게 차이 나지 않았다. 그러나 유교적 규범이 사회에 정착되자 내외법으로 남녀의 구분이 명시되었다. 여성의 대외 활동이 제한되었고, 외출규제령으로 여성은 가정생활에만 충실하도록 강요를 받았다. 이러한 조선의 규범은 16세기에 이르러 조선의 향촌 사회까지 퍼졌다. 따라서 이 시기 이후 여성의 대외적인 경제행위는 극히 제한되었고 남편이 아내를 내쫓을 수 있는 칠거지악까지 통용되었다. 그러나 여성끼리 조직된 계도 있었고 이를 기반으로 조선 후기에는 여성 소자본이 형성되기도 했다.

조선 시대 여성의 경제활동은 신분에 따라 차이가 난다. 평민과 노비는 농사와 돌봄 노동은 물론이고 직조로 의생활의 자급과 세금을 충당해야 했다. 반면 양반 여성은 돌봄 노동에만 종사했다. 그러나 가난한 양반가에서는 직조와 바느질로 생계를 책임지기도 했다. 하지만 양반 여성이 농사일하는 경우는 드물었다. 고려와 마찬가지로 조선에도 특수직에 종사하는 여성들이 있었다. 신분상으로는 천민이지만 전문성을 지닌 이들은 궁녀, 기녀, 의녀, 무녀 등이다.

18~19세기에 이르러 사회적 발전과 외래 문물의 도입은 기존의 여성관에 변화를 주었다. 특히 18세기 후반은 농업 생산력이 증대되고 수공업의 민영화가 이루어지면서 화폐의 유통이 급속히 확대되었고 상업도 발전하던 때였다. 18세기 청나라를 여행하며 신문물을 경험한 박지원은 남녀의 평등을 주장했다. 당시 전래한 천주교와 자생적으로 발생한 동학은 진보적 여성관으로 사회 변화의 초석이 된다. 신 앞에서의 만인 평등을 믿는 천주교는 교인의 전도 의무를 강조하여 여성들이 집 밖에서 활동할 수 있는 계기를 마련해주었다. 동학의 사인여천(事人如天)도 여성이 자신을 주체적 존재로 이해할 근거를 제공했다.

이러한 변화 속에서 조선 여성은 점차 세상살이를 배우고 자신의 삶을 찾아갈 준비를 했다. 여성들은 좀 더 적극적으로 경제활동에 참가했는데, 시전에 여인전이라는 점포를 운영했고 선비의 아내도 삯바느질과 상업에 종사하기도 했다. 19세기 초에는 여성의 임금노동으로 면포를 생산하는 사례도 생긴다. 크게 성공한 여성 부호들도 등장했다. 그 대표적인 예로 제주 상인 김만덕을 들 수 있다. 관기였던 김만덕은 대상인으로 성공했고 기아에 허덕이던 나라를 구했다. 그녀의 일생은 조선 여성이 비교적 자유롭게 경제활동을 할 수 있다는 것을 알려준다. 19세기 영남 일부와 관북 지방에서는 여성도 장에서 홍정을 벌였다. 관북의 여성은 남자 못지않게 억척스럽게 목축과 밭일을 했다. 이런 현상은 제주 해녀의 경우처럼 척박한 곳에서 흔히 나타나는 현상이었다. 이는 성 역할이 자연적으로만 결정되는 것이 아니라 사회적으로 결정된다는 것을 보여준다.

2) 산업화 시대의 한국 여성 경제사

유교적 질서가 철저하게 삶을 통제하는 가운데 조선이 일본에 강점당하자 조선 사회는 극심한 아노미 현상을 겪게 된다. 이때 일본은 한국을 효과적으로 통치하기 위해 현모양처와 호주제라는 두 기제를 도입했다. 이 과정에서 유례없이 강한 가부장적 질서가 조선에 이식되었다. 그럼에도 시대는 변하고 산업화가 진행되어 한반도는 점차 전통 사회가 해체되고 자본주의적 근대사회로 전환되어갔다. 특히 산업화 과정을 겪으면서 산업구조에도 변화가 생기기 시작했다.

구질서와 가정에서 어느 정도 자유로워진 한국 여성들은 사회적·경제적 구조 변화와 더불어 자연스럽게 자기 일을 가지기 시작했다. 서구식 교육을 받은 신여성도 등장했고 맞벌이 부부도 생겼다. 여성 차별은 광범위하게 존재했지만, 여성들의 사회 진출 영역과 진출 정도에는 뚜렷한 변화가 생겼다. 특정한 직업군, 특히 군인이나 정치가를 제외한 여러 방면에서 여성이 서서히 두각을 나타내기 시작했다. 처음에는 공장에 비숙련노동이나 간단한 사무 보조, 서비스 등에 국한되었던 여성 일자리는 점차 전문직 영역으로 발전되었는데, 특히 교육계와 의료계에서 많은 여성이 진출했다.

20세기 일제에 강점당한 한국을 밑에서부터 지켜온 것은 제조업에 종사하는 생산직 여성 노동자였다. 산업화의 진척에 따라 여성 노동에 대한 수요가 증가했고 제사, 방직, 정미업, 고무공업 및 다양한 영세 공장에 취업했다. 1934년에는 방직업에 종사하는 노동자의 80~90%가 여성이었다. 이들은 저임금과 열악한 노동환경에서 하루 13~14시간 장시간 노동을 했다. 당시 한국 남성 임금은 일본 남성 임금의 1/2~1/3 수준이었고 한국 여성은 남성 노동자의 1/2 수준이었으니 그들의 열악한 노동조건은 충분히 짐작할 만한 일이다. 그러나 그간 가사 노동에만 종사하던 한국 여성들에게 시장에서의 소득 노동은 적어도 인간으로의 가치, 특히 경제적 독립을 통해 자유를 가질 수 있는 계기를 주었다.

1920년대에 이르러서는 여성해방운동이 세계적으로 일어났다. 이 영향으로 한국에서도 여성해방운동이 일어났다. 특히 사회주의 여성운동이 활발했는데, 이는 1920년대에서 1930년대에 걸쳐 등장하는 한국 여성 노동운동의 기반이 되었다. 정미업에서 시작된 여성 노동운동은 제사, 방적, 방직 등의 섬유공업과 고무공업으로 확산되었고 성냥 공장, 제과점, 양말 공장 등에서 임금 인상과 노동조건의 개선을 목표로 활발히 일어났다.

그럼에도 전체적으로 일제강점기 한국의 여성들은 일과 가정의 양립 문제, 직업여성에 대한 사회적 편견과 차별, 불안정한 일자리와 열악한 노동조건 속에서 어렵게 살아갔다. 전업주부도 현모양처라는 사회의 요구 속에 가정과 식민지 체제를 유지하며 인고의 세월을 보냈다.

일제강점기에서 해방되고 남한의 단독정부 수립과 더불어 정치적 평등의 상징인 투표권이 여성에게도 주어졌다. 이를 계기로 한국 여성들은 정치·경제·문화 등 사회 각 방면에서 자신의 자리를 찾으려고 노력했다. 민족의 격동기에 좌우익의 갈등으로 발발한 한국전쟁은 남성 전사자를 많이 낳았고, 한국 여성들은 자연스레 가장의 노릇을 해야 했다. 이러한 사회적 변화는 사회의 인식을 변화시켰고 여성의 시장 노동을 정당화시켰다. 자연히 여성의 경제활동 참여 또한 크게 증진되었다.

본격적으로 경제발전이 시작된 1960년대에는 국가 주도의 경제개발 5개년 계획이 시행되었고 한국은 급격한 산업화의 길을 걷게 되었다. 1960년대 경공업 중심 발전 전략의 주역은 저임금의 여성 공장 노동자들이었다. 많은 농촌 여성이 도시로 이주하여 공장에 취업했다. 이들의 저임금·장시

〈표 7-1〉 한국 여성 시장 노동의 변화 과정

	1960년대	1970년대	1980년대	1990년대	현재
일자리 성격	저숙련노동, 가사 도우미	저임금 사무직, 저숙련노동	저임금 사무직, 저숙련노동	저임금 사무직, 저숙련노동, 비정규직	저임금 사무직, 저숙련노동, 비정규직, 공공 부문
이전 시대와 차이점	이농 현상	대규모 시장 노동 참가	소수 고학력 여성의 시장 진출	고학력 여성의 시장 진출, 여성 숙련노동	여성 임원, 여성 전문직 중간 관리자 등장
경제적 기여	저임금으로 경쟁력의 원천	저임금으로 가격 경쟁력의 원천	가격 경쟁력의 원천	가격 및 제품 경쟁력의 원천	가격 및 제품 경쟁력의 원천, 여성 리더십
여성 노동의 문제점	저숙련노동, 결혼 후 경력 단절	저숙련노동, 결혼 후 경력 단절	결혼 후 경력 단절	저성장으로 노동시장 진입 어려움, 결혼 후 경력 단절	저성장으로 노동시장 진입 어려움, 결혼 후 경력 단절

간 노동을 바탕으로 한강의 기적은 이루어졌지만, 여성 노동자들의 기여는 늘 쉽게 은폐되었다.

1970년대의 중공업 중심 경제발전 전략으로 한국에서는 숙련노동은 남성, 비숙련노동은 여성이라는 성별 분할이 뚜렷해졌다. 자연히 여성 노동은 급격히 주변화되었다. 1980년대에 들어 경제적 안정과 사회적 민주화의 물결을 타고 여성 문제에 대한 의식이 고조되었다. 그 결과, 1987년 남녀고용평등법이 제정되어 고용상의 남녀평등과 모성보호가 법제화되었다. 이에 따라 한국에서 여성 노동에 대한 차별은 법적으로 금지되었다. 이후 1989년 가족법이 개정되어 호주상속제가 호주승계제로 바뀌었고, 1995년에는 여성발전기본법이 제정되었으며, 2000년에는 여성부가 신설되었다. 21세기 경제 대국으로 성장한 한국에서 여성의 지위는 과거에 비해 나아졌다. 여성의 교육 수준이 높아지고 여성의 자아실현 욕구가 강해짐에 따라 각계로의 사회 진출과 경제 참여도 활발해졌다. 2013년 첫 여성 대통령이 취임했고, 2014년에는 첫 여성 은행장이 배출되었다.

현재 한국의 여성은 그들의 선배들에 비해 확실히 자유롭고 당당하다. 오랫동안 여성에게 닫혀 있던 사회 각 분야로의 진출이 두드러지고 한국 최초의 우주인도 여성이었다. 그러나 한국 여성의 삶을 좀 더 자세히 살펴보면 여전히 힘든 상태에 있다고 할 수 있다. 2014년 현재 자살률은 OECD 국가 중 제일 높은 가운데 취업에 어려움을 겪고 있는 20대를 흔히 88만 원 세대라고 하는데 그보다 더 어려운 것은 88만 원 여성이라는 말이 있을 정도로 여성 노동의 고용 상태는 불안하다. 뼈와 살을 깎아서라도 예뻐져야 할 만큼 외모 스트레스 또한 심각하다.

남성과의 격차는 여전히 크고 삶에 대한 만족도가 높지 않았다. 여성 권한과 관련된 각종 지표는 경제 대국 한국의 입지를 무색하게 만든다. 세계경제포럼이 2014년에 발표한 한국의 성격차지수(GGI)는 조사 대상 142개국 중 117위로 2013년 111위에서 오히려 낮아졌다. 이는 여성 차별이 심하다고 정평이 난 이슬람 국가인 아랍에미리트보다 낮은 순위이다. 2013년 UNDP가 발표한 성불평등지수(GII)도 조사 대상 186개국 중 27위로 한국 여성의 열악한 처지를 잘 대변한다.

5. 맺음말

긴 역사 속에 여성들이 어떻게 살았는지 짧은 글에 담기란 불가능한 일이다. 그러나 어머니로서, 종족 정체성의 상징으로서 여성은 각자 자신의 처지에서 열심히 자신의 시간을 채워갔다. 동굴에서 벗어나서 빌딩을 짓고 사는 현대에 이르기까지 아이를 보호해야 하는 어머니로서의 여성은 충분히 강하고 충분히 용감했어야 했으며 아이의 밥을 구하려고 어떤 노동도 주저하지 않았으리라 판단된다. 그리고 이러한 노력으로 현재의 경제적 번영이 가능했다는 것도 분명하다.

문명화·산업화·민주화의 과정을 거친 현재에도 여성의 경제적 현실은 녹록지 않다. 돈벌이에 육아나 봉양, 가사까지 더하면 여성은 사람으로서는 이겨내기 쉽지 않은 상황을 헤쳐 나가며 각 사회를 떠받치고 있다. 돈을 버는 여성들은 일과 가정 사이에 전쟁을 치르고 돈을 벌지 않는 여성은 잉여인간 취급을 받는 것이 오늘날의 현실이다. 그 결과는 어느 나라나 출산율 저하와 가정의 붕괴이다. 그럼에도 많은 나라에서 여성 노동에 대한 정당한 평가는 이루어지지 않고 있다.

한국의 경우는 이러한 상황이 더욱 단기간에 극적으로 나타나고 있다. 경제적 성장을 반세기 만에 이룬 한국이지만, 의식과 제도의 변화는 더디게 진행되고 있다. 이러한 상황 속에서 한국 여성은 과거와 현재와 미래를 한 몸속에 견디며 한국 사회를 지탱하고 있다. 학교 교육까지는 동등하게 받지만, 사회에 발을 내딛으며 겪는 차별적 현실에 한국 여성들을 자신의 이상을 어떻게 사회적 현실 속에서 실현할 수 있을까를 고민하고 있다. 그러나 그들의 선배에게는 이러한 고민조차 허락되지 않았다는 것이 분명한 역사적 사실이다.

8장

국가와 여성의 경제

1. 머리말

여성에게 국가란 무엇인가? 국가는 구성원에게 동등한 권리와 의무를 부여하는가? 국가는 모든 구성원을 위해 존재하는가? 군인이 될 수 있는 남성과 군인이 되지 못하는 여성은 같은 권리와 의무를 지니는가? 여성도 국민인가? 여성의 시민권과 관련된 이러한 질문들은 여성과 국가의 관계가 거론될 때 흔히 제기되는 것들이다. 그러나 이러한 논의의 결론은 늘 공전하고 입장의 차이를 확인하는 데 그칠 뿐이다. 여기에 경제 문제까지 첨부되면 논의는 더더욱 복잡해지게 마련이다.

국가는 구성원 사이의 다양한 사회적 관계를 기반으로 존재한다. 이러한 사회적 관계는 계급이라고 표현되기도 하고 신분이라고 표현되기도 한다. 이러한 사회적 관계 중 하나가 성별 관계이다. 여성주의는 국가가 어떤 성별 관계를 가지느냐가 국가의 이념이나 정책의 특징뿐 아니라, 각 구성원의 성별에 따른 지위와 삶의 내용 자체에 영향을 미친다고 본다. 국가와 성별의 관계에 따라 특정 국가의 존립 방식과 발전 방식은 다양하게 나타난다. 이 방식 속에서 남성과 여성의 현실이 결정된다는 것이다.

이 장에서는 여성과 국가의 관계를 설명한다. 구체적으로는 자본주의 국가와 여성의 관계에서 국가 간의 공통점과 차이점을 성별 관계를 통해 설명한다. 이를 위해 국가와 젠더 거버넌스의 관계를 살펴본다. 젠더 거버넌스는 거버넌스와 젠더를 결합한 개념으로, 한 사회의 성별 관계 운영 방식을 지칭한다. 이는 성별 관계의 차이에 따른 경제적 결과를 분석하는 데 유용한 분석 도구이며, 이를 재조직하면서 정책 결과의 개선을 모색할 수 있는 개념이다. 이 장에서는 먼저 성인지적 국가론의 전개 과정을 정리한다. 다음으로 성별 관계, 자본주의, 국가의 관계를 살펴보고, '가부장적 자본주의 국가'의 개념과 일반적 특징을 설명한다. 마지막으로는 성별 관계에 따른 국가와 여성의 관계를 살펴본다.

2. 왜 여성주의 국가론이 필요한가?

최근 우리 사회는 세월호 참사를 겪으며 국가란 무엇인가 하는 질문을 스스로 하게 되었다. 국가가 아이들을 구하지 못하는 상황을 지켜보며 왜 국가가 존재하는지에 대해, 국민의 권리와 국가의 의무에 대해 생각해보지 않을 수 없었기 때문이다. 조금 더 생각해보면 위험에 처해 있거나 억울한 일을 당했을 때 누구나 국가의 도움을 생각한다. 여기에 여성들이 국가란 무엇인가 하는 질문을 하는 이유가 있다.

20세기 말과 21세기 초에 걸쳐서 나타난 거대한 시대적 변화는 세계화(globalization)와 지역화(regionalization)이다. IT 기술의 발전과 동서 장벽의 붕괴로 국민국가 간의 물리적 장벽과 이념적 장벽이 무너지자, 세계화의 이름 아래 국민국가의 국경과 주권이 무력화되는 징후가 뚜렷하게 나타났다. 그럼에도 최근 들어 더욱 두드러진 민족주의적·지역주의적 경향과 더욱 치열해진 국가 간의 패권 다툼은 국민국가의 국경이 오히려 더욱 강고해진 것이 아닌가 하는 생각을 하게도 한다. 세계화의 속도가 가속화되면서도 국가 간 분쟁이 자주 발생하고, 각 국가의 민족주의적 경향이 두드러지는 현상을 볼 때, 국가나 민족의 해체는 잘못된 예상인 것 같다. 우크라이나와 이스라엘에서 벌어진 전쟁은 세계가 급격하게 민족 중심으로 재편되고 있다는 사실을 보여준다.

국가는 특정 영토를 보유하고 거기에 사는 사람들로 구성되며 그들이 주권을 가진 집단을 말한다. 그러나 주권 행사에서는 나라마다 차이가 난다. 그래서 어떤 이들은 국가를 인간을 억압하는 권력 체제로 파악하고, 어떤 이들은 국가를 구성원을 보호하는 가부장적 존재로 파악한다. 그런데 여기서 여성과 국가의 관계를 규정하려 들면 문제는 좀 더 복잡해진다. 자연스레 여성이 남성과 같은 시민권을 실제로 행사하고 있는가 하는 추가 질문이 나오기 때문이다. 이는 국가의 존재 자체부터 국가정책까지 성별에 따라 다른 영향을 미친다는 것을 생각하면 고민할 수밖에 없는 문제이다. 여성주의 관점에서 보면 국가가 여성도 시민으로 보고 있는가 하는 질문이 어느 나라 할 것 없이 나오기 십상이다.

국가에 대한 이런 질문은 여성 입장에서 보면 당연하다. 국가나 민족의 존립에서 여성의 역할은 지대하다. 여성은 민족이나 국가의 생물학적 재생산자이며, 인종과 민족의 경계선인 동시에 정체성의 상징이다. 아울러 여성은 국가의 생산과 재생산의 중추가 되고 있다. 그러나 이러한 공헌에도 대개의 국가에서 이런 여성의 역할은 충분히 인정받고 있지 않다. 극단적으로 표현하면 미즈(M. Mies, 1988)나 맥클린톡(A. McClintock, 1995)의 주장처럼 여성은 '근대국가의 마지막 식민지' 역할을 하고 있다. 대부분 나라에서 여성은 시민으로서의 법적 지위를 보장받고 있지만, 그것이 실현되고 있지는 못하다. 여기에 여성주의 국가론을 조명해야 하는 이유가 있는 것이다.

3. 여성주의 국가론의 전개 과정

1) 공동의 적에서 기댈 언덕으로

국가는 구성원 모두를 위한 제도이고 성 중립적 제도로 보이지만 좀 더 구체적으로 살펴보면 국가는 늘 누군가를 먼저 챙기고 특정 성별을 우선시한다. 이는 만인을 위해 존재한다는 민주공화국에서도 정도의 차이는 있지만 마찬가지이다. 이러한 국가의 정체성에 대한 논의가 여성계에서 구체화된 것은 여성이 참정권이나 교육권 등의 기본권을 확보한 20세기 중반 이후였다.

제2차 세계대전 이후 여성주의 국가론은 다음 세 단계의 전개 과정을 거쳤다. 먼저 제1기에 해당하는 1960년대와 1970년대에는 국가를 가부장적 여성 억압의 기구로 보는 관점이 주를 이루었다. 물론 가부장제와 자본주의를 일원론적으로 파악하느냐, 아니면 서로 다른 억압 기제로 보느냐에 따라 다양한 노선이 있었다. 아인슈타인(Z. R. Eisenstein, 1979), 하트만(H. Hartmann, 1981) 등은 국가를 억압 관계의 표상이며 여성 억압의 기구로 파악했다. 따라서 여성 문제 해결을 위해 '국가 거부 전략'을 내세웠다.

1960년대와 1970년대에 여성 문제에 대한 인식이 구체화되면서 '공동의 적'으로서의 가부장제 국가에 대한 논의가 주를 이루었다. 그러나 가부장제 국가 개념에 대한 합의는 물론이고 이 개념의 유용성도 입증하지 못한 채 논의가 공전되자, 제2기에 해당하는 1980년대에는 활기를 잃었다. 보수와 진보의 정당 체제가 비교적 안정적으로 작동하는 유럽 복지국가가 정착되자 국가를 보는 시각에 변화가 생겼다. 특히 주목할 것은 이 시기에 들어 선진 자본주의 경제의 역동성이 상실되고 장기 불황과 실업 문제가 본격화되었다는 점이다. 따라서 여성들은 그나마 국가에 의지할 수밖에 없었고, 국가도 어느 정도 여성 친화적인 정책을 제시했다. 이렇게 해서 '여성 친화적 국가(woman-friendly state)' 개념이 등장했다. 이 시기에 국가는 여성을 억압하는 제도가 아니라 여성을 보호하고 양성평등을 진작시키는 제도로 이해되었다. 이에 따라 여성 문제 해결을 위해 제도권으로의 진입 및 정치 참여 전략이 세워졌다.

이처럼 1980년대에 들어서서는 실용주의적 인식이 생긴다. 국가는 '공동의 적'이 아니라 그나마 여성이 '기댈 언덕'이며, 양성평등을 위한 '활동의 장'으로 받아들여졌다. 그러나 여성들이 사회 전 분야에 진출했음에도 여성 문제의 많은 부분이 여전히 해결되지 않고 남아 있었다. 이러한 상황 속에서 동유럽 사회주의가 몰락하고 1990년대에 들어서자 이 문제는 이른바 '논점의 제자백가' 시대를 맞이했다.

제3기인 1990년대 이후부터는 동서 이념의 벽이 무너지자 현실에 대한 인식이 복잡해졌으며 미래에 대한 전망도 불투명해졌다. 국가와 성별 관계에 대한 분석이 다양해졌다. 국가를 단순히 억압 기제로만 보거나 여성 친화적인 제도로만 보지 않게 되었다. 아울러 사회과학에 인문학적 상상력이 접목되면서 국가와 성별에 대해 철학적 분석이 시도되는 동시에 기존의 거대 담론 대신 실증적·역사적 사례연구들이 자리를 잡아갔다. 그럼에도 현재 전 세계적인 경제위기와 보수주의 물결과 민족 갈등 등으로 여성 문제는 다시 수면 아래로 내려가는 분위기이다. 남성의 인권도 지켜지지 않는 세상에 여성권이 지켜질 리가 만무하다.

2) 누구를 위한 국가인가?

국가가 성 중립적이지 않다면 어떤 성별을 가졌는가? 당연히 남성이라는 답이 나올 것이다. 많은 학자가 국가의 남성성에 대해 언급했는데 이에 대한 최근 논의는 다음과 같다. 첫째로 자유주의 국가 형성론에 의한 논의이다. 자유주의 국가 형성의 기초인 사회계약설은 개인의 자유계약을 바탕으로 국가가 형성되었다고 본다. 그러나 이 계약은 남성들끼리의 계약이며 여성은 배제되었다. 페이트먼(C. Pateman, 1994)은 여성이 계약에서 배제되어서 남성 편향적인 국가가 되었다고 본다. 둘째로 국방의 중요성 때문에 국가의 남성성을 가진다는 주장이다. 국가의 핵심 기능은 국방이다. 베커슈미트와 냅(R. Becker-Schmidt and G. Knapp, 1995)은 국가는 당연히 국방의 의무를 가진 사람의 것이며 물리적인 힘이 약해 국방의 의무가 없는 여성들은 주류에서 배제된다고 주장한다. 셋째로 국가가 남성들의 동맹체라는 주장이다. 크라이스키(E. Kreisky, 1995a, 1995b)는 근대국가는 남성들의 동맹체이고 남성들의 이해와 삶의 방식을 대변한다고 지적한다. 자연히 이런 국가는 남성성을 나타낸다고 본다.

어떤 이유에서든 현재 국가가 남성성을 띤다는 것에 대부분의 학자들이 동의한다. 이처럼 국가의 남성성 문제가 제기되자 여성과 국가의 관계를 확인하려는 작업이 생겨났다. 그러나 대부분의 연구가 지나치게 단편적이고 경험적 사실 분석에 치우쳐 여성과 국가 사이의 일반적인 관계를 파악하는 데 무력했다. 이러한 사정으로 여성주의 국가론의 정립은 학계의 중요한 과제로 남아 있다.

4. '가부장적 자본주의 국가'와 여성의 경제

우리가 사는 경제제도는 자본주의이다. 자본주의는 사유재산제를 기반으로 자본이 중심이 되어 작동하는 경제체제이다. 그런데 자본주의는 계급이나 사회집단과 형식적으로 분리된 정치적 주체인 국가를 기반으로 작동한다. 자본주의 경제의 순환 과정은 내외적 모순을 동반하기 때문에 이를 조정하기 위해서는 순환 과정 밖의 존재가 필요하다. 이를 국가가 담당하는 것이다. 자본주의는 특히 공사 영역의 분리, 가정과 사회의 분리를 기반으로 한다. 이러한 분리는 각 영역 담당자의 분리를 의미한다. 공적 영역과 사적 영역 담당자의 분리를 담당하는 것이 그 사회의 성별 관계이다. 그 결과, 노동과 삶에서 여성 영역과 남성 영역으로 구획된다.

다음 〈그림 8-1〉은 자본주의적 생산양식을 성인지적 관점에서 재해석하여 간단히 나타낸 것이다. 생산관계에는 노동력 소유자와 생산수단 소유자의 사회적 결합 관계 외에도 재생산노동력 소유자와 재생산물(죽은 재생산노동의 결과물) 소유자의 사회적 결합 관계인 성별 관계도 포함된다. 물론 성별 관계는 형식적 외관은 남녀 사이의 관계이지만, 재생산노동도 자본주의 가치 생산의 기본 축을 이룬다는 것을 고려할 때 본질에서는 생산관계이다.

특정 사회 속에서 성별 관계가 어떻게 작동하는지를 살펴보자. 기업 운영을 위해서는 기본적으로 자본과 노동이라는 생산요소가 필요하다. 여기서 자본의 역할은 비슷하므로 회사의 발전을 위해 특히 중요한 것은 노동의 역할이다. 노동의 역할을 결정짓는 것은 그 기업의 노사 관계이다. 노동자와 고용주의 관계, 각 기업의 노사 관계의 특징에 따라 기업 운영 방식은 물론이고 경영 성과도 크게 달라진다. 물론 근로자들의 삶도 달라진다.

〈그림 8-1〉 성인지적 생산양식

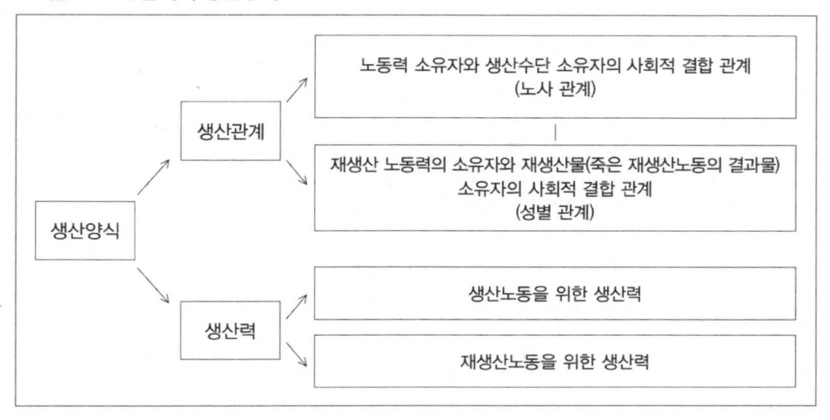

자료: 홍태희(2004b).

성별 관계도 마찬가지로 생산관계이다. 성별 관계에 따라 남녀의 역할 분담이 결정되며 가계와 국가의 생산과 분배가 결정된다. 누가 돈을 벌고 누가 쓸 것인가, 누가 따뜻한 밥을 먹고 누가 찬밥을 먹을 것인가, 누가 쓰레기를 버리고 누가 장을 보러 갈 것인가 하는 경제적 문제는 특정 사회가 용인하는 성별 관계가 결정하는 것이다. 이처럼 성별 관계는 재생산노동(돌봄 노동)의 결과를 소유하는 입장과 재생산노동(돌봄 노동)을 수행해야 하는 입장의 사회적 관계이다. 아울러 재생산노동, 돌봄 노동 역시 가치를 생산해낸다는 측면을 고려할 때 성별 관계는 생산관계이다. 사회 전체로 보아 생산과 재생산, 시장과 가정의 생산과 분배가 조절되려면 성 역할 분담을 정당화할 성별 관계가 그 기반에 있어야만 한다.

모든 관계가 그렇듯이 성별 관계도 사회의 변화와 더불어 변화한다. 고대 노예제의 성별 관계와 중세 봉건제의 성별 관계가 다르고, 고려의 상황과 조선의 상황이 다르다. 현재도 지구촌 각 공동체는 나름의 문화와 사회적 여건 속에 마련한 나름의 성별 관계를 가지고 있다. 사회의 정신적 질서

(규범, 관습, 법, 문화)와 물질적 질서(봉건제도, 자본주의, 사회주의) 및 인종주의나 민족주의 등의 기제가 서로 갈등하고 적응하며 경쟁하고 연대하는 과정에서 성별 관계는 만들어지고 상황에 따라 변화한다. 이처럼 성별 관계는 국가나 구성원들의 의지에 따라 변할 여지가 상당히 많다.

여기에서 국가의 역할이 등장한다. 노동삼권을 보장하거나 불법 파업으로 인정하거나 등의 행위를 통해 국가가 노사 관계에 개입하듯이 성별 관계를 조정하기 위해 국가기구와 제도를 조직하고 정책을 시행한다. 이를 통해 국가가 바라는 성별 관계를 만들어내고 이를 유지한다.

이처럼 자본주의 국가에서 공적 영역과 사적 영역의 분리, 생산과 재생산의 분리는 이를 지지하는 성별 관계를 기반으로 이루어진다. 이것이 자본주의가 가부장적일 수밖에 없는 기본 구도이다. 즉, 자본주의는 공사 영역의 분할을 지지하는 근대 자유주의 패러다임과 사적 영역을 여성의 활동 영역으로 규정하는 가부장 패러다임의 모순적 협력 관계를 배경으로 작동한다. 이 모순의 조정에 자신의 존립 근거를 가지며 조절 방식에 따라 자신의 정체성을 드러내는 제도가 바로 자본주의 국가이다.

자본주의 이전 시대에서 성별 관계는 핵심적인 생산관계가 될 수 없었다. 봉건제의 경우 중심적인 생산관계는 봉건 영주와 농노의 관계였다. 그러나 자본주의 시대에서는 생산 영역에서의 노사 관계뿐만 아니라 재생산 영역에서의 성별 관계도 생산관계로 작동한다. 이 두 영역은 형식적으로는 공적 영역과 사적 영역으로, 경제적으로는 임금을 받는 노동(가치를 생산함), 시장 노동과 임금을 받지 않는 노동(가치를 생산하지 않음), 가사 노동으로 분리되었다. 그러나 형식적으로 분리되어 있지 실제로 두 영역은 서로 관계하며 작동·유지·발전된다. 생산력 또한 생산을 위한 생산력과 재생산을 위한 생산력으로 나누어볼 수 있다.

〈그림 8-2〉 가부장적 자본주의 국가와 성별 관계

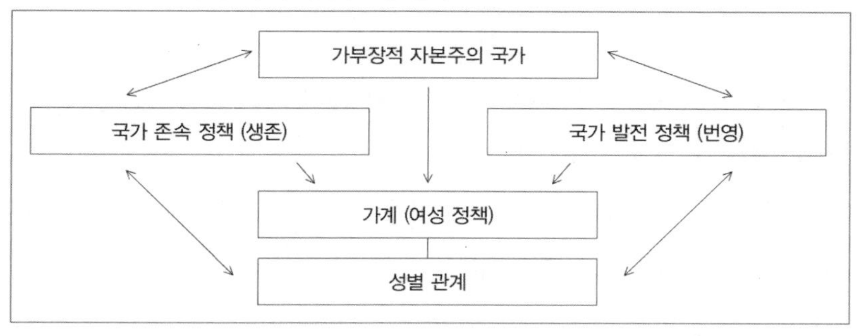

자료: 홍태희(2004b).

〈그림 8-2〉는 자본주의 국가의 작동 구조를 보여준다. 대개 국가 존립의 목적은 구성원의 생존과 공동체의 번영이다. 국가는 이를 위해 구성원의 역할을 조절하기 위해 공권력을 행사한다. 이러한 국가의 행위는 각종 정책으로 현실화된다. 어느 국가나 이에 따른 정책은 국가 존속 정책과 국가 발전 정책이다. 정책의 시행 대상은 일단 가계이고, 가족 정책, 여성 정책, 사회 정책, 모자 보호 정책 등의 형태로 시행된다. 정책 시행의 목적은 생산과 재생산 과정에 개입하여 자원의 배분과 생산물의 분배를 조절하는 것이다. 이 조절 과정은 각 공동체가 용인하는 성별 관계가 기반이 되어 작동한다.

여기서 다시 강조하고 싶은 것은 우리가 사는 자본주의 체제가 무급의 재생산노동을 바탕으로 작동한다는 점이다. 따라서 이 속에서는 정도의 차이는 있지만 양성평등적 자본주의는 기대하기 어렵다. 그리고 자본주의 국가도 이를 유지하는 것에 맞추어져 있으므로 남성 편향적일 수밖에 없다. 그러나 성별 관계는 각 국가정책이나 사회 구성원들의 의지에 따라 변할 수 있다. 이에 따라 공적 영역과 사적 영역의 경계도 변할 수 있다. 남성과 여성의 역할도 변할 수 있고 자본주의의 성격도 변할 수 있다.

5. 현대 자본주의 국가에서 여성의 처지

자본주의 국가는 국가 존속(생존)과 자본 축적(번영)을 목표로 존재하고 국가정책은 이 두 가지 목표를 위해 조율된다. 앞의 〈그림 8-2〉에서 살펴본 것처럼 국가는 자본 축적을 위해 시장이 원하는 것을 제공하면서 공동체의 자체를 유지할 방안을 모색한다. 시장이 원하는 값싼 노동력을 제공하면서 공동체의 생물학적 보전을 위해 재생산노동을 수행할 수 있는 집단, 즉 여성은 국가의 중요한 통치 대상이 된다. 실제로 여성들은 낮은 인적 자본 축적, 낮은 교섭 능력과 정치력 탓에 남성보다 쉽게 국가정책에 반응하고 동원된다.

경제성장에 노동력이 필요할 때 여성들은 노동시장에 쉽게 편입되지만, 그나마도 자본과 국가에 의해 시행되는 '노동시장의 분절(segmented labor market)' 정책에 따라 '2차 시장(secondary market)'에 편입된다. 그러나 자본 축적에 여성 노동이 불필요하거나 재생산노동이 더 필요한 경우 여성이 시장 노동으로 가는 길은 쉽게 봉쇄된다. 여성은 부엌으로 돌아가야 한다. 이처럼 국가정책과 축적 체계에 포섭된 여성의 지위는 낮다. 어느 나라 할 것 없이 낮은 시장 임금, 높은 성별 분업 및 직종 분리, 고용 불안정, 긴 가사노동시간으로 요약될 수 있다. 이러한 특성은 현대 자본주의 국가 여성의 공통적인 처지이다.

· 어느 나라 할 것 없이 여성의 경제활동 참가율은 남성보다 낮다.
· 어느 나라 할 것 없이 여성 노동은 남성 노동보다 저평가된다.
· 어느 나라 할 것 없이 여성의 돌봄 노동은 돈벌이가 안 된다고 폄하된다.
· 어느 나라 할 것 없이 여성은 남성보다 인적 자본을 축적할 기회가 적다.

· 어느 나라 할 것 없이 여성은 남성보다 정치력이 떨어진다.

· 어느 나라 할 것 없이 여성은 남성보다 가난하다.

이와 같은 여성의 상황 중에 제일 큰 특징은 성별 분업 구도에 따른 여성의 낮은 시장 노동 참가율이다. 지난 30년간 전 세계적으로 남성 노동력의 시장 참여율은 모두 80% 이상으로 비교적 고르게 나타나는 데 비해, 여성의 경제활동 참가율은 남성에 비해 낮다. 아울러 남성의 경제활동 참가율이 나라마다 큰 차이가 없는 것에 비해 여성은 경제발전 정도나 종교, 지역에 따라 큰 편차를 나타냈다. 가령 남미 지역은 여성의 경제활동 참가율이 40%인 데 비해 북미 지역은 70%에 달했으며, 소득별로도 선진국은 65%인 데 후진국은 45%로 뚜렷한 차이를 보였다.

여성의 경제활동 참가율이 남성과 달리 편차를 나타낸다는 것은 지역별로 여성의 경제활동을 결정하는 사회적 요소가 다르게 작동한다는 것을 의미한다. 다시 강조하지만, 여성의 시장 노동 참가에 영향을 미치는 것 중에 가장 큰 영향을 미치는 것이 바로 성별 관계이다. 성별 관계는 가계와 공동체 속에서 남녀 사이의 자원 배분과 분배를 결정할 뿐만 아니라 누가 시장 노동에 참여하고 누가 가사 노동을 할지를 분배하기도 한다.

그간 세계적으로 여성 경제활동 참가율이 증가한 것은 사실이지만 평균으로 따지면 겨우 지난 30년간 4%에 불과하다. 물론 더 많은 여성이 경제활동에 참여하게 되었다는 사실이 곧 여성의 지위가 향상되었음을 의미하는 것은 아니다. 여성들이 노동시장에 편입했지만, 여전히 재생산노동을 담당해야 하는 구도는 선진국과 후진국을 불문하고 공통으로 나타난다. 이러한 점에서 여성의 노동 부담은 오히려 가중된 측면도 있다.

또 다른 특징은 여성 노동의 저평가이다. 자본주의 전 시기에 걸쳐, 특히 20세기의 포드주의적 생산방식에 의해 여성의 시장 노동 참여가 증가했지만, 여성 노동의 시장가치는 남성보다 저평가되었다. 현재 세계적으로 여성은 남성의 50~80%에 해당하는 임금을 받는다. 얼마나 적게 받는지는 나라에 따라 크게 다르고 같은 지역 내에서도 큰 차이를 보인다. 남녀 임금격차는 해당 국가의 경제발전 정도와 반드시 관계가 있는 것도 아니고, 국가의 경제력에 의해 조정되지도 않는다. 오히려 그 나라의 사회적 역학 관계, 특히 성별 관계와 그 국가의 양성평등 실현 의지에 많은 영향을 받는다.

남녀의 임금격차는 사회적·경제적 환경의 변화에도 민감하게 반응한다. 1970년대부터 현재에 이르는 선진 자본주의 국가의 장기 불황은 보조적 지위에 있던 선진국 여성 노동의 입지를 악화시켰다. 경기 침체를 타개하기 위해 노동시장의 규제가 완화되자 유럽의 사민주의 국가에서조차 제일 먼저 여성이 타격을 받게 되었다. 후진국 여성의 경우는 말할 필요가 없다.

여성의 경제적 상황의 세 번째 특징은 여성의 재생산노동에 대해 가치를 인정하지 않는다는 것이다. 국가가 종의 보존과 자본 축적을 위해 여성을 어떻게 활용하는지를 가장 잘 보여주는 것이 여성의 부불노동, 재생산노동, 돌봄 노동, 가사 노동의 가치문제이다. 현재 이런 재생산노동의 실제 가치는 세계 총생산의 약 1/3에 해당한다고 한다. 그러나 대부분 자본주의 국가에서 이러한 노동이 가치 생산 영역으로 인정받지 못하고 있다.

노동의 가치를 인정받지 못하고 있는 것뿐만 아니라 대부분 국가에서 여성의 무급 노동시간이 길다는 것도 문제이다. 2009년 OECD 평균 남성의 무급 노동시간은 하루 평균 131분인 데 비해 여성은 207분에 달한다. 국가별로 차이도 커서 미국과 영국 등 구미 국가의 남성 가사 노동시간이 2시간을 넘는 것에 비해 한국은 하루 평균 45분, 일본은 59분으로 매우 짧다. 2009년 생활시간 조사에 의하면 한국의 맞벌이 가구 여성은 하루 평균 가사 노동시간이 227분이었지만 남성은 단 45분에 그쳤다. 맞벌이임에도 여성이 남성보다 5배 이상 많은 가사 노동을 담당하고 있다.

네 번째 특징은 인적 자본 축적 기회의 불평등이다. 흔히 노동시장에서 성차별의 원인으로 거론되는 것은 임금 차별, 저숙련, 직종 분리, 재생산노동의 부담, 노동조건의 차별 등이다. 특히 여성 노동의 저평가에 대한 이유로는 인적 자본 축적이 되지 않아 저숙련노동에 종사하기 때문이라고 한다. 그러나 인적 자본 축적의 기회는 개인의 의지나 시장의 원리로만 결정되는 것이 아니다. 사회적 환경이나 국가정책의 영향도 크다. 어떤 국가에 저임금노동의 공급이 필요할 경우 여성의 인적 자본 축적 기회가 국가 차원에서 봉쇄되는 것은 그리 생소한 일이 아니다. 교육이 여성의 지위 향상에 미치는 긍정적인 영향에 대해 충분히 인지된 현재에도 여성 교육에 인색한 것이 대부분 개발도상국에서는 현실이다.

UNDP(2013)에 따르면 2006~2010년 세계 평균 중등교육 진학률에서 남성은 62.9%인 데 비해 여성은 52.3%이다. 여성의 교육 기회가 여전히 낮은 것이다. 여성 사이의 격차도 심해 후진국 여성의 중등교육 진학률은 선진국 여성의 1/3에 지나지 않다. 비록 꾸준한 증가 추세에 있기는 하지만, 여전히 낮은 수치인 것은 분명하다.

다섯 번째 특징은 여성의 미약한 정치력이다. 여성의 정치 참여는 물론 여성이 국가의 권력 기관에서 활동이 저조한 것은 대부분 국가의 공통된 특징이다. 현재 여성의 정치 참여가 전 세계적으로 늘어나고는 있지만 여전히 낮은 수준을 보이고 있다. UNDP(2013)에 따르면 2012년 세계 평균 여성 의원 비율은 20.3%로, 2003년의 14.3%에 비해 증가했지만, 여전히 낮은 수준이다. 그런데 선진국이라고 반드시 높은 것도 아니다. 미국은 17%인 데 비해 르완다는 최고 수준인 51.9%이다.

여섯 번째 특징은 국가를 막론하고 여성이 남성에 비해 가난하다는 점이다. 이러한 '빈곤의 여성화(feminization of poverty)'는 시간이 지나도 별로 나아지지 않고 있다. 여성 가장일 경우, 특히 미혼모 가정이나 홀어머니 가정일 경우에는 빈곤선 아래에 있을 가능성이 크다. 현재 미국에서는 여성 가장 가계의 절반 이상이 빈곤선 아래에 있다.

여성이 가난한 것이 개인의 무능에서만이 아니라 사회적 과정을 통해 발생한다는 점에 심각성이 있다. 즉, 여성 가난의 원인이 사회규범에 의한 법적 불평등이나 경제활동 과정에서 발생하는 가치의 불평등한 분배 때문에 발생한다면 이는 구조적인 문제이다. 가령 여성 저임금을 사회가 용인하거나 여성이 법적으로 남성과 동등하지 못한 경우 유산상속 역시 동등하게 이루어질 수 없다. 이 경우 여성의 자산 축적 가능성은 남성에 비해 낮다.

여성의 비정규직 비율이 남성보다 높으면 이 경우에도 구조적인 가난이 발생한다. 왜냐하면 비정규직이 저임금 직종에 몰려 있기 때문이다. 게다가 여성은 남성보다 쉽게 실직한다. ILO에 의하면 여성 경제활동 인구의 대부분이 저임금노동에 종사하며, 같은 직종에 종사하면서도 남성과 동일 임금을 받지 못하고 있다고 한다. 빈곤의 여성화는 빈곤의 악순환과 연결된다. 빈곤의 여성화 문제는 여성 문제의 총화라 할 수 있다. 그 뒤에 이를 용인하는 국가가 존재한다.

6. 맺음말

국가와 여성의 관계는 시대에 따라, 국가에 따라 다르다. 여성들은 오랜 시간에 걸쳐 꾸준히 국가의 중심부로, 제도권 영역으로 진출하려 노력했다. 국가 또한 시대의 요구에 따라 여성과 관련된 정책을 만들고 집행하기 위한 제도적 기구들을 만들어갔다. 그 결과 세상은 분명 달라졌다. 그러나 예전보다 활성화된 여성의 시장 노동 참가와 정치 참여에도 공사와 남녀의 분리 구조를 외형으로 하는 국가와 여성의 관계는 여전히 남아 있다. 동시에 '여성적'이라 정의된 활동 영역 역시 공식적인 시장 노동 영역 저편에 그대로 존재하고 있다. 대부분 나라에서 법적인 평등은 보장되고 있지만, 이것이 실질적인 평등으로 이어지지 못하고 있는 것도 사실이다.

분명한 것은 대부분 국가에서 여성이 여전히 불평등한 지위에 있다는 점이다. 앞에서 살펴본 것처럼 '가부장적 자본주의 국가'란 엄밀히 말해 성별과 자본의 소유에 따라 사람의 가치가 다르게 매겨지는 사회이다. 인간 각 개인의 능력은 물론이고, 각 개인에게 운명적으로 결정되는 요인(성별, 인종, 신분)에 의해서도 각자의 역할이 규정되는 사회이다. 그러므로 근대의 자유와 시민권은 충분히 실현되지 못하고 있다. 국가는 여전히 전근대적인 권력 기구의 역할을 하고 있고 여성 구성원은 종속적 지위에 있다.

2014년 현재 미국 오바마 정부는 여성 동일 임금의 실현을 국가정책의 큰 축으로 제시했다. 남성 임금의 77%밖에 받지 못하는 미국의 현실을 해결하려는 시도이다. 그러나 오바마 정부는 이와 관계한 많은 비판에 직면해 있다. 국가 경쟁력이 떨어진다는 것이 가장 큰 비판점이다. 이에 대한 구체적인 대안이 제시되지 않는다면 동일 임금은 선언에 그칠 가능성도 크다. 그럼에도 국가가 구성원을 위해 무엇을 할 수 있는지를 잘 보여주는 사례로 보인다. 만약 이런 노력도 없다면 WEF가 예측한 83년 후에도 평등은 실현되지 못할 수 있다.

9장

문화와 여성의 경제

1. 머리말

사람이 살아가는 모습은 나라마다, 공동체마다 공통점과 차이점을 보인다. 왜 차이가 날까? 이 차이는 경제체제, 가부장제, 종교, 법률 등의 제도적 조건 속에서 결정되며 역사적 환경에도 영향을 받는다. 이렇게 여러 이유를 찾을 수 있겠지만 크게는 문화의 차이를 떠올릴 수 있다. 그럼 문화는 무엇인가? 광의로 정의하면 문화는 삶의 방식이기도 하고 정신의 구조이기도 하다. 한 사회의 문화 속에는 그 사회의 삶의 방식이 각인되어 있다.

여성이 형식적 평등을 획득한 현대사회에 와서도 실현되지 않는 실질적 평등을 확인하며 여성주의자들은 한 사회의 정신적 구조를 주목했다. 이는 물질적 구조보다 변하기 어렵다. 이 정신적 구조에 따라 전통, 가족, 공동체의 의미, 교육, 이데올로기 등을 이해하는 방식이 결정되며 여성의 평등 실현 의지에도 차이가 나타난다. 따라서 여성 문제를 해결하기 위해서는 정신적 구조, 즉 문화에 관심을 가져야 한다.

이 장에서는 여성의 경제적 현실을 문화라는 잣대를 통해 조명한다. 문화권별로 다른 성별 관계가 여성의 경제적·사회적 지위를 결정한다는 것을 확인하면서 여성주의 경제학의 지평을 경제결정론을 넘어선 영역까지 확장한다. 이를 위해 문화별 성별 관계로 유형화해보고 이것이 여성의 경제 현실에 미치는 영향을 설명한다. 문화를 제외한 다른 조건을 비슷하게 하려고 비교 국가를 OECD 회원국 중 7개국으로 한정했다. 각 문화권을 크게 영미형(미국, 영국), 라인형(독일, 스웨덴), 동아시아형(한국, 일본), 이슬람형(터키)으로 나누고, 이들 국가 여성의 삶을 젠더와 관련된 경제지표 및 사회지표를 중심으로 설명한다.

2. 문화의 유형과 성별 관계

흔히 각 사회의 규범, 역사, 전통, 상식, 경제, 종교, 유행 등 다양한 요인을 통칭하여 특정 사회의 문화라고 한다. 인간은 태어나 살면서 자신이 속한 공동체 속에서 끊임없이 문화화 과정을 겪는다. 이 점이 인간과 동물이 다른 점이라고 이야기한다. 그렇다면 한 사람은 자신의 삶을 통해 자신이 속한 문화를 표현하고 있다고 할 수 있다.

여성의 경제 현실을 설명하기 위해 문화권별 성별 관계를 분석하는 이유는 성별 관계가 문화의 핵심 축이라는 판단에서다. 한 사회의 문화가 삶의 형태에 영향을 준다는 사실은 자명하다. 성별 관계는 그 사회의 문화라는 배경 없이는 접근 자체가 불가능하기도 하다.

삶의 방식인 문화가 인간의 삶을 규정하는 방식은 그 인간이 속한 사회가 가지는 인간에 대한 규제의 정도와 인간끼리의 관계 밀착 정도에 따라 설명할 수 있다. 더글러스(M. Douglas, 1978)는 문화유형론에서 행위에 대한 규제(grid)와 집단성(group)의 정도를 문화 유형의 기준으로 보고 이 기

〈표 9-1〉 더글러스의 규제와 집단성에 따른 문화 모형

		집단성(group)	
		약한 집단성	강한 집단성
규제 (grid)	강한 규제	숙명주의	집단주의
	약한 규제	개인주의	평등주의

자료: Douglas(1978).

준에 따라 삶의 방식을 유형화했다. 〈표 9-1〉에서 보는 바와 같이 집단성은 집단이 개인을 통제하는 방식이며 규제는 사회의 규범이나 제도를 통제하는 방식이다. 이러한 집단성과 규제의 조합에 따라 숙명주의, 평등주의, 개인주의, 집단주의 사회가 된다. 약한 집단성과 강한 규제를 가진 숙명적 문화를 가진 사회를 변화시키는 것은 분명 약한 규제와 집단성을 가진 문화를 가진 사회를 변화시키기보다 어렵다.

여성 문제를 볼 때 각 사회가 어떤 집단성과 규제를 가졌는지를 파악하는 것이 중요하다. 또 문화를 구성하는 사회의 문화적 편견(cultural biases)과 사회적 관계(social relations)의 상호작용도 살펴봐야 한다. 이러한 문화 유형과 척도의 사례로 이 장에서는 문화별 성별 관계를 주목한다. 공동체 문화를 작동시키는 여러 제도 중에서도 대표적이고 근본적인 제도가 성별 관계이기 때문이다. 각 공동체가 어떤 성별 관계를 용인하느냐에 따라 공동체의 성격은 물론 구성원의 성별에 따른 삶의 양식도 달라진다. 다시 말하면 각 공동체가 용인하는 성별 관계에 따라 어떤 공동체에서는 장에 가서 물건을 사는 일이 남성의 일인 데 비해 어떤 공동체에서는 여성의 일이 된다. 어떤 사회에서는 딸도 상속을 받지만 어떤 사회에서는 받지 못한다.

이처럼 성별 관계는 한 사회가 구성원의 권리와 의무 및 자기동일성을 결정하는 방식이다. 성별 관계 속에서 남성과 여성은 단지 대립하는 세력이 아니라 서로 연대하기도 하고 갈등한다. 사실 젠더는 기능 면에서 서로

의존하고 상호관계를 맺기 때문에 분리해서 생각할 수도 없다. 여기서 다시 강조하는 점은 특정 사회가 고유의 성별 관계를 일종의 제도로 설정해 놓고 있다는 사실이다. 이 제도의 내용, 무엇보다도 양성의 역할 설정에 따라 각 성의 삶이 결정된다는 것이다. 즉, 성별 관계의 속성에 따라 여성 삶의 모습이 달라진다.

다시 말해 성별 관계는 각 가정에서 밥을 푸는 서열로 작동하는 동시에 사회에서 여성 시장 노동의 가치에 영향을 미친다. 아울러 구성원 누군가에겐 재생산노동(가사 노동, 돌봄 노동, 그림자 노동)을 수행할 명령을 내린다. 더 나아가 이런 성별 관계를 바탕으로 구체적 정책과 법이 만들어지고 국가기구가 작동하며, 넓게는 각 공동체의 사회적·문화적 환경이 마련된다.

3. 가부장제와 성별 관계

성별 관계는 인간의 역사에서 늘 특정한 모습을 띠고 나타났다. 현재 역사를 관통하여 나타나는 제도로서의 성별 관계는 가부장제 모습을 띠고 있다. 가부장제는 남성 가부장이 가정에서 주도적 위치를 갖는 제도이다. 실제로도 가부장제는 여성과 남성이라는 두 젠더가 연관되어 생기는 모든 현상을 꿰는 중심에 있다. 가부장제에서는 가장과 구성원의 권한 격차가 존재하며, 가부장의 권위를 중심으로 공동체 질서가 유지된다. 18세기 이후 자본주의가 정착되며 강해진 사적 영역에서의 가부장제는 20세기 들어 공적 가부장으로 변화되었다. 사적 영역에서 가정 내 가부장이 가사 노동을 배경으로 군림하든, 공적 영역에서 국가 가부장이 여성의 저임금을 배경으로 군림하든, 가부장제는 여성의 삶을 설명하는 열쇠와도 같은 개념이다.

흔히 가부장제는 인간의 생물학적 조건을 고려한 자연적 제도로 파악되기도 한다. 그러나 성별 관계는 인간에 의해 만들어진 지극히 인위적인 관계이다. 가부장제는 길게 보면 시간에 따라 변하는데, 짧게 보면 변하지 않는 것처럼 보여서 '상식에 맞음', '자연스러움'으로 받아들여진다. 각 문화에 따라 성별 관계가 다르며, 서로 다른 성별 관계는 서로 다른 가부장제를 형성시킨다. 월비(S. Walby, 1990)는 가부장제를 지탱하는 구조를 다음의 여섯 가지 범주로 설정한다. 가계 내에서의 가부장적 생산관계, 시장 노동에서의 가부장적 관계, 국가와의 가부장적 관계, 폭력, 성성(sexuality)에서의 가부장성, 문화나 제도 속의 가부장적 관계가 그것이다. 이 여섯 개 구조는 서로 인과관계로 얽히기도 하고, 강화되기도 하고 약화하기도 하고 자율적으로 움직이며 남녀의 삶을 결정짓는다.

나라마다 차이는 있지만, 여성이 정치적·경제적 자유를 어느 정도 얻은 20세기에 와서 가부장제에 큰 변화가 생겼다. 이에 따라 가부장적 구조에도 변화가 왔다. 사회에 따라 차이는 있지만, 전체적으로 가부장적 구조가 약화되었다. 이러한 변화 속에서 각 사회의 성별 관계에도 변화가 생겼다. 성별 관계의 변화를 가져온 원인은 무엇보다도 경제이다. 현재 한국에서도 가정 내의 여권이 강화되고 신가부장, 신모계사회 등이 회자되고 있다. 이는 무엇보다도 여성의 경제력 향상을 기반으로 하는 것이다.

4. 문화권별 성별 관계와 여성의 삶

여성과 남성이 살아가는 모습은 나라마다, 지역마다, 문화권마다 조금씩 다른 모습을 띤다. 이를 각 사회의 성별 관계라는 큰 기준에서 살펴보는

〈표 9-2〉 2014년 세계경제포럼(WEF)의 성별 지표와 성별 관계

	라인형 성별 관계				영미형 성별 관계				동아시아형 성별 관계				이슬람형 성별 관계	
국가	독일		스웨덴		미국		영국		한국		일본		터키	
1인당 GDP (PPP, $)	여성	남성	여성	남성	여성	남성	여성	남성	여성	남성	여성	남성	여성	남성
	33,583	40,000	37,788	40,000	40,000	40,000	24,820	40,000	19,395	40,000	23,949	40,000	10,501	26,893
경제활동 참가율 (%)	72	83	78	82	67	78	70	82	55	76	64	84	32	76
중등교육 진학률 (%)	-	-	93	93	80	86	95	95	96	96	100	99	80	84
성격차지수 순위 (GGI)	12		4		20		26		117		104		125	
성격차지수 점수 (GGI)	0.7780		0.8165		0.7463		0.7383		0.6403		0.6584		0.6183	
남녀 임금비 (2014년)	0.84		0.94		1		0.62		0.48		0.60		0.39	
여성 의회의원, 고위 임직원, 관리자 비율 (%)	31		36		43		34		11		11		12	
여성 전문직 및 기술직 비율 (%)	49		52		55		49		41		47		37	
여성 의원 비율 (%)	36		57		18		23		16		8		14	

주: GGI(142개국) 순위. GDP(PPP)는 2011년을 기준치로 한 구매력 평가 국민소득.
자료: World Economic Forum(2014).

〈표 9-3〉 문화와 성별 관계

구분	라인형 성별 관계		영미형 성별 관계		동아시아형 성별 관계		이슬람형 성별 관계
나라	독일	스웨덴	미국	영국	한국	일본	터키
국가 개입	직접 = 간접	직접 〉 간접	직접 〈 간접	직접 〈 간접	직접 〉 간접	직접 〉 간접	직접 〉 간접
성별 관계	합리주의	실용주의	자유방임	전통주의	혈연주의	혈연주의	전통주의
더글러스 문화모형	약한 평등주의	강한 평등주의	강한 개인주의	약한 개인주의	약한 집단주의	약한 집단주의	강한 집단주의
여성 문제	낮은 경제활동률, 빈곤, 주변화	주변화, 빈곤, 높은 가사 부담	인종차별, 주변화, 빈곤	낮은 경제활동률, 빈곤, 주변화	인권, 낮은 경제활동률, 빈곤	인권, 낮은 경제활동률, 빈곤	인권, 낮은 경제활동률, 정치적 자유
여성·기업·정부 코포라티즘	중간	강함	약함	약함	약함	약함	아주 약함
여성 정치 참가	강함	매우 강함	중간	중간	약함	약함	약함
여성 정책 시행	소극적	적극적	소극적	소극적	소극적	소극적	소극적
시장 노동 참여 유형	여성 파트타임형	국가 양육 책임 2인 소득 모형	개인 양육 책임 2인 소득 모형	여성 파트타임형	강한 남성 부양자형	강한 남성 부양자형	강한 남성 부양자형

자료: 홍태희(2004b).

작업은 각 사회의 국가 특성을 이해하는 것과 매우 밀접한 연관이 있다. 여성 문제와 관련해 각 국가를 구분하는 척도는 여성 문제에 국가가 개입하는 방식과 정도를 통해 나누어볼 수 있다. 이러한 개입 정도는 구성원들이 인정한 범위 속에서 결정되므로 결국 사회의 상식, 규범, 전통이라는 덕목이 개입된다고 할 수 있다. 다시 말해 앞에서 언급한 월비의 여섯 가지 가부장적 구조의 관계 속에서 개인 책임과 국가 책임의 경계가 정해지고, 여성 노동의 상품화 가능성, 가사 노동의 분담 가능성, 모자 보호의 가능성 등이 나라마다 다르게 제시된다.

앞의 〈표 9-2〉는 각 국가의 발전 정도와 소득수준 및 각종 여성 관련 지표를 문화권별 성별 관계로 유형화한 것이다. 또 〈표 9-3〉은 문화권별 성별 관계의 특징과 국가의 역할을 유형화했다. 여기에서 비교 국가의 성별 관계에 따라 여성의 경제적 삶을 살펴보면 다음과 같다.

1) 영미형 성별 관계와 여성의 삶

서유럽과 북미의 선진국에서는 1970년대부터 동일노동법과 동일가치노동법을 중심으로 여성 정책의 틀이 잡히면서 형식적으로나마 양성평등이 이루어졌다. 그러나 현실은 각 국가의 사회적·문화적 특성, 노동시장에 대한 국가의 개입 정도, 평등주의 이념의 실현 의지 등에 따라 각기 다른 모습으로 발전했다. 이에 따라 성별 관계를 특징짓는 가정과 시장에서 여성노동의 위치, 국가와 여성의 관계, 문화나 제도 속의 가부장적 관계도 변화했다. 특히 국가의 정책 방향과 정책 실현 의지뿐만 아니라 각국 여성계의 역량에 따라 달리 변화한 것도 사실이다.

미국, 캐나다, 영국, 남부 유럽 등의 국가는 다른 비교 국가보다 자유주의 시장 원리를 중요시한다. 이런 정책 기조에 따라 국가와 여성의 관계도 국가가 적극적으로 여권을 보호하고 규제하는 유럽의 다른 국가와 달리 법률을 통해 차별을 금지하는 등 소극적 방법을 내세운다. 미국의 여성 고용정책 수립 과정을 보면 가장 먼저 취한 정책이 법제의 수립과 이에 근거한 행정기구의 설치이다. 1963년에 제정한 시민권법 제7편에 인종, 연령, 피부색 등에 의한 차별을 고용을 비롯한 모든 측면에서 금지하는 내용이 포함되면서 여성의 고용 차별을 법적으로 다루기 시작한 것이다.

영미권 국가에서는 기업의 경쟁력 확보를 국가정책의 우선 목표로 두고 시장에서의 성과를 강조한다. 이러한 자유주의적 전통에 따라 국가의 평등 실현 의지가 상대적으로 약하다. 따라서 북유럽이 보여준 것과 같은 강력한 평등 정책은 펼치지 않고 있다. 유럽에서보다 강조된 노동시장 유연화를 통해 여성 실업률 자체는 낮으나 실질임금의 저하, 빈곤 계층의 증대, 불평등의 확산, 핵심 노동자와 주변 노동자(노동 빈민 포함)의 이중 구조화 등의 사회 문제는 가중되고 있다. 2008년 미국을 시작으로 전 세계에 확산된 경제 위기로 영미권 국가에서 신자유주의적 경제 운영에 대한 반성이 나오고는 있다.

시장의 역할을 강조하는 미국에는 명시적이고 포괄적인 가족 정책과 여성 정책이 부재하다. 그 대신 문제가 생겼을 때 주로 선별적인 개입을 시행한다. 민족국가를 배경으로 하는 국가와 달리 미국은 여성 내부의 구도도 다양해 사회적 계층뿐만 아니라 인종적 구분까지 존재한다. 미국 여성 문제의 특징 중 하나는 여성 내부의 인종별 격차이다. 미국에서 백인계, 아시아계, 흑인계, 인디언 원주민과 히스패닉 사이의 소득 격차는 뚜렷하다. 따라서 유색인 여성에게는 성차별과 인종차별이라는 두 개의 억압이 동시에 작동하는 셈이다. 2014년 미국은 여성 임금격차를 없애기를 국가의 정책 목표로 삼고 추진 중이다.

영미권 국가의 또 다른 특징은 OECD 국가 중에서도 여성의 의회 진출이 다른 구미 국가에 비해 상대적으로 낮다는 점이다(미국 18%, 영국 23%). 물론 이 수치는 터키, 일본, 한국에 비하면 높지만, 독일이나 스웨덴보다는 현저하게 낮다. 영국은 17세기 여성해방운동의 진원지였음에도 핵심 노동력인 25~54세 여성의 노동시장 참가율이 비교 국가에 비해 낮다. 2010년 영국의 15~24세 여성 경제활동 참가율은 56.7%로 비교적 높으나, 25~54세는 76.7%로 다른 서구 국가보다 상대적으로 낮다. 이는 영국 전업주부의 비율이 비교 국가보다 높기 때문으로 파악된다. 영미권 국가에서 여성의 지위는 라인형 국가에 비해서는 낮지만, 동아시아 국가나 터키와 비교하면 분명히 높다. 미국과는 달리 복지국가로 발전한 영국의 경우, 국가 가부장적 성격이 미국보다 강하다. 국가 차원에서 여성 문제가 관리되고 있으며 성별 격차도 미국에 비해 적다. 2014년에 발표된 WEF의 순위에서 미국은 20위에 머무른 데 반해 영국은 26위를 차지했다. 영국의 경우 2008년 9위에서 2014년 26위로 떨어졌다. 미국의 성별 관계가 자유방임적 특성을 띠는 데 비해 영국은 좀 더 보수적인 색채가 강하다고 할 수 있다.

2) 라인형 성별 관계와 여성의 삶

독일, 스웨덴, 덴마크처럼 게르만족 중심의 라인형 문화권에 속한 국가에는 평등주의 이념과 공동체적 덕목이 안착했다. 물론 이는 민족주의 이념 아래 강력한 노동자 세력과 여성계의 평등 실현 의지가 작동한 결과라 할 수 있다. 북유럽의 대표적인 복지국가 스웨덴은 모든 여성 관련 지표에서 우월한 성적을 보이며 대표적인 여성 친화적 국가라 칭해진다.

이는 〈표 9-2〉에서도 확인할 수 있다. 2014년 스웨덴의 남녀 소득비의 경우 남녀 1인당 실질 GDP(PPP)는 남성 4만 달러, 여성 3만 7,788달러로 임금비가 0.94에 이른다. 그러나 스웨덴 여성의 현실을 구체적으로 살펴보면 사정은 그렇게 녹록하지 않다. 스웨덴은 국가에 대한 여성의 종속성이 상당히 높다. 핀란드나 노르웨이 등 다른 북유럽 복지국가의 경우와 마찬가지로 성별 분업이 뚜렷하고, 직종 분리 정도도 영미형 국가보다 높다. 여성과 남성의 시장 참가율이 비슷한데도 여성의 가사 노동 부담이 남성보다 지나치게 높아 여성의 이중 부담이 심각하다는 것을 확인할 수 있다.

이는 스웨덴 여성 노동이 왜 시장 노동에 대거 참여하게 되었는지를 살펴보면 좀 더 분명해진다. 스웨덴은 1960년대 이후 심각한 노동력 부족에 시달렸다. 부족한 노동력을 메우기 위해 외국인 노동자보다 자국 여성 노동력을 활용하려는 정책을 세웠다. 이를 위해 국가 차원에서 보육 시설을 광범위하게 마련했다. 이 같은 정책의 결과, 스웨덴 여성의 시장 노동 참가율이 급격히 높아진 것이다. 여기에서 확인할 것은 여성의 시장 노동 참여가 여권 신장 차원에서만이 아니라 국가의 경제발전 전략으로 이루어졌다는 점이다. 물론 이를 통해 여권이 신장했다는 것도 분명한 사실이다.

스웨덴은 뚜렷한 사민주의 노선을 취하고 있는 데 비해 독일은 좀 더 강고한 양당 체계가 형성되어 있다. 따라서 정권이 변하면 여성 정책의 내용도 변화한다. 사민당보다 보수적인 기민당이 집권할 때는 보수적인 여성 정책이 실행된다. 스웨덴이 국가정책으로 적극적으로 보육 시설을 확충하고 여성 시장 노동을 장려한 데 비해 상대적으로 보수적인 독일은 어머니의 양육 의무를 강조한다. 따라서 3세 미만의 자녀를 가진 여성들에게 취업보다 자녀 양육이 제도적으로 권장되고 있고, 이에 따라 100% 임금 보전이 되는 출산휴가 제도와 자녀가 3세가 되기까지 양육 수당을 받을 수 있는 육아휴직 제도를 강화했다. 아울러 자녀 양육을 위해 취업을 중단하는 경우도 연금 횟수로 인정하는 주부 연금제도를 작동시켰다. 이것이 독일 여성의 경제활동 참가율이 상대적으로 낮은 원인 중 하나이다.

민족주의적 경향이 강한 라인형 문화권의 또 다른 특징은 강력한 국가 가부장제이다. 이들 국가에서는 종족의 계승과 사회보장제도의 원활한 작동을 위해 국가가 적극적으로 개입한다. 낮은 인구 증가율이 노동인구 감소를 불러와 연금의 안정적 수급과 국가의 장기적 존립을 위협하자 국가가 적극적으로 나서 이를 조정하고 있다. 여기에 라인형 국가에서 출산 장려와 모자 보호 등 가족 정책이 다른 나라에 비해 발전한 이유가 있다.

최근 독일은 전통적인 가족 정책으로 출산율 저하를 막기 어렵게 되자 스웨덴 모델에 가까이 접근하며 적극적인 가족 정책을 펼치고 있다. 18세까지 자녀에 대한 양육비를 지원하는 독일은 양육비의 절반가량을 국가가 지급할 만큼 국가 차원의 가부장제가 성립되어 있다. 양국의 성별 관계를 요약하면 두 나라 모두 국가 차원의 가부장제가 작동하는 '국가 가부장' 체제이다. 독일의 경우, 전통적 성별 분업과 가족주의에 근거한 좀 더 보수적인 가부장제이다. 이러한 전통의 영향으로 어머니가 자녀를 직접 양육하는 것이 강조된다. 이에 비해 스웨덴은 전통보다는 현실을 중시하는 실용주의적 가부장제라고 할 수 있다.

3) 동아시아형 성별 관계와 여성의 삶

동아시아 국가의 특징은 경제적 근대화와 사회적·문화적 전근대의 공존을 국가 차원에서 조정하면서 존립한다는 점이다. 이들 국가는 전근대적 국가에서 근대국가로 이행하면서 국가정책의 우선순위를 경제성장에 맞추었다. 이행 과정에서 혈연주의와 충효 이데올로기는 국민을 통솔하고 동원하는 이념으로 작동한다. 현재 이들 사회는 빠른 경제성장 이후에도 개인주의나 평등주의가 충분히 발전하지 못한 아노미 상황이 계속되고 있다. 여전히 개인의 인권보다는 전체의 이익이 강조되며, 전체의 이익을 위해 개인을 희생하는 것이 미덕으로 남아 있다. 집단주의가 가질 수밖에 없는 계급적 질서 속에서 남성의 시장 노동과 여성의 제한적인 시장 노동 및 직계 가족 관계의 유지가 동아시아적 삶의 표준이 되고 있다.

동아시아의 혈연주의에 바탕을 둔 국가, 사회, 가정을 유지하는 데 핵심적인 역할을 한 집단이 여성이다. 유교적 가부장제의 영향을 받은 규격화된 사회에서 여성은 전근대적 덕목과 근대적 덕목을 동시에 실현하면서 동아시아 사회를 유지시켰다. 한국에서 어머니로 대변되는 사람들은 모성이란 이름으로 무엇이든 할 수 있는 성스러운 존재로, 아줌마란 존재는 자신의 이익을 위해 무엇이든 할 수 있는 속물적인 존재로 설정되어 있다. 아시아 여성들은 이렇게 분열적인 양면성을 가진 채 사회가 요구하는 삶에 자신을 맞추어가며 가정과 사회를 유지하는 것이다.

유교적 가부장제와 혈연주의적 질서가 가져다주는 여성의 경제적 상황은 낮은 경제활동 참가와 높은 남녀 간 임금격차로 드러난다. 즉, 노동시장의 성별 분업이 어느 사회보다 뚜렷하고 성별 임금격차 또한 크다. 국가의 가족 정책 역시 가족 자조의 원칙과 성별 분업 등을 바탕으로 공적 책임을 가능한 한 축소하는 강한 가족주의 전통을 따르고 있다. 유교적인 남녀유별 이데올로기에 따라 양국 모두 여성이 재생산노동과 돌봄 노동, 특히 자녀 양육을 거의 전담한다.

앞의 〈표 9-2〉에서 볼 수 있듯이, 동아시아형 성별 관계에서 남녀 임금비는 한국 48%, 일본 60%로 현저히 낮게 나타난다. 2004년 한국과 일본의 남성이 가사 노동에 참가하는 시간은 각각 36분과 56분으로, 영국 2시간 18분, 미국 2시간 22분, 독일 2시간 21분, 스웨덴 2시간 29분에 비해 현저히 낮다.

이처럼 유교 문화의 영향 아래 있는 동아시아 국가는 법적으로는 양성평등을 지지하나 실제적으로는 성별 위계를 방기하거나 조장하면서 국가의 존립과 발전을 도모한다. 여기서 한국과 일본의 차이는 일본이 상대적으로 높은 경제 수준을 이룩함으로써 여성 복지의 수준을 높였다는 점이다. 그러나 비교적 안정된 사회 분위기로 인해 일본 여성의 평등 실현 의지는 상대적으로 약하다. 한국 여성은 단지 여권 신장뿐만 아니라 군사독재 정권 및 권위주의적 국가와의 갈등 속에서 정치적 입지를 다진 저력으로 일본 여성에 비해 사회변혁을 위한 역량을 더 많이 가지고 있다고 평가된다. 이는 2014년 GGI에서 일본의 정치적 권한이 129위인 데 비해 한국은 93위인 것으로도 짐작할 수 있다.

다른 비교 국가보다 한국과 일본 여성의 지위는 미약하다. 특히 2014년 현재 GGI는 일본 104위, 한국 117위로 스웨덴과 독일보다 현저히 떨어지며, 특히 경제 참여 기회는 각각 102위, 124위로 더욱 열악한 상황에 있다. 그러나 2012년 HDI는 182개국 중 12위와 10위를 기록해 비교 국가와 많은 격차가 나지 않는다. 이는 교육은 받았는데 이것을 사회에 펼칠 기회를 받지 못하고 있다는 것을 단적으로 보여준다. 전근대와 근대, 높은 기대 수준과 낮은 실제 지위, 높은 소득과 낮은 인권, 가사 노동의 지나친 부담, 심각한 외모 지상주의 등 불균형이 장기화되자 현재 한국과 일본의 성별 관계에는 근본적인 균열이 일어나고 있다. 가족 기능은 약화되고 이혼율은 높아지며 출산율은 낮아지는 데다 가족 문제와 사회 문제가 폭발적으로 발생하고 있다. 이러한 여성 삶의 어려움을 잘 대변하는 것이 한국 여성의 높은 자살률이다. 양국의 성별 관계를 요약하면 다음과 같다. 한국과 일본은 혈연주의적 가부장제를 기반으로 하나, 한국은 유교의 영향을 많이 받은 데 비해 일본은 유교의 영향에다가 전통 종교인 신도와 군사 문화적 전통이 많이 남아 있다.

4) 터키의 성별 관계와 여성의 삶

이슬람교 밖에서 이슬람 사회를 평가하는 데는 어려움이 따른다. 그중 특히 어려운 것이 이슬람 여성의 지위에 대한 평가이다. 일부다처제, 명예 살인, 히잡의 강제적 착용 등 서구의 관점에서는 여성 억압적인 문화에 대해 정작 이슬람 여성들은 그렇지 않게 생각한다는 보도가 왕왕 들리기 때문이다. 2006년 미국 ≪뉴욕타임스(The New York Times)≫가 이슬람 8개국 여성 8,000여 명을 대상으로 한 설문 조사에서 자신들이 억눌려 산다고 생각하지 않는다는 조사 결과가 우세하게 나왔다. 물론 이슬람 여성들이 억압받는 것이 아니라 오히려 보호받고 있다고 주장하는 이면에는 복잡한 배경이 있겠지만, 그들이 모슬렘으로서의 경건함과 그에 따른 남녀 관계를 자랑스럽게 여긴다는 주장은 분명 인정할 측면이 있다.

따라서 이슬람교와 여성 억압을 등치시키는 것은 종종 오류를 발생시킨다. 타 문화에 대한 편견이 강요한 지식이라는 측면이 있음은 물론 이슬람교를 믿는다 해도 지역마다, 나라마다, 종파마다 많은 편차가 있기 때문이다. 이러한 연관에서 문화를 규정하고 도식화하며 각 문화권을 분류하는 것은 매우 힘들고 위험하다. 말레이시아는 많은 전문직에서 여성의 비율이 남성보다 높고, 이란의 여대생에게서 여성 억압의 흔적을 찾아보기란 쉽지 않다.

그럼에도 이슬람교를 믿는 지역에서의 성별 관계가 남성 중심의 가부장성을 나타낸다는 점에 이의를 제기하기는 어렵다. 비교 국가로 채택한 터키는 이슬람 국가 중 종교의 영향이 가장 적은 국가에 속한다. 1993년 이미 여성 총리 탄수 칠레르(Tansu Çiller)를 탄생시킨 터키는 인구의 98%가 이슬람교를 믿는 지역이지만 다른 이슬람 국가보다 친서방적이다. 아울러 자본주의적 발전도 상당 부분 진척되어 현재 이슬람 국가 중에서 유일하게 OECD 회원국이며 유럽연합 회원국 가입을 앞두고 있기도 하다.

2001년부터는 여성이 남편의 동의 없이 취업할 수 있게 되었고, 결혼 후

취득 자산에 대한 부인 소유권 역시 인정한다. 그러나 가장 서구형 발전을 했다는 터키의 경우에도 여성의 사회적 지위는 권한, 경제활동 참가, 정치적 지위 등의 모든 영역에서 비교 국가 중 가장 낮은 성과를 보인다. 터키 여성의 경제활동 참가율은 〈표 9-2〉에서 보듯이 32%로 비교 국가 중 가장 낮다. 이는 이슬람 사회의 특징을 잘 보여주는 것이다. 터키 여성들의 소득노동 참가는 현재 더욱 줄어들어 34%를 넘던 1990년에 비해 오히려 감소했다.

물론 사우디아라비아, 이란, 이라크 등의 지역에 비하면 심하지 않지만, 터키 여성의 삶은 전통과 종교의 강한 규제 아래 있다. 특히 도시 여성보다 농촌 여성의 삶은 전통의 굴레에 강하게 구속되어 있다. 이들은 농사일을 하는 한편 가사 노동도 전담하고 있다. 이슬람 문화 탓에 터키 여성들은 사회 활동을 하는 데 많은 장애를 가지고 있다. 특히 사회가 불안정해질 때마다 등장하는 율법 통치는 성별 관계가 얼마나 종교의 영향을 강하게 받는지를 가늠하게 해준다. 이는 터키 여성의 경제활동 참가율이 중동 지역의 전쟁 등 정치적 불안 이후에 급격히 떨어졌다는 사실로도 확인할 수 있다.

5. 맺음말

한 사람이 태어나서 살면서 자신의 의지로 선택할 수 있는 것은 얼마나 될까? 부모도 선택할 수 없고 민족도 나라도 모국어도 선택할 수 없다. 사람은 누구나 자신이 속한 문화가 지정한 삶의 코스를 따라 자신의 시간을 걸어간다. 그 문화에서 벗어나지 못하는 한 다른 길은 없다. 이런 사정이니 각 문화에 따라 다른 내용의 삶이 펼쳐짐은 당연하다.

이 장에서는 문화가 여성의 경제 현실에 미치는 영향을 문화권별로 살펴보았다. 하늘 아래 변하지 않는 것은 없다. 앞에서 제시한 문화권별 특성은 각 사회의 의지에 따라 언제든지 변할 수 있는 것들이다. 물론 문화에 영향을 줄 수 있는 여러 요인 중에서도 가장 강력한 것은 경제이다.

그럼에도 이상의 분석을 통해 얻은 사실은 어느 문화권에서든지 여성이 불평등하고 불편한 처지에 있다는 것이다. 이처럼 여성들은 어느 나라에서든지 이중적 어려움 속에서 마음과 몸에 이중의 짐을 지고 이중적으로 살아가게 된다. 물론 각 사회의 문화 또는 마음가짐에 따라 이중성의 정도는 분명히 다르다. 현재가 많이 힘들면 사람들은 변화를 바라게 된다. 변화를 바라는 인간의 바람은 대안을 마련하고, 그 대안이 조금씩 실현되면서 성별 관계도, 사회도, 삶의 내용도 변하게 마련이다.

10장

결혼, 출산, 육아와 여성의 경제

1. 머리말

왜 여성들이 점점 더 결혼을 주저하는가? 왜 이렇게 쉽게 이혼을 하는가? 이런 질문에 경제학의 대답은 명료하다. 결혼이 예전에 비해 비싸졌다. 그래도 용기를 내어 사서 써보니 별 효용이 없다는 것이다. 그런데 결혼은 여성에게만 비싸진 것이 아니다. 존 스튜어트 밀(J. S. Mill)은 결혼을 법률이 인정하는 유일한 노예제라고 말했다. 그럼에도 사람들은 결혼한다. 결혼이 손해만 끼치는 것은 아니기 때문이다. 결혼하면 소득을 공유하고 자녀를 기르는 기쁨을 얻으며 심리적 안정감을 얻는다. 외롭지도 않고 행복해지기도 한다. 그러나 결혼의 편익보다 결혼의 비용이 크다면 결혼을 피하는 풍조가 생기는 것이라고 경제학은 설명한다.

나라마다 차이는 있지만, 산업화와 경제발전과 함께 여성의 고등교육 수혜율이 높아졌다. 한국도 매년 14만 명 정도의 여성이 대학을 졸업한다. 여대생은 물론이고 초등학교 여학생에게 물어보아도 인생의 목표는 더는 현모양처나 남편의 내조가 아니다. 대부분은 직업을 가지고 자신의 꿈을 펼치며 스스로 경제력을 가지길 원한다.

만약 결혼이 자신의 꿈을 실현하는 것에 걸림돌이 된다면 그들의 선택은 분명 달라질 수 있다. 만혼, 비혼, 증가하는 1인 가구, 세계적으로 낮은 출산율, 높은 이혼율, 특히 급격히 늘어나는 황혼 이혼 등은 결혼을 둘러싼 한국 사회의 고민을 잘 대변하는 현상이다. 이는 비단 한국 사회만의 문제가 아니다. 전 세계적으로 뚜렷이 나타나는 현상이다.

사람의 삶에서 결혼, 출산, 육아보다 더 중요한 일은 드물다. 기존 경제학에서 관심을 두지 않았던 결혼에 대한 연구가 본격적으로 시작된 것은 앞서 말했듯이 1970년대 초 베커에 의해서이다. 이후 결혼과 이혼, 출산 등은 경제학의 주요 연구 대상으로 받아들여졌다. 한국에서도 최근 이혼율 증가와 출산율 저하로 이 분야에 대한 경제학적 관심이 증가하고 있다.

이 장에서는 가계와 결혼, 이혼, 육아 등 사회적 제도와 여성의 경제적 상황을 경제학적 관점에서 설명한다. 먼저 결혼과 여성의 경제에 대해 설명한다. 다음으로는 출산 및 육아가 여성의 경제에 미치는 영향을 살펴본다. 그리고 경제성장과 출산율의 관계를 살펴보고 이혼의 경제학을 소개한다. 마지막으로는 맞벌이와 홑벌이의 경제 상황에 대해 설명한다.

2. 결혼과 여성의 경제

대한민국의 조세연구원이 발간한 보고서 「저출산 대책으로서 재정 정책이 여성의 출산, 노동 공급, 결혼 결정에 미치는 효과」(2007)에 따르면, 소비와 여가 변수의 크기가 커질수록 여성의 효용이 커진다. 자녀가 많아질수록 효용이 늘어나지만 자녀가 늘 때마다 한계효용은 오히려 줄어든다고 했다. 보고서에서는 첫 자녀 가치의 화폐단위를 약 1억 2,000만 원 정도로 환산한다. 또한 여성이 결혼하면 1억 4,000만 원 정도의 손해를 보는데 1억 3,000만 원 정도는 출산 탓이고, 1,000만 원 정도는 심리적으로 불안해지거나 소원해지는 친구 관계 때문이라고 한다. 보고서의 내용을 요약하면 여성이 결혼하면 손해를 보고, 자녀가 증가할수록 자녀의 한계효용이 감소한다는 것이다. 이는 왜 한국에서 이혼율이 증가하고 출산율이 줄어드는지를 경제학적 관점에서 잘 설명해준다.

흔히 결혼을 지극히 사적인 일로 받아들인다. 물론 결혼은 개인적 결정이며 개인의 삶에 큰 영향을 주는 선택이고 투자이다. 그러나 결혼은 동시에 매우 사회적인 일이고 공동체의 유지·존속에 지대한 영향을 미치는 제도이다. 그래서 결혼은 어느 사회에서나 가장 중요한 일이라서 철저하게 관리되는 제도이다. 인류가 가졌던 제도 가운에 가장 변하지 않고 오래 전해 내려온 제도 중 하나가 결혼이다.

경제학적 관점에서 보자면 제도가 이렇게 유지되는 것은 제도를 통해 얻는 것이 잃는 것보다 많기 때문이다. 즉, 인류의 '합리적 선택(rational choice model)'의 결과이다. 그러면 한국의 조혼인율(인구 1,000명당 결혼 건수)이 1993년 9건에서 20년 후인 2013년 6.4건으로 급감한 것은 어떻게 설명해야 하나? 결혼을 통해 잃은 것이 많아진 것인가? 사람들은 예상되는 편익의 크기와 비용을 고려해 결혼이나 이혼을 한다. 이에 대한 경제학자들의 의견을 살펴보자. 베커는 결혼을 개인의 선택 문제로 보고 특화와 분업, 공동 소비를 통한 결혼의 경제적 이득이 결혼하는 이유로 설명했다.

블라우와 퍼버, 그리고 윙클러(Blau, Ferber and Winkler, 2010)는 간단한 결혼 모형(marriage model)으로 이를 설명한다. 결혼이 독신 생활보다 큰 만족을 줄 수 있을 때 결혼이 이루어진다고 주장한다. 결혼의 성립 조건을 첫째, 결혼 후의 총산출(T_{mf})이 각각 독신일 때의 산출(T_m, T_f)의 합보다 크거나 같을 때($T_{mf} \geq T_m + T_f$), 둘째, 결혼을 통해 얻은 부부 각각의 몫(S_i)이 독신(Z_i)일 경우보다 크거나 같을 때($S_i \geq Z_i$, $i = m, f$)로 본다. 이렇게 손익을 따져서 결혼한다는 경제학의 발상은 이혼에도 적용된다. 사람들이 이혼을 꺼리는 것은 이혼에 많은 물질적 비용과 정신적 비용이 들기 때문이다. 결혼을 통해 밑지는 사람은 이혼하거나 아예 결혼하지 않게 되고, 이혼을 하면 밑지는 사람은 결혼 생활을 유지한다. 이렇듯 비용과 편익을 계산하여 최적을 선택한다는 것이 결혼과 이혼에 대한 경제학의 기본적 입장이다.

좀 더 자세히 결혼의 편익을 살펴보자. 결혼은 생물학적 욕구의 충족과 정서적 안정감 및 경제적 효율성을 준다. 사회적으로도 종족을 유지하고 국가의 최소 단위인 가계를 성립시켜준다. 결혼의 장점에 대한 경제학의 의견을 다시 들어보자. 결혼하면 독신 때보다 돈과 시간을 절약할 기회가 생긴다. 규모의 경제나 내구재의 공동 사용으로 평균 생활비가 감소할 수 있다. 특히 다양한 거래 비용을 줄일 수 있고 가족의 돌봄을 통해 가족 구성원에게 긍정적인 외부 효과를 발생시킬 수 있다. 또 가족 구성원 사이에 비교 우위에 의한 특화(intra-household specialization)와 분업을 통해 경제적 효율을 확보할 수 있다. 물론 결혼은 비용도 수반하는데, 소요되는 금전적 비용뿐 아니라 생활의 자유 포기, 기회 상실 등도 그 비용으로 들 수 있다.

다음 그림들은 영희와 철수가 각각 독신으로 시장 생산과 가계 생산을 했을 경우와 같이 결혼하여 재화를 생산했을 경우의 생산 가능 영역을 나타낸 것이다(Blau, Ferber and Winkler, 2010). 개별생산 가능곡선과 결합생산 가능곡선을 해석하면 영희와 철수는 각각 결혼 전에 시장재 50(M_1)과 40(M_2), 비시장재 20(H_1)과 80(H_2)을 생산할 수 있었다. 영희는 시장재에, 철수는 비시장재 생산에 비교 우위가 있었다. 결혼 후 이들은 시장재 90(M)과 비시장재 100(H)을 생산할 가능성을 가지게 되어 생산 가능 영역이 MYH

〈그림 10-1〉 결혼 전 영희 생산 가능선

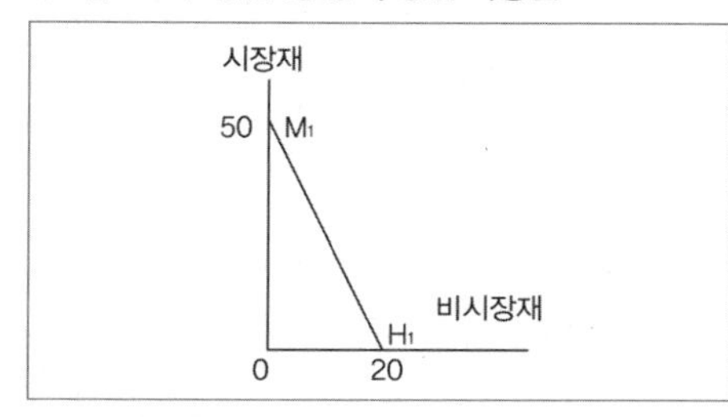

자료: Blau, Ferber and Winkler(2010).

〈그림 10-2〉 결혼 전 철수 생산 가능선

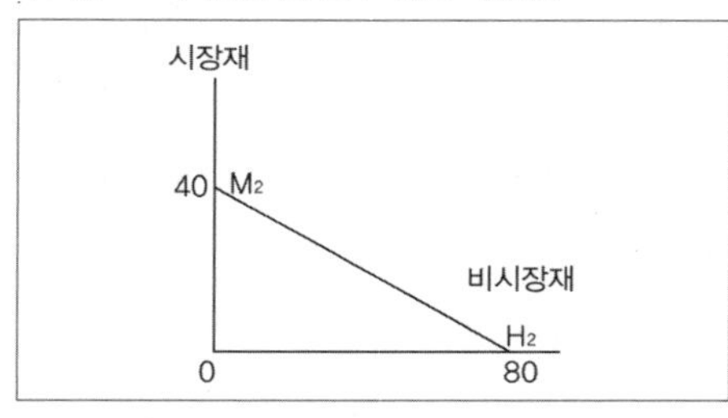

자료: Blau, Ferber and Winkler(2010).

〈그림 10-3〉 결혼 후 결합생산 가능선

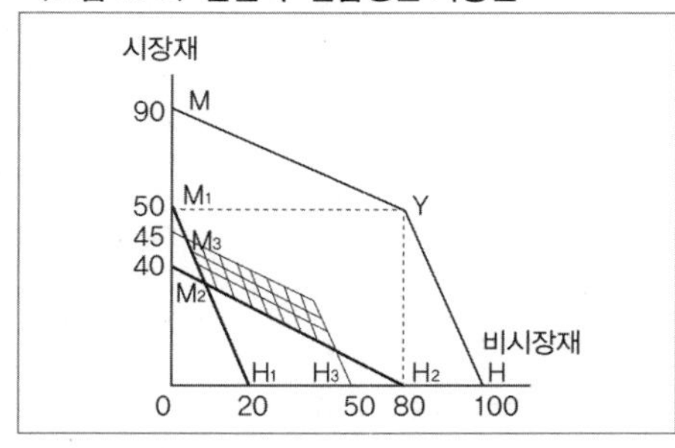

자료: Blau, Ferber and Winkler(2010).

이다. 이들이 비교 우위에 따라 특화하여 부부 사이에 반으로 나누면 각각 시장재 45, 비시장재 50씩을 가질 가능성이 열린다. 이를 〈그림 10-1〉, 〈그림 10-2〉, 〈그림 10-3〉을 통해 살펴보면 〈그림 10-3〉의 빗금 친 부분은 순전히 결혼 후 분업의 결과로 발생하는 잉여이다. 결합생산 가능 영역 내의 비교 우위에 의해 설명하면 시장재 생산에 비교 우위가 있는 영희는 시장재만 생산하고 철수는 비시장재를 생산할 때 이들의 총생산은 극대가 된다.

총생산이 극대화되려면 영희가 밖에서 일하고 철수는 가사 노동을 해야 한다. 그러나 현실에서 결혼 후에 시장재와 비시장재 생산을 어떻게 생산하며 누가 생산하느냐는 문제는 비교 우위에 의해서만 결정되지 않는다. 이를 결정하는 제도가 바로 성별 관계이다. 이미 거듭 지적한 것처럼 이 성별 관계는 대개 남성 우위의 역학 관계이다. 이런 권력관계 아래서 가계의 생산요소를 배분하고 생산물을 분배할 때 여성이 상대적으로 불리한 처지에 놓이게 된다.

경제학적 설명으로는 결혼이 철저히 손익을 계산하고 선택할 수 있는 제도이지만 현실적으로 이런 조건이 성립되지 않을 때도 결혼은 이루어진다. 많은 경우 손익을 계산할 자유도 주어지지 않고 사회 통념이나 관습에 의해 결혼하기도 한다. 결혼을 두고 계산기를 두드리는 일은 앞 장에서 더글러스가 지적한 것처럼 약한 집단성과 약한 규제가 작용하는 개인주의적 문화 속에서나 가능하다.

결혼의 대체재로는 동거가 있다. 사회마다 차이는 있지만, 예전에는 무조건 백안시하던 동거가 최근에는 자연스러운 삶의 형태로 받아들여지고 있다. 서구의 여러 나라에서는 현재 결혼 대신 동거를 하는 경우가 많다. 어떤 나라에서는 동거도 가족 형태로 인정받고 법적 지위도 누린다. 프랑스에서는 독신, 결혼, 홀아비·홀어미, 이혼, 동거, 시민연대협약(PACS, 팍스) 등 여섯 가지로 가족 형태를 구분한다고 한다. 동거는 법적 보호를 받고 있고, 동거보다 법적 구속력이 더 있는 팍스는 처음엔 동성애자들의 결혼을 위한 제도였으나 현재는 이성애자들도 활용한다고 한다.

이처럼 동거가 늘어나는 이유 중 하나가 이혼의 경제적 비용이 너무 크기 때문이라고 경제학은 파악한다. 동거는 가족 형성의 시험 수단으로 보고 결혼의 대체 수단으로 삼기 때문에 증가한다. 프랑스에서 결혼한 부부의 90% 정도가 동거로 시작했다고 한다. 실증 연구 결과, 고소득 커플에게 동거는 결혼으로 이어지는 예비 단계이지만, 저소득 커플에게는 결혼의 대체재이다. 돈이 없는 커플의 동거는 결혼으로 이어지지 않는다고 한다. 어느 나라는 이혼 후 치러야 할 비용이 무서워 동거를 하고, 어느 나라는 돈이 없어서 동거한다.

3. 출산 및 육아와 여성의 경제

결혼한 부부는 대부분 자녀를 둔다. 순리라고 말하나 경제학은 자녀를 가지는 순리에도 계산기를 두드린다. 자녀를 키우는 일에는 많은 비용이 든다. 이러한 비용을 감수하고도 사람이 자식을 두는 이유는 무엇일까? 많은 사람은 이것을 인간의 본능 때문이라고 말하며 인간의 삶에 필수 사항이라고도 말한다. 그러나 피임 기술이 발전하고 많은 나라에서 낙태도 가능하여 자녀도 선택할 수 있게 되었다. 이전의 시대에 비해 출산율이 현저하게 떨어지는 현재, 자녀는 필수가 아니라 선택의 대상이 되고 있음은 분명하다. 최근 들어 결혼과 출산의 연결 고리가 끊어지면서 무자녀 부부(딩크족, DINK: Double Income No Kids)가 증가하고 있다는 사실만으로도 출산이 자신의 인생에 도움이 안 된다는 계산이 나왔다는 세간의 상황을 짐작할 수 있다.

자녀는 부모에게 만족과 고통, 효용과 비용을 동시에 주는 존재이다. 자녀를 가짐으로써 발생하는 기쁨이나 안도, 행복 등을 위해 자녀를 낳고 기른다는 입장이다. 아울러 자녀는 일종의 투자재적 측면도 있다. 가업을 계승하고 부모의 노후를 책임지는 존재이기 때문이다. 인류는 농경사회를 이룬 이후에 가족 노동력을 바탕으로 오랜 시간 농업사회를 이끌어왔다. 자녀를 가진다는 것은 노동력을 확보하는 가장 효율적인 방법이었다. 이러한 노동력의 의미는 산업사회로 바뀌면서 퇴색되었지만, 여전히 많은 나라에서 노후에 대비하여 자식을 둔다. 사회보장제도가 제대로 정비되어 있지 않을 때 자녀를 키움으로써 노후에 안전판으로 사용하는 투자 개념이다.

경제학은 출산도 효용과 비용이라는 측면에서 해석한다. 자녀를 가지는 것은 비용에 상응하는 편익을 주기 때문이다. 라이벤스타인(H. Leibenstein,

1975)은 자녀의 효용에서 비용을 차감한 순효용의 크기에 따라 자녀의 출산 가능성이 결정된다고 했다. 합리적 선택 이론(rational choice theory)에 따르면 출산으로 얻을 수 있는 효용이 비용보다 클 때 출산한다. 이스터린(R. Esterlin, 1975)은 제약 조건 아래에서 자녀가 주는 효용과 양육하는 데 드는 비용을 고려하여 가족 전체의 효용을 극대화하는 자녀 수가 결정된다고 한다. 오쿤(A. Okun, 1975)은 소득이 증가하면 다른 재화에 비해 양육비가 상대적으로 많이 증가해서 자녀의 상대가격이 상승하므로 자녀에 대한 수요가 감소한다고 설명했다.

그런데 근래에 와서 자녀가 공공재적 성격을 가진다는 주장이 제기되었다. 대부분 가계는 자녀를 위해 소득의 많은 부분을 지출한다. 또 육아를 담당하는 여성들은 무임 돌봄 노동으로 빈곤화 과정을 겪기도 한다. 그러나 자식을 키우면서 발생하는 편익은 부모만 가지는 것이 아니다. 자녀가 자라서 사회의 일원으로 활동하게 되면 그가 만드는 가치를 사회가 공유하는 측면이 있기 때문이다. 즉, 자녀를 직접 키운 사람만이 아니라 제삼자가 무임승차로 혜택을 볼 수 있다. 이들이 자라 노동력이 되어 세금을 내고 부모 세대를 부양하는 과정에서 키우지 않은 사람도 혜택을 받게 된다. 자녀는 공공재적 성격을 가지고 육아는 그 사회에 외부 효과(externality)를 발생시킨다.

이처럼 자녀를 낳고 기르는 일에는 비용의 사적화(privatization)와 혜택의 사회화(socialization)라는 불합리성이 발생한다. 따라서 부모와 비부모의 경제적 형평성이 사회적 문제가 된다. 국가가 나서서 외부성을 내부화시키지 않으면 출산율은 자연히 낮아지게 된다. 현재 한국의 경우 육아 비용이 갈수록 증가하나 그에 대한 사회적 보상이 충분히 이루어지지 않고 출산과 육아에 따른 기회비용도 많이 발생하고 있다. 그러자 출산율이 급격히 저하되고 있는 것이 현실이다. 2011년 한국의 합계출산율은 1.24명으로 평균 1.75명을 출산하는 OECD 국가 중 가장 낮은 수준이었다. 2013년 현재 연령별 출산율의 합계인 합계출산율이 1.187명으로 오히려 줄어 초저출산 기준치인 1.3명보다 낮다. 초저출산 추세가 가속화되고 있다. 조출산율(인구 1,000명당 출생아 수)도 8.6명으로 1970년대 이후 사상 최저치이다. 이는 각종 대책이 무효하다는 것을 보여준다. 이런 추세로 가면 한국은 가장 빨리 지구에서 사라지게 될 것이라는 경고가 나올 정도이다.

자녀를 낳고 키우는 일은 여성들에게 더 특별한 의미가 있다. 전투 육아라는 유행어가 나올 정도로 극심한 육아 부담이 결혼을 포기하게 만들고 있는 현실은 여성에게 더욱 가혹하게 다가온다. 사실 여성이 자녀를 가진다는 것은 삶의 일정 부분을 포기해야 하는 상황이다. 여성의 육체적 노고는 차치하더라도 많은 공동체에서 임신, 출산, 육아가 여성만의 일로 치부되며 육아에 대한 책임을 혼자 지게 되기 때문이다. 또 임신으로 직장이나 개인 조직 내에서 많은 어려움을 감수해야 한다. 따라서 여성 대부분의 선택이 자녀 대신 자신의 삶을 찾는 쪽으로 기운다면 저출산이 심각한 사회적 현상으로 등장할 수 있다.

그런데 왜 육아는 여성의 일로 받아들여질까? 2014년 9월 한국의 비경제활동 인구 1,584만 5,000명 중 가사로 등록된 인구는 여성 559만 2,000명, 남성 12만 명이다. 육아는 여성이 142만 2,000명이나 남성은 5,000명이다. 이는 가사 노동을 주로 여성이 한다는 사실을 말해준다. 한국 아버지들이 12세 이하의 자녀를 돌보는 시간은 하루 2.8시간이다. 이미 밝힌 것처럼 대부분 OECD 국가보다 짧으며 태국 같은 아시아 국가에 비해서도 짧다. 왜 한국 남성들은 육아에 시간을 쓰지 않는가? 여기에는 여러 가지 이유가 있다.

가장 큰 원인은 경제이다. 한국에서 아버지가 주된 벌이인 가계가 전체의 95.6%에 육박한다. 즉, 아버지 대부분이 돈벌이를 해야 하므로 육아에 신경을 쓸 틈이 없다. 또한 보통 공동체마다 작동하는 성별 관계에 따라 누가 육아를 담당하는가가 결정한다. 그런데 한국의 남성 가부장 중심의 성별 관계에 따라 여성이 가사와 육아를 담당하게 되는 것이다. 사회의 육아와 관련된 제도적 장치가 부족한 것도 한 가지 원인이다. 다른 복지국가보다 육아를 위한 보육 기관이나 보육 제도가 미흡하다. 이렇게 보육 시설이 미흡한 상태에서는 부모가 육아에 책임을 질 수밖에 없는데, 육아에 대해 전혀 경험이 없고 보육에 대한 교육도 받지 못한 아버지가 육아를 담당하는 것은 어려움이 따른다. 이런 이유로 대부분 한국 가정에서 여성이 전적으로 육아 문제를 담당하게 된다.

여성이 육아를 전담하는 문화에 변화가 없는 것은 아니다. 또 많은 국가의 남성들이 육아휴직 기간의 일정 부분을 남성이 사용하도록 하는 파파쿼터제의 도입을 요구하고 있다. 현재 한국의 남성 육아휴직자 비율이 매년 50% 이상 증가하고 있으며 남성의 74%가 육아휴직 할당에 찬성하고 있다.

출산과 육아는 공동체의 장기적 생존을 결정하는 중요한 일이다. 이를 안정적으로 확보하지 못한 사회는 건강한 사회라고 할 수 없다. 따라서 이를 해결하기 위해 사회적 노력을 기울이는 것은 당연하다. 해결책은 무엇보다 자녀를 낳고 기를 수 있는 사회적 환경을 확보해주어야만 한다. 부모가 자녀를 낳은 것을 통해 인생의 어려움에 직면하지 않도록 제도적 여건을 마련해야 한다. 특히 여성에게 가정과 직장을 양립할 수 있도록 사회적 지원 조치를 늘리는 것이 선행되어야 한다.

여성은 육아와 가사 노동에 인한 경력 단절로 재취업에 성공하더라도 평균 20% 정도의 임금 손실을 보게 된다. 국가는 이 문제를 심각하게 받아

〈표 10-1〉 임신 및 육아 보호 정책의 종류와 내용

종류	성격	내용
임신부 보호 제도	일자리에서 모성보호	과중 근로와 야간 및 잔업 금지
수유 여성 보호 제도	일자리에서 모성보호	출산 후 1년 미만의 유아를 가진 여성 근로자에게 1일 2회 각 30분 이상의 유급 수유 시간 부여
육아 여성 보호 제도	육아휴직 제도	생후 1년 미만의 영아를 가진 근로자의 영아 양육을 위한 휴직
육아 여성 보호 제도	육아급여 제도	육아로 근로자가 생계의 위협을 받지 않도록 급여 지급

들이고 임신과 출산, 육아에 대한 보상책을 마련하여 육아휴직 및 모성보호 제도를 서둘러 정착시켜야 한다. 보육비 지원은 물론 학생들의 무상급식도 곱게 보지 않는 사회 분위기 속에서 출산율 증가는 불가능하다.

여성의 육아 부담을 줄이는 데는 기업의 역할도 중요하다. 각 기업은 좀 더 적극적으로 친육아 정책을 시행할 필요가 있다. 아울러 국가는 육아의 중요성을 인지하고 육아 장려금이나 보조금을 지급하며 육아 제도를 침해하는 기업들을 규제해야 한다. 무엇보다도 육아를 해본 적이 없어서 점점 더 육아하기 어렵게 되는 악순환을 방지하기 위해 출산 후 가능한 한 빠른 시기에 남성들의 육아휴직을 권장하는 것도 한 가지 해결책이 될 수 있다.

4. 경제성장과 출산율의 경제학

경제성장을 하면 출산율은 자연히 떨어지는 것일까? 분명한 사실은 선진국의 출산율이 개발도상국의 출산율에 비해 낮다는 점이다. 경제성장의 결과로 국민소득이 증가하면 자녀를 양육할 경제력이 커질 것이고 이에 따

라 더 많은 자녀를 가질 것으로 예상했는데, 현실적으로는 출산율이 낮아진다. 경제학은 이러한 현상을 다음과 같이 설명한다.

첫째, 부의 소득효과이다. 경제가 성장하면 사회보장제도가 정착되고 노후 생활이 비교적 안정될 수 있다. 그런 경우 자녀의 존재가 가져다주는 투자재로서의 매력, 미래의 보험 기능이 감소한다. 그러나 육아 비용은 오히려 증가하여 자녀의 총비용은 증가한다. 따라서 소득이 증가하면 자녀의 효용이 감소한다. 둘째, 경제성장을 하면 숙련이 요구되는 일자리가 증가한다. 따라서 자녀의 취업을 위한 교육비 부담이 늘어나며 육아 비용이 증가하고 자녀의 총비용이 증가한다. 따라서 자녀가 줄어든다. 셋째, 소득이 증가하면 여성의 취업 기회도 늘어나 육아의 기회비용이 증가하므로 자녀가 줄어든다. 아이를 기르지 않고 일을 하면 벌 수 있는 소득이 증가할수록 육아의 기회비용이 증가하므로 출산을 하지 않게 된다. 넷째, 출산율은 자녀에 대한 수요뿐만 아니라 자연 출산력이나 가임 능력 등 공급 측 요인도 고려해야 한다. 만혼이 일반화되면서 가임기를 놓치는 경우도 많기 때문이다. 마지막으로 경제성장이 될수록 출산율이 낮아지는 또 다른 이유는 소득 증가보다 육아 비용이 더 빠르게 증가하기 때문이다.

그런데 다 로차와 푸스터(J. M. Da Rocha and L. Fuster, 2006)가 OECD 국가를 실증 분석한 결과 여성 고용률과 출산율 사이에 양(+)의 상관관계가 있다고 한다. 여성의 경제활동 참가율이 증가하면 출산율이 증가한다. 여성이 가정을 지키면 출산율이 높을 것으로 추측되지만, 현실적으로 아이는 어머니의 보살핌만으로 크는 것이 아니라 돈이 있어야 키울 수 있다. 그러므로 가계소득이 낮아지면 출산율은 낮아질 수밖에 없다.

이러한 다양한 이유가 작용해서 출산율과 성장률 사이의 관계는 나라마다 차이를 나타낸다. 출산율은 물론 소득과 관련되지만, 돈만으로 다 결정되는 것이 아니다. 무엇보다 그 사회의 규범이나 제도, 종교 등이 결정한 분위기가 큰 역할을 한다. 특히 출산은 유행을 탄다. 다들 아이를 셋 정도는 가지는 분위기라면 아이가 한 명인 집은 흔들릴 수밖에 없다. 사회가 좀 더 적극적으로 출산 정책과 대책을 고민해야 할 이유이다.

5. 이혼과 여성의 경제

혼인한 남녀가 그들의 관계를 파기하는 일을 이혼이라고 한다. 한국에서는 1894년 갑오개혁부터 이혼이 인정되었고, 재판 이혼은 1915년부터 시행되었다고 한다. 경제학에서 이혼에 대한 연구는 주로 이혼의 결정 원인이나 비용, 재산 분할 방식, 이혼 후 부양비에 관한 법률 등을 중심으로 이루어지고 있다. 경제학적 관점에서 이혼은 결혼과 마찬가지로 비용과 편익을 비교하여 행해진다. 이혼하는 데는 현실적으로 시간적·정신적·금전적 비용이 발생한다. 특히 여성은 사회적 관습이나 경제적 문제 등도 고려해야 한다. 보수성이 강한 가부장 사회에서는 사회적 압박에 따른 심리적 부담 역시 이혼율에 크게 작용한다.

요즈음 한국의 이혼율이 급증한다며 개탄하는 소리가 들린다. 그럼에도 이혼은 계속 증가하고 있다. 2013년 한국의 이혼 건수는 11만 5,300여 쌍으로, 조이혼율이 OECD 최고 수준이다. 이런 증가세에는 여러 가지 이유가 있다. 가장 중요한 이유는 이혼 비용은 감소하고 이혼 편익은 증가하기 때문이다. 여성의 법적 지위가 향상되고 사회적 관습 등이 변한 것도 그 원인으로 생각할 수 있다. 현재 한국에서는 결혼 생활 중 이룬 재산에 대한 권리를 인정하고 자녀 양육권 문제와 양육비 문제도 양성평등적으로 변화되고 있다. 아울러 여성의 취업률이 증가함에 따라 경제적 독립을 한 것도 이혼의 원인이다. 여성 소득의 가계소득 비중이 높아질수록 이혼율이 높아진다는 것은 많은 실증 분석에서 확인된 바 있다. 결혼 시장에 존재하는 불완전한 정보나 정보의 비대칭 문제도 이혼의 원인이 될 수 있다.

이처럼 부부가 이혼하는 이유에는 많은 요인이 작용한다. 한국의 경우 여성의 경제적 지위가 향상됨에 따라 여성의 의식 역시 급격하게 변하는데 남성의 가부장적 의식은 더디게 변하는 상황 속에서 갈등이 증폭되어 이혼하는 상황이 빈번히 발생하고 있다. 전체 이혼 중에서 황혼 이혼이 증가하는 현상이 이를 잘 설명해준다.

6. 맞벌이·홑벌이의 경제학

2011년 현재 한국의 유배우자 가구 중 맞벌이 가구는 대략 43.6%를 차지한다. 2009년만 해도 40.1%이던 맞벌이 가구가 홑벌이 가구(42.3%)보다 많아진 것이다. 맞벌이 가구의 증가는 여성 취업률의 증가를 의미한다. 이러한 현상을 단순하게 생각하면 여성의 자아실현 기회가 증가했다고 볼 수 있으나, 사정을 좀 더 면밀히 관찰하면 홑벌이로는 살림살이가 어려워졌다는 것을 의미하기도 한다.

과연 둘이 벌면 더 많이 버는가? 맞벌이의 경제적 효과는 우리의 기대와 조금 다를 수 있다. 2012년 LG 경제연구원은 한국 맞벌이 가구의 실질소득은 가사 노동의 가치를 포함했을 때 홑벌이 소득의 1.15배에 그친다고 분석했다. 이는 미국의 1.47배보다 현저히 낮은 것이다. 한국 맞벌이 가정의 월평균 소득이 496만 원인 데 비해 홑벌이 가구의 소득은 370만 원이다.

여기에 가사 노동 비용을 고려하면 격차는 15%로 줄어든다. 맞벌이 가구의 가사 노동 가치는 월평균 91만 원인 데 비해 홑벌이 가구는 161만 원이다. 맞벌이의 경우, 가사와 육아를 위한 돌봄 노동의 혜택을 받기 위해 적지 않은 돈을 써야 하기 때문이다.

이처럼 한국 맞벌이 부부의 실질소득이 기대에 미치지 못한 이유에는 한국 노동시장의 특수성도 작용했다. 2009년 현재 한국의 맞벌이 주부는 임금노동 6시간, 가사 노동 3.7시간을 수행한다. 한국 여성의 시장 노동 임금은 지나치게 낮지만, 전업주부의 가사 노동 가치는 다른 나라에 비해 높기 때문이다. 이러한 구도가 한국 여성의 삶을 더욱 힘들게 하는 것만은 분명하다.

7. 맺음말

인간의 삶에서 결혼과 출산은 매우 중요한 일이다. 오랫동안 경제학은 결혼이나 이혼, 출산 등을 개인의 사적인 문제로 치부하여 분석 대상에서 제외해왔다. 경제학이 해결하려던 경제 현상은 시장에서의 교환 관계였다. 그러나 가계나 개인의 문제와 동떨어진 사회의 문제는 없으며, 개인의 선택도 이미 사회적인 선택이다. 결혼, 이혼, 출산은 매우 개인적인 문제 같지만, 지극히 사회적인 문제이다.

뒤늦게 경제학이 결혼과 이혼, 출산과 육아 같은 분야에 대한 연구를 시작한 후에도 이를 시장의 논리를 가지고만 이해한다. 결혼과 출산이란 선택의 뒤에도 경제인의 효용 극대화 전략이 있다는 것이다. 따라서 바람직한 사회를 만들기 위해 결혼의 비용은 줄이고 편익은 늘리는 방향, 출산의 비용은 줄이고 편익은 늘리는 방향으로 전환해야 한다고 한다.

여기에서 여성주의 경제학이 짚고 넘어가야 할 점은 결혼이나 이혼을 할 때 사람들이 효용 극대화를 계산하고 하느냐는 점이다. 물론 경제적 측면은 중요하다. 그러나 경제적 측면만이 아니라 사회적 역학 관계에 따라 결혼과 이혼을 선택하는 경우도 많다. 경제적으로 아무리 풍족하다고 하더라도 더는 같이 살 수 없는 상황이 발생하면 이혼할 수밖에 없다. 분명한 것은 아내와 남편의 관계는 물론 부모와 자식의 관계에서도 강자와 약자가 있고 강자의 의지에 따라 약자의 선택 폭이 제한된다는 점이다. 여기에 사회가 중재하고 조정하며 약자를 보호해야 할 이유가 있다.

11장

노동시장과 여성의 경제

1. 머리말

자본주의는 자본이 사회를 관리하는 제도이다. 돈이 중심인 사회이다. 그러므로 누구든지 돈이 있어야 살 수 있다. 자본주의 사회에서는 크게 두 부류의 사람이 있다. 먼저 태어나면서부터 돈이 있는 사람이다. 자본주의는 사유재산제가 인정되는 제도이다. 상속권이 인정되는 국가이므로 이들은 일하지 않아도 살 수 있다. 나머지는 돈을 벌어야 하는 사람이다. 이 사람들이 돈을 버는 방식은 크게 두 가지로 구분된다. 어떤 사람들은 자신의 노동력을 팔아 돈을 벌고, 다른 사람들은 노동력을 사서 돈이 될 만한 것을 만든 다음 그것을 팔아서 돈을 번다. 이들이 만나는 곳이 노동시장이다.

만약 노동시장이 제대로 작동하지 못한다면 돈을 벌기가 어려워진다. 그렇게 되면 개인은 물론 자본주의 자체가 존립 위기에 빠질 수 있다. 특히 노동력을 팔아야 사는 사람은 힘들어진다. 그런데 경제학이 그려놓은 노동시장은 누구도 간섭하지 않으면 돈을 벌려는 노동의 공급자와 노동력을 사려는 수요자가 평화롭게 균형을 만들어가는 곳이다. 과연 그런가?

여성주의 경제학이 확인한 노동시장은 적어도 그렇게 평화로운 곳이 아니다. 물론 일을 하면 돈을 받기는 하지만 얼마나 받느냐가 문제이다. 이들이 확인한 노동시장은 생산력의 가치만큼 공정하게 임금을 받는 곳이 아니라 운명적으로 타고난 성에 따라 가치가 다르게 매겨지는 곳이다. 차이와 차별이 격차를 만들고, 그 격차가 다시금 차이와 차별로 이어지는 악순환의 고리가 진행되는 곳이다.

이 장에서는 여성 노동시장의 현황을 통해 여성의 경제를 살펴본다. 먼저 여성의 경제활동 참가 상황을 설명한다. 다음으로 여성 노동의 특성을 살펴본다. 마지막으로 노동시장에서 발생하는 차별의 원인과 성격을 살펴보고 이에 대한 대안을 모색한다.

2. 여성 노동의 특징

1) 여성의 낮은 경제활동 참가율

사람은 누구나 노동을 한다. 노동은 크게 대가를 받는 노동과 대가가 없는 노동의 두 가지로 구분된다. 모든 노동이 가치가 있지만, 시장에서의 노동은 노동의 성격에 따라 그 가치의 크기가 달라진다. 모두가 노동시장에 참여하는 것은 아니다. 대부분 나라에서 노동시장 참여는 남성에게는 필수이지만 여성에게는 선택이다. 물론 세상이 변하고 요구되는 노동의 성격이 달라지며 여성이 잘할 수 있는 일자리가 늘어났다. 이에 따라 여성 노동에 대한 수요가 증가하고 여성의 사회 활동에 대한 사회 인식도 변했으며 여성 자신이 주체적으로 경제활동 참여를 결정하는 것도 사실이다.

기혼 여성이 경제활동에 참여하는 데는 어떤 요인이 작용할까? 먼저 경제학이 제시하는 답은 보수의 크기이다. 단적으로 말해 시장 노동의 대가가 가사 노동의 대가보다 클 경우에 여성은 시장 노동에 참여한다는 것이다. 그러나 시장 노동의 생산물과 가계 노동의 결과물이 다른데 어떻게 결과물의 가치를 비교할 수 있느냐는 문제는 여전히 남아 있다. 아울러 여성의 사회 참여를 금기시하는 나라들의 상황을 고려할 때, 편익의 크기만으로 설명할 수 없는 다양한 요소가 있는 것이 분명하다.

앞에서 이미 지적했듯이 여성 경제활동 참가의 특징은 남성보다 참가율이 낮다는 것이다. 참가의 성격도 남성과 다르다. 남성이 생애 전반에 걸쳐 고르게 참가하는 데 비해, 여성은 자신의 생애 주기에 따라 다르다. 2013년 현재 한국 남성의 경제활동 참가율 73.2%에 비해 한국 여성은 49.7%이다. 이는 OECD 평균인 62%보다 현저히 낮은 수준이다. 일반적으로 여성의 경제활동 참가율은 출산과 육아가 겹치는 20대와 30대에 낮아진다. 그리고 육아가 어느 정도 끝난 40대 후반에 다시 증가하여 M 자형 쌍봉 구조를 띤다. M 자형 쌍봉 구조의 노동시장 참여는 일본과 함께 한국의 여성 경력 단절 문제를 잘 보여준다.

결혼도 여성경제활동 참가율과 깊은 연관이 있다. 어느 국가를 막론하고 기혼 여성의 노동시장 참가율은 낮다. 왜냐하면 기혼 여성의 시장 참여는 남편과 가족 구성원의 시장 노동 활동에 영향을 받기 때문이다. 대개 여성 소득은 주된 벌이가 아니라 보조적 벌이이다. 남편의 소득이 가계 운영에 부족한 경우 부인이 시장 노동에 참여한다. 그러나 사회의 발전과 더불어 여성권이 강화되고 모권이 보호되며 여성도 교육을 받고 인적 자본을 축적해감에 따라 경제활동 참가율이 점차 높아지고 있다. 특히 산업화가 진전되고 산업이 고도화되자 1차 산업 중심의 경제에서 3차 산업의 경제로 변했다. 3차 산업에 비교 우위가 있는 여성 노동에 대한 사회적 수요가 증가하여 여성의 경제활동 참가율이 늘어나고 있다.

여성의 노동시장 참여에는 냉장고와 세탁기 등의 내구재 개발도 큰 역할을 했다. 가사용 내구재의 등장은 이 재화에 대한 시장 수요를 폭발적으로 증가시키는 동시에 가사 노동에서 여성을 해방시켰다. 내구재를 사기 위해 더 많은 시장 소득이 필요했고, 내구재 덕분에 가용 시간도 많아지자 여성의 노동시장 참여가 증가한 것이다.

자녀의 존재도 여성 경제활동에 영향을 준다. 과거보다 보살필 자녀가 적어지자 여성의 여가 시간이 증가했고 자연히 여성의 시장 노동이 증가했다. 또 여성의 시장 노동 참가에는 정부의 역할이 크게 작용한다. 정부가 여성 노동의 시장 참여를 위해 어떤 보육 정책을 세우느냐에 따라 여성의 시장 노동이 영향을 받는 것이다.

무엇보다도 중요한 것은 여성 자신의 변화이다. 여성의 사회 진출과 자아실현 욕구가 점차 높아지기 시작했다. 사회적·경제적 변화가 사회 인식의 변화를 가져와 점차 여성 노동에 긍정적 분위기로 흘러가는 것도 사실이다. 이러한 변화는 여성의 시장 노동 참여를 증가시키는 요인이 되었다.

2) 여성의 저임금

여성은 남성에 비해 적게 번다. 동일 직종 남성보다 임금이 적다. 나라마다 차이는 있지만, 여성 노동의 특성은 비숙련 저임금노동으로 대변된다. OECD에서 정의하는 저임금은 중위 임금의 2/3 미만을 받는 것을 뜻한다. 2012년 현재 한국의 여성 저임금노동 비율은 41.8%로, 남성 17.0%에 비해 현저히 높다. 이처럼 여성은 남성에 비해 시장에서 더 적은 대가를 받는다.

그렇다면 왜 여성은 이렇게 낮은 임금을 받는가? 경제학적 관점에서 보자면, 단적으로 여성 노동의 시장가치가 남성보다 낮기 때문이다. 즉, 여성들이 저임금 직종에 지나치게 몰려 있어 낮은 임금을 받고 있다. 그러면 왜 저임금 직종에 몰려 있는가? 이런 현상이 일어나는 것은 저숙련 때문이고, 저숙련의 원인은 인적 자본 축적이 부족하다는 데 있다. 여성은 남성보다 교육 기간이 짧거나 수준이 낮고, 일자리에서의 직무 훈련도 덜 받고 있다. 이런 상황에 돈 쓸 곳은 많아지니 어떤 조건이든 거부하지 않고 벌어야 하기 때문에 저임금이 쉽게 용인되는 경향도 있다. 아울러 짚고 넘어가야 할 점은 돌봄의 가격이 낮아진 탓이기도 하다는 것이다. 집에서 생산하던 가사 노동의 결과물을 시장에서 쉽게 살 수 있게 되었다. 예전에는 며칠을 공들여 만들던 된장을 요즈음은 시장에 가면 돈을 얼마 안 주고도 쉽게 살 수 있다. 그만큼 여성의 시장 노동의 기회비용이 싸졌다. 따라서 여성의 요구임금이 낮아져서 저임금이 용인되고 있다.

3) 성별 임금격차

성별 임금격차는 여성 노동의 성격을 잘 반영해주는 지표이다. 한국의 남녀 임금격차는 다음의 〈표 11-1〉에서 보듯이 OECD 국가 중에 가장 크다. 2010년에는 39%이나 2012년 WEF(2004)에서도 39%로 큰 진척이 없었으며, 여전히 다른 국가에 비해 현저하게 격차가 큰 실정이다.

일반적으로 임금격차는 개인의 능력과 일자리의 특성 및 사회규범, 제도적인 특성에 따라 생긴다. 또한 임금격차는 인적 자본의 축적 차이에 따라 발생할 수 있다. 성별 임금격차는 여성이 남성에 비해 적은 가치를 생산해서 나기도 하고, 같은 가치를 생산하지만 차별을 받을 때도 발생한다. 한국의 경우 인적 자본 축적의 차이로 발생하는 임금격차가 52.8%, 성차별로

〈표 11-1〉 OECD 국가 성별 임금 격차

		라인형 성별 관계		영미형 성별 관계		동아시아형 성별 관계	
연도	OECD(28개국, 평균)	독일	스웨덴	미국	영국	한국	일본
2000	19.47	24.1	9.5	23.1	25.5	40.4	33.9
2007	16.30	22.8	12.0	19.8	20.8	37.8	31.7
2010	15.30	20.8	14.3	18.8	18.4	39.0	28.7

주: 풀타임 평균소득 격차.
자료: OECD.

나타나는 부분은 30.8%이며, 남성의 경우 생산성 이상의 임금 프리미엄이 16.9%라고 한다(금재호·윤자영, 2011). 금재호(2010)는 성별 임금격차의 원인으로 남녀 생산성의 격차가 54.2%, 성차별적 요인이 27.3%라는 분석 결과를 내놓았다.

성별 임금격차는 전 세계적인 현상이다. 각국의 노력에도 성별 임금격차가 크게 개선되지 못하는 이유로는 무엇보다 노동시장의 양극화를 들 수 있다. 여성 취업은 비정규직이나 중소기업에 집중되어 있는데 대기업과 중소기업, 정규직과 비정규직의 양극화가 급격히 진행되자 여성 임금이 상대적으로 하락한 것이다.

4) 직종 분리

직종 분리는 노동시장에 참여한 여성에게 발생하는 대표적 현상이다. 여성의 경제활동이 꾸준히 증가하고는 있으나 여성에게 적합한 일과 남성에게 적합한 일은 여전히 구분되어 있다. 물론 생물학적 차이 탓에 여성과 남성에게 적합한 일이 따로 있을 수도 있다. 그러나 여기서 문제시하는 직종 분리는 생물학적 특성에 맞게 분리된 것이 아니라 저숙련 저임금 단순노동에 여성의 일자리가 집중된 현상을 말한다. 이런 성별 직종 분리는 성별 임

〈그림 11-1〉 여성 집중 직종 F

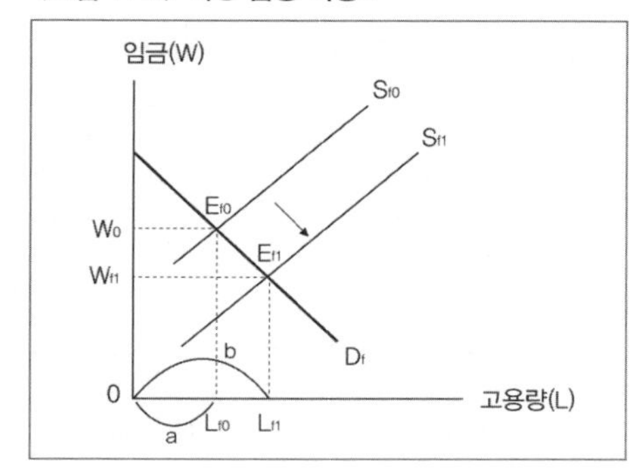

자료: Bergmann(1974).

〈그림 11-2〉 남성 집중 직종 M

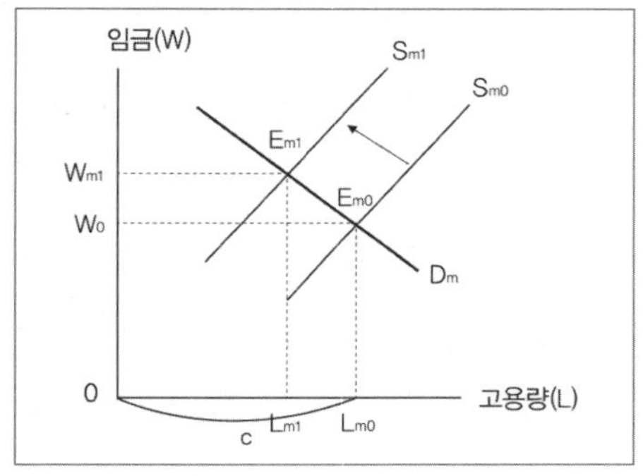

자료: Bergmann(1974).

금격차의 주요 원인이 된다.

직종 분리의 원인으로는 성별 선호 직종의 차이, 직무 능력의 차이, 법이나 제도에 인한 노동시장의 분절과 성차별 등을 들 수 있다. 신고전파 경제학의 인적 자본론에 의하면 직종 분리는 여성과 남성의 인적 자본 축적의 양과 질이 다르므로 발생한다. 비교 우위에 따른 합리적 선택으로도 설명한다. 이는 생물학적 특성에 의한 것일 수도 있고 사회적 환경 때문일 수도 있지만, 여성의 인적 자본 축적이 낮은 것은 결과적으로 저임금 및 성별 임금 격차의 원인으로 작용한다.

노동시장 분절에 따른 노동시장 이중 구조론도 직종 분리의 원인으로 거론된다. 노동시장은 공식 부문과 비공식 부문, 고용이 안정된 성인 남성으로 구성된 1차 노동시장과 고용이 불안정한 여성이나 사회적 약자로 구성된 2차 노동시장 등으로 나뉜다. 여성은 주로 비공식 2차 노동시장에 종사하는데, 이 부문이 노동시장에 과밀하게 공급되면 저임금의 원인이 된다.

〈그림 11-1〉과 〈그림 11-2〉는 여성 저임금을 직종 분리로 설명하는 버거만(Bergmann, 1974)의 과밀 가설(crowding hypothesis)이다. 고임금 숙련

〈표 11-2〉 2013년 한국의 직종별 남녀 근로자 비율(%)

직종	관리전문직	사무직	서비스 판매직	숙련직	기능조립직	단순직
남성	83.5	61.3	52.3	96.2	83.9	58.4
여성	16.5	38.7	47.7	3.8	16.1	41.6

자료: 통계청.

노동은 남성 일자리로, 저임금 비숙련노동은 여성 일자리로 직종 분리가 이루어지는 현실에서 남성 직종으로 진입하지 못하는 여성 노동이 여성 직종에 과밀 공급됨에 따라 여성 임금은 더욱 낮아지고 임금격차도 더 확대된다는 주장이다. 두 직종에 종사하는 남녀의 생산성이 같고 완전히 대체 가능하다고 가정하자. F 직종과 M 직종 모두 초기 균형점은 E_{f0}, E_{m0}로 균형 임금은 W_0이다. a, b, c는 노동인구 중 각 직종에 종사하는 노동력의 비율이다. 초기 균형점은 각각 E_{f0}, E_{m0}이고, a + c = 1이다. 그런데 M 직종에서 어떤 이유에서 여성 노동이 퇴출당하면 M 직종의 노동 공급은 S_{m1}로 왼쪽으로 이동한다. 새로운 균형점은 E_{m1}이 되고 남성 임금은 증가하며 고용은 L_{m1}만큼 된다. 여기서 M 직종에서 퇴출당한 여성 노동은 F 직종으로 몰린다. 자연히 F 직종의 노동 공급곡선이 S_{f1} 하방 이동하게 되고 임금은 떨어져 새로운 균형 임금은 W_{f1}이 되는 것이다. 결과적으로 여성과 남성 사이에는 $W_{m1}W_{f1}$만큼의 임금격차가 발생한다. 여기에다 F 직종은 더욱 노동 집약적으로, M 직종은 자본 집약적 성격을 갖게 되면, 결국 여성과 남성 사이에 생산성의 격차도 발생하게 된다.

물론 현재 어느 국가에서든 F 직종과 M 직종 사이의 성별 분리 현상은 약화되고 있다. 여성의 인적 자본이 축적되고 여성들이 전문가 직종으로 활발히 진출하고 있긴 하다. 그럼에도 일반 사무직과 서비스직에 여성 노동이 집중되는 현상은 여전하다. 〈표 11-2〉에서 볼 수 있듯이 한국에서는 모든 직종에서 여성의 비율이 남성보다 낮다. 특히 관리전문직, 숙련직, 기능조립직에서는 각각 16.5%, 3.8%, 16.1%로 여성 비율이 남성보다 현저히 낮다.

5) 유리벽과 유리천장 현상

여성 노동의 특징을 이야기할 때 자주 거론되는 것이 유리벽과 유리천장 현상이다. 유리벽과 유리천장 현상은 일자리에서 발생하는 여성 고용의 현실을 설명하기 위한 가설이다. 다음의 〈그림 11-3〉은 이를 잘 보여준다. 저학력 여성은 단순 사무직이나 보조직에 특화되어 있고 관리직으로의 진입은 막혀 있다. 고학력 여성의 경우 남성 고학력과 함께 관리직으로 입사했다 해도 핵심 부서나 기획 부서로 진입하는 것은 유리벽에 의해 막혀 있다. 설사 핵심 부서에 들어가더라도 보이지 않는 승진 장벽인 유리천장을 뚫기란 힘들다. 이런 상황에 결혼으로 인해 가사나 육아 문제까지 생기면 문제는 더욱 심각해진다. 사업장에 모성보호를 위한 법적 장치가 마련되어 있다고 해도 흔히 '눈치법'이라는 더 강력한 규율이 작동하는 현실이다. 순번을 정해 임신하는 임신순번제까지 작동하는 현실 속에서 유리천장과 유리벽을 넘을 수 있는 여성은 여전히 몇 안 되는 슈퍼우먼들이다.

전체 한국의 여성 취업자 중 관리자 및 전문가 비율을 살펴보면 2005년 17%, 2010년 20%, 2013년 22%로 조금씩 증가하고 있으나 여전히 낮은 수준이다. 공공 부문의 여성 고용 비율은 더욱 낮다. 2009년 현재 1,000명 이상 사업장의 여성 고용 비율의 평균은 공공 기관(66개소) 28.6%, 민간 기업(600개소) 35.8%로 민간 부문이 더 높았다. 여성 관리자 비율 평균 또한 공공 기관 9.8%, 민간 기업 15.3%로 민간 기업이 더 높았다. 2010년 한국의

〈그림 11-3〉 유리천장과 유리벽

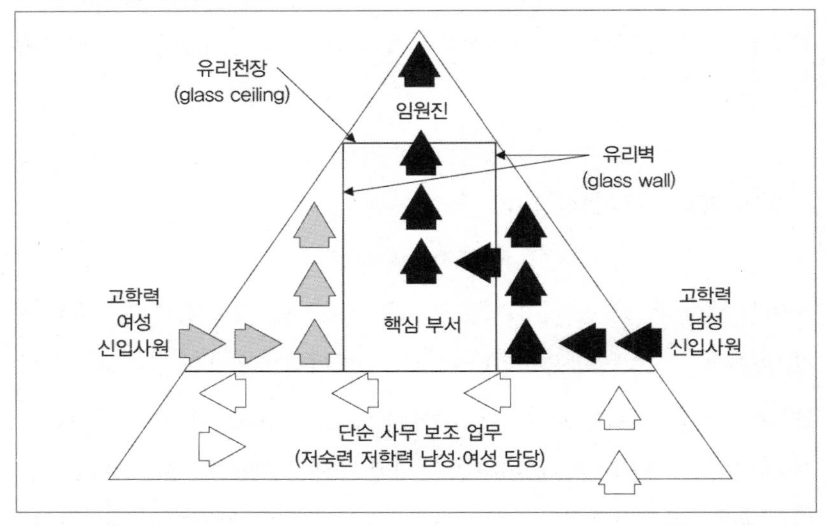

자료: Albelda(1984), Albelda and Tilly(1997).

10대 대기업 중 대졸자 공채 여성 신입 사원의 비율은 18.5%였고 2013년 한국 기업들의 신입 사원 중 30%가 여성이었다. 그러나 일자리에서는 여전히 보조적 역할에서 벗어나지 못하고 있다.

2013년 현재 여성의 대학 진학률은 74.3%로 남성보다 5.7% 높은 데 비해 2012년 대졸자 취업률은 남성이 60.1%, 여성이 52.1%였다. 대기업이나 공기업 정규직 등 좋은 일자리에 취업한 여성 대졸자는 18.5%에 불과했지만, 남성 대졸자는 29.3%로 여성보다 10.8%나 높았다.

한국의 여성 임원은 물론이고 여성 중간 관리자의 비중을 보면 유리천장의 존재는 분명하다. 현재 한국 10대 기업의 임원 비율은 2011년 1.5%, 2013년 1.7%로 매우 낮은 수준이다. 제조업 분야의 상황은 더욱 열악해 현대차는 전체 1,300명의 임원 중 6명, 현대중공업의 경우 전체 339명 중에 단 1명의 여성 임원도 없다. 한화, 효성, 신세계, CJ, 코오롱 등도 상장계열사 여성 임원 비율이 0%이다. 이처럼 유리천장과 유리벽의 존재는 한국 사회가 안정적으로 발전하는 데 커다란 걸림돌로 작용하고 있다. 2014년 ≪이코노미스트(The Economist)≫가 발표한 유리천장 지수(glass ceiling index)에 따르면 유리천장이 OECD 국가 중에 가장 얇은 나라는 노르웨이(8%)이고 가장 두꺼운 나라는 한국(37%)이다.

6) 여성 비정규직화와 고용 불안정

비정규직 노동에는 시간제나 임시직, 파견 근무, 일용직, 가내 근로 등이 있다. 1980년대 후반부터 노동 유연화 전략 아래 이루어진 비정규직화와 그에 따른 고용 불안정은 시대의 가장 큰 특징이 되고 있다. 이런 사회적 분위기 속에 비정규직화가 진행되자 여성 노동은 이러한 분위기에 심각하게 노출되었다. 1990년대 들어 여성의 비정규직화 현상이 더욱 뚜렷이 감지되자 여성 고용 불안정이 사회 문제로 주목받았다. 이 중에서도 가장 불안정한 조건인 파견 근로 형태의 비정규직 여성이 최근 들어 특히 많이 증가하는 추세이다.

파견 근로는 근로자와 고용주 사이에 근로 계약이 성립되는 것이 아니라 파견업체와 근로자 사이에 계약이 성립하여 임금은 파견업체에서 받고 일은 사용업체에서 하는 근로 형태이다. 일반적으로 파견 근로자는 일반 근로자의 80% 정도에 해당하는 임금을 받는다. 현재 허용되는 파견 근로 직종 중 상당 부분이 여성을 주로 고용하는 서비스 업종으로 전신·전화·통신 서비스업, 전산 관련 보조원, 비서, 여행 안내원, 조리사 등이다.

여성 노동의 비정규직화 현상은 다음의 〈표 11-3〉으로도 잘 설명된다. 2013년 현재 한국 여성 임금노동자의 비정규직 비율은 41%로 남성 27%에

〈표 11-3〉 근로 형태별 한국의 남녀 취업자 수(천 명)

연도		2003	2004	2005	2006	2007	2008	2009	2010	2011	2012	2013
남성	정규직	5,996	5,756	5,947	6,204	6,328	6,667	6,833	7,134	7,242	7,377	7,634
	비정규직	2,286	2,732	2,736	2,705	2,907	2,699	2,681	2,649	2,791	2,757	2,758
여성	정규직	3,546	3,434	3,539	3,691	3,851	3,991	3,891	4,228	4,273	4,445	4,661
	비정규직	2,320	2,662	2,747	2,752	2,796	2,746	3,073	3,037	3,203	3,157	3,187

자료: 통계청.

비해 현저히 높은 수치이다. 증가 추세 역시 남성은 2003년 27.6%, 2008년 28.8%, 2013년 26.5%인 것에 비해 여성은 2003년 39%, 2008년 40%에서 2013년에는 41%로 높다.

7) 여성 노동 내부의 격차 확대

여성 노동시장의 특징 중 하나는 성별 내 격차가 뚜렷하다는 점이다. 성차별과 남녀 간 격차가 지속하는 가운데 1990년대 이후 고임금 여성과 저임금 여성, 정규직 여성과 비정규직 여성 사이의 격차도 확대되었다. 이는 무엇보다 여성 노동 간의 인적 자본 축적 차이에서 발생한다. 여성은 남성보다 고용이 불안정하고 비정규직 비중이 높으며, 이에 더하여 학력에 따른 여성 내부의 격차까지 존재한다. 혼인 상태나 연령에 따라서도 여성 내부에 격차가 발생한다. 이런 내부 격차의 존재는 여성 노동의 극단적 상황을 잘 반영하고 있다. 이러한 여성 내부의 격차를 줄이기 위한 대책을 마련하는 것도 시급한 과제이다.

3. 차별과 여성 노동

'다르다'는 의미의 차이(difference)와 달리 차별(discrimination)은 온당한 대접을 받지 못하는 경우를 말한다. 즉, 차별은 타당한 이유나 근거 없이 특정인이나 집단을 차이 나게 대우하고 그에 따른 불이익을 발생시키는 것을 말한다. 차별은 법적 차별, 정치적 차별, 교육적 차별, 문화적 차별, 경제적 차별, 성차별 등 다양한 형태로 존재한다. 유엔 여성차별철폐협약에는 성차별을 양성평등의 기초 위에서 인권과 자유권 행사에 저해되는 효과나 목적을 가지는 성별에 근거한 모든 구별, 배제 또는 제한으로 정의한다.

차별을 연구하는 데는 어려움이 따른다. 왜냐하면 차별은 대개 한 가지 요인으로만 발생하지 않고 복합적인 원인에서 발생하기 때문이다. 경제활동이나 고용을 둘러싸고 발생하는 경제적 차별도 경제학 이론만으로 설명되지 않는다. 이러한 차별이 노동시장에서 집중적으로 나타나는 것이다. 노동시장에는 성차별, 인종차별, 민족 차별, 지역 차별, 종교 차별 등 다양한 차별이 나타난다. 고용된 후에도 일자리에서 차별이 나타난다. 고용주나 소비자 또는 직장 동료들의 선호에 의한 차별, 제대로 정보를 주지 못해서 발생하는 통계 차별이 있고, 노동시장의 구조가 분단되었을 때 나타나는 구조적 차별이 있다. 차별은 직접 차별과 간접 차별로 나눌 수 있다. 직접 차별은 합당한 이유 없이 개인이나 집단의 속성을 이유로 불리한 대우를 하는 것이다. 이는 한 사회의 직접적이고 의도적인 차별을 의미한다.

이렇게 다양한 차별 중 하나인 성차별은 생물학적 성이 다르다는 이유로 발생하는 차별이다. 노동시장에서의 성차별은 다음과 같이 정의된다. 첫째, 합당한 이유 없이 성별을 이유로 배제·구별·제한·불리하게 대우하는 것, 둘째, 합당한 이유 없이 작업 또는 시설 이용을 위한 편의를 제공하

〈표 11-4〉 여성 차별의 종류와 내용

종류	내용
법적 차별	· 가부장제에 기초한 성차별적 법으로 여성들이 차별을 받는 경우 · 남성 위주의 법은 기존 질서나 가부장제를 유지시키는 역할
정치적 차별	· 동일한 권리와 의무를 지지 못하고 시민권 행사에 차별받는 경우 · 법적 평등을 획득한 후에도 남성이 정치를 독점하는 경우 · 여성이 지도적 지위나 정치적 결정권을 가지지 못하게 되는 경우
경제적 차별	· 여성 노동은 남성 노동의 보조적이며 부차적인 것으로 인식되는 경우 · 여성 노동의 결과가 상대적으로 낮은 대가를 받는 경우 · 여성 차별적인 사회 인식을 이용하여 임금, 고용 및 직무 훈련, 직종, 인사고과의 차별이 발생하는 경우
교육적 차별	· 상급 학교 진학률에 남녀의 격차가 나는 경우 · 남성 중심적 교육 환경으로 여성 교육이 왜곡되는 경우 · 남성 중심 문화를 유지하기 위한 교육을 여성에게 하는 경우
문화 및 종교적 차별	· 공동체 문화(유교적 가부장제)의 영향으로 인한 남아 선호 사상에 따른 차별 · 종교마다 여자가 할 수 있는 직책과 역할을 명시하여(비구와 비구니, 목사와 전도사, 신부와 수녀) 여성의 역할을 제약하는 경우 · 관습과 습관으로 인해 차별을 받는 경우

지 않거나 특정 집단의 요구를 수용하지 않는 것이다. 현실적으로 성차별은 대개 여성이라는 이유로 차별적인 임금이나 차별적인 근로조건을 받는 경우이다.

차별을 설명하는 경제 모형에는 경쟁 모형(competitive model)과 집합 모형이 있다. 경쟁 모형은 개인 간의 차별을 설명하는 모형이다. 선호, 편견, 불완전한 정보에 기인한 차별을 말한다. 집합 모형은 집단적 차별로 법이나 폭력에 의해 다른 집단을 차별하는 것을 말한다. 생산성의 차이 때문이 아니라 여성이라는 이유로 고용의 기회를 얻는 것과 고용의 대가를 임금으로 받는 것에서 차별을 당하는 것을 의미한다.

나라마다 남녀고용평등법이 제정되고 여성권이 강화되자 직접적인 성차별은 많이 없어졌다. 그러나 남성 중심의 인사 제도나 정규직의 비정규직화 및 직급별 정년제 등으로 여성에게 불리한 일종의 간접 차별은 여전하다. 이러한 간접 차별은 제도적으로 명시된 차별이 아니라서 공식적으로 작동하지는 않지만, 관행적으로 작동한다. 현재 세계 어느 나라에서든 여성 차별은 법적 규제와 대응, 여성계의 염원 등을 배경으로 제도적 수준에서 점차 줄어들고 있다. 그러나 우회적이고 비가시적인 이런 간접 차별은 만연하며, 막으면 새로운 형태로 진화하고 있다.

4. 맺음말

노동력을 파는 것이 생계의 유일한 수단인 사람들에게 노동시장의 파행은 삶의 질곡이다. 거기에다가 노동시장에서 결정된 결과까지 공정하지 못하다면 희망을 상실할 가능성도 크다. 따라서 사회는 노동시장의 상황을 개선하기 위해 많은 노력을 해야 한다. 한껏 꿈에 부푼 여대생이 졸업 후 노동시장에서 겪게 되는 상황은 남학생이 겪는 것과는 다른 요소가 있다. 그리고 이 여대생이 오래지 않아 자신이 제2의 성이라는 것을 알아차릴 만큼 차별은 광범위하게 존재한다. 이를 방지하려고 노력하지 않는다면 좋은 사회로 가는 길은 막히게 된다. 한국 경제의 미래를 이야기할 때 여성 노동의 적극적인 활용이 제기되곤 한다. 노동시장에 대한 바른 이해와 이를 개선하려는 노력은 여성 문제를 해결하는 데 도움이 되는 것은 물론 우리 경제의 긴급한 과제를 해결하는 지름길이다.

무엇보다 여성이 더 좋은 교육 기회를 가지고 고부가가치를 생산할 수 있도록 할 필요가 있다. 여성 자신도 더 적극적으로 인적 자본을 축적하고 네트워크를 만들어가야 한다. 특히 국가정책의 변화가 필요하다. 여성의 비율이 높아지는 공공 부문을 중심으로 여성 친화적 인사 정책을 시행하여 이러한 문화가 사기업으로 점차 확산되게 해야 한다. 이를 통해 여성 인력을 효율적으로 활용하며 국가의 장기적인 발전과 안정을 도모해야 한다. 특히 여성이 경력 단절을 겪지 않도록 제도적·사회적 분위기를 만들어가야 하며, 무엇보다 육아의 부담을 줄여야 한다.

물론 현재 노동시장에서 어려움을 겪는 것은 여성 노동만이 아니다. 현재 세계경제의 가장 큰 문제는 실업 문제이다. 남성도 취업하지 못하는데 여성이 취업될 리 만무하다. 남성 일자리를 빼앗아 여성 일자리를 제공하는 제로섬 게임이 되지 않게 하기 위해서는 경제의 패러다임이 변해야 한다. 성장이 아니라 다 함께 사는 경제 패러다임을 만들고 이를 통해 사회적 일자리를 만들어야 한다. 이는 당장 실업 문제뿐만 아니라 저성장을 극복하기 위한 해법이며 환경 위기와 돌봄 위기의 대책이기도 하다.

3부

여성주의 대안 경제

질문 1: 그러면 당신들이 말하는 새로운 세상은 어딘가요?

대답 1: 아니요. 이 세상 말고 다른 세상은 없어요. 우리는 그저 무너진 것은 고치고, 쓰레기는 치우고 살려고 해요.

질문 2: 무엇으로 그렇게 하려고요? 언제 다 치우고 언제 다 고치려고요?

대답 2: 그러게요. 그래도 어쩌겠어요. 시작해야지요.

그렇다. 여전히 여성주의 경제학이 제시하는 대안은 완성되지 않았다. 이 책의 3부에서는 대안을 만들려는 노력을 담았다. 아직은 시작일 뿐 갈 길이 멀다. 그러나 분명한 점은 여성주의 경제학의 대안이 여성의 권익만을 위한 것이어서는 안 된다는 것이다. 왜냐하면 그것은 문제의 해결이 아니라 새로운 문제를 만드는 것이기 때문이다.

12장

여성들이 꿈꾸는 양성평등 세상

1. 머리말

"여성들은 어떤 사회를 원하나요?"

"양성평등을 주장하려면 여성도 군대에 가야 하지 않나요?"

"이 정도면 여성들이 만족할 세상이 아닌가요? 곳곳에 역차별로 남성해방을 해야 할 상황입니다."

"어떤 세상이면 여성주의가 필요 없을까요?"

양성평등(gender equality)이란 여성과 남성이 똑같은 권리와 의무를 지는 것을 말한다. 동시에 성별을 이유로 누구도 비하되지 않고 같은 대우를 받는 것을 의미한다. 그러나 여성과 남성 사이에는 생물학적이고 정서적인 차이가 존재한다. 그래서 여성과 남성이 내용이 같은 권리와 의무를 질 수는 없다. 따라서 양성평등은 좀 더 유연하게 해석되어야 한다. 이 장에서는 양성평등의 의미를 설명한다. 다음으로 양성평등을 바라보는 다양한 시각에 대해 알아본다. 마지막으로 양성평등을 위한 대안을 국가적 차원과 개인적 차원에서 설명한다.

2. 어떤 상태가 양성평등인가?

2011년 취업 포털 인크루트가 한국 대학생을 대상으로 설문 조사한 결과, 70.2%가 남성이 전업주부로 생활하는 것에 긍정적으로 답했다. 그 이유로는 성별과 가사 노동은 관계없다는 응답이 60.6%로 가장 많았다. 30년 전의 대학생들에게는 상상도 할 수 없었던 설문 결과이다. 사회는 분명히 변했다. 법적·제도적 양성평등이 이루어진 것도 사실이고 여성들이 사회 곳곳에서 맹활약하고 있는 것도 사실이다. 그럼에도 여성들의 삶이 그리 녹록하지 않다는 소리가 곳곳에서 들린다. 여전히 법 앞에서의 평등도, 기회의 평등도, 동일 노동·동일 임금이라는 경제적 평등의 세부 요건도 실현되지 못하고 있다는 주장도 계속되고 있다.

평등은 무엇인가? 평등은 근대가 우리에게 내린 최고의 선물이며 민주주의의 기본 이념이다. 평등은 기회의 평등, 결과의 평등, 조건의 평등 등으로 나뉜다. 기회의 평등은 모두에게 기회를 골고루 주어야 한다는 주장이다. 이에 비해 조건의 평등은 기회의 평등만으로는 평등이 이루어지기 어렵다고 보고 생물학적 차이에서 발생하는 불평등을 제도적 요인으로 없애려 한다. 이에 비해 결과의 평등은 모든 사람이 기본적으로 가져야 하는 기본적 요건에 대해 누구나 누릴 수 있는 평등을 강조한다.

양성평등의 최종 목적이 결과의 평등이라고 하더라도 구체적인 내용은 그 사회가 허락하는 범위 안에서 단계적으로 실현될 수밖에 없다. 여성권이 상대적으로 미약한 나라들에서는 재생산권이 양성평등의 내용이 된다. 재생산권은 여성의 신체적 자기 결정권과 건강권, 출산과 성에 대한 평등권, 자녀 양육에 대한 권한을 말한다. 가장 좁게 정의된 양성평등은 재생산권이 바로 여성 자신에게 주어지는 것이다. 그러나 넓게 정의하면 생산권과 재생산권이 모두 주어지는 것을 의미한다.

이처럼 사전적 의미에서 양성평등은 모든 영역에서 서로 차별하지 않고 동등하게 대우와 기회를 받고 똑같은 권리와 이익을 누리며 똑같은 의무를 지는 것이라 할 수 있다. 그러나 현실에 적용할 때 문제는 그리 간단하지 않다. 앞에서 말한 것처럼 평등이란 다양한 관점에서 접근할 수 있다. 경기를 한다면 점수를 획득할 기회를 평등하게 주어야 할 것이고(기회의 평등), 운동복이나 운동 도구 등 경기에 필요한 제반 조건도 같아야 할 것이며(조건의 평등), 경기 결과를 판단하는 방식도 평등하게 작동해야 할 일(결과의 평등)이다. 문제는 여성과 남성은 분명한 차이를 가지고 있는데 물리적인 평등을 잣대로 삼는 것에 한계가 있다는 것이다.

경제적 평등은 특히 양적 평등을 강조한다. 경제적 남녀평등이란 생산과 분배에서 자원의 배분과 인적 자원의 축적 및 가치의 분배에서 성별에 근거한 차별을 받지 않는 상태를 말한다. 자본주의 사회는 사유재산제도를 배경으로 인간 사이의 태생적인 불평등을 인정한다. 동시에 민주주의는 모든 사회 구성원의 법 앞의 평등을 지정한다. 현재 대부분 국가가 자본주의와 민주주의를 채택하고 있다. 따라서 법 앞에서는 평등하지만, 그 법은 경제적 불평등을 인정하고 있다. 이러한 양면적 속성으로 자본주의와 민주주의의 결합으로 나타나는 국가의 현실은 나라마다 다르고, 양성평등의 내용도 자연히 다르다.

3. 양성평등에 대한 다양한 시각

양성평등이 사회적 쟁점이 되면서 양성평등의 내용을 두고 다양한 논의가 있었다. 보수주의는 양성평등 자체를 문제시한다. 보수의 극단적 입장에는 여성은 차별받는 것이 아니며 열등하므로 차이 나게 대우받는다는 주장이 있다. 이런 관점은 여성계의 반발에도 불구하고 여전히 많은 지지를 얻고 있다. 이 주장의 핵심은 남녀 차이는 자연스럽고 선천적이라는 것이며, 차별이 있더라도 생물학적 차이를 근거로 하므로 적절하다는 것이다.

자유주의 관점에서 본 양성평등은 기회의 평등과 이를 위한 제도의 정비, 그리고 자유와 권리가 각 개인에게 주어지는 것을 골자로 한다. 성별에 따라 자유와 권리에 제약이 따르는 사회는 불평등한 사회라고 주장한다. 초기에는 참정권 운동과 양성평등을 위한 교육의 필요성을 역설했으나, 점차 구체적인 법 제정과 차별 수정 정책, 할당제 수립에 집중해왔다.

구조주의는 보수주의와 자유주의를 모두 거부하고 성차별이 발생하는 사회구조의 변화를 강조한다. 이들의 관점에서 양성평등은 사회의 구조 자체를 성 평등적으로 변화시켜야만 가능한 것이다. 상호주의 관점에서 살펴본 양성평등은 다음과 같다. 오랫동안 인류는 여성을 남성보다 열등한 존재로 파악하고 가정과 남편에 예속된 존재로 보며 여성에 대한 남성의 지배를 합리화시켰다. 그러나 사회가 근대화되면서 경제적 변화는 인식의 변화를 가져왔고 여성을 보는 관점도 변화시켰다. 농경사회에서 산업사회로, 농촌에서 도시로 삶의 중심축이 변하면서 여성의 경제활동이 늘어나고 교육 수준이 향상되자 여성 자신은 물론 사회 전체의 여성에 대한 인식이 변화되었다. 여성들의 자의식이 생기고 전통적 여성관이 설득력을 상실하자, 사회는 변화된 인식과 현실을 조정하기 위해 여러 가지 방안을 제시한다. 여성에 대한 편견이 재생산되지 않게 하려면 사회 내의 다양한 제도와 사회가 용인하던 성차별적 관행과 관습을 바로잡아간다는 것이 상호주의적 관점이다.

기능주의적 관점에서 본 양성평등은 조금 다르다. 여성도 자신을 열등한 존재로 파악하고 있다는 것이다. 이 관점에서 양성평등의 지름길은 좀 더 유능한 인간이 되는 것이고 그 방법은 교육이다. 교육을 통해 남녀의 역할에 대해 새롭게 인식함으로써 기존의 고착된 설정을 재정립하고, 여성도 자신을 인간으로 인식하고 성취하도록 교육과 숙련의 기회를 제공하며, 여성이 종속된 삶을 살지 않아도 될 사회 안전망을 확보해야 한다는 것이다.

갈등주의 관점에서 보면 세상은 지배와 피지배의 관계로 되어 있고 여성은 남성의 지배 아래 살고 있다. 이렇게 남성에게 종속된 관계 속에서 차별은 당연한 것으로 받아들여졌다. 갈등주의가 제시하는 문제의 해결점은 종속 관계를 깨는 것이다. 혁명적인 사회제도의 개혁을 통해서만 여성의 권익을 지킬 수 있다고 본다.

교환주의 관점은 남녀의 성 역할 분담에서 발생하는 교환의 불균형은 성별 관계의 불균형에서 비롯된다고 본다. 남녀 간 힘의 불균형이 경제에 영향을 미치게 되면 합리적인 자원 배분을 막아 사회적으로 악영향을 미친다는 견해이다. 이를 해결하려면 균형적인 교환이 가능한 관계를 재정립해야 하고 성 역할을 올바로 인식하도록 변화시켜야 한다는 것이다. 성별 분업을 없애기 위해 가사 노동의 사회화를 고민해야 한다고 주장한다.

이상에서 논의한 것처럼 양성평등은 다양한 관점에서 이해되며 관점에 따라 다른 대안이 제시되곤 한다. 어느 주장이 가장 설득력이 있는지는 사회마다 다르다. 어쨌든 양성평등은 남성 중심적 사회구조를 극복하는 상황을 의미한다. 이는 하루아침에 이루어지기 어려운 것이다. 따라서 방법론적으로 평등을 위한 불평등, 즉 여성이 남성과 동등해지기 위해 한시적으로 여성을 우대하는 것도 고려해야 한다.

여성주의 경제학이 주목하는 양성평등은 차이는 인정하지만, 차별은 없는 상태를 의미한다. 생물학적 차이를 배경으로 양성평등은 먼저 젠더 사이의 형평으로 이해할 수 있다. 남녀가 평등하다는 것은 남녀 사이에 아무런 차이도 없다는 것을 뜻하지 않는다. 여성과 남성은 신체적 차이는 물론 능력, 기질, 성격 등에서도 차이가 있다. 그렇다면 양성평등이란 기능적인 면의 평등이라기보다는 양성의 관계에서 정의가 실현된 상태를 의미할 것이다. 즉, 인간의 본질적인 존엄성이나 인권의 의미에서 평등하다는 뜻이다. 이는 인권이라는 측면에서는 평등하지만, 남녀의 차이와 다름을 인정하고 존중하는 평등을 말한다. 삶의 내용은 다르지만 삶의 가치는 똑같이 인정받기 위해 각 젠더는 법 앞에서 평등해야 하고 경제적 과정과 결과에서 평등해야 하며 교육과 사회적 자원의 배분에서 평등한 동시에 사회적 책임과 의무도 평등하게 짊어져야 한다.

4. 양성평등을 위한 길

1) 젠더에 대한 인식의 변화를 위한 성인지 교육

양성평등 교육은 불평등을 인지하는 능력을 키우는 것에서 시작된다. 성인지적 관점을 가지는 것은 물론 성 역할에 대한 편견을 버리려는 노력이 필요하다. 특히 개개인이 잘못된 성 편견을 없애려고 노력해야 한다. 이를 통해 젠더 불평등을 바람직하지 못한 것으로 인식하게 되고 젠더 형평성(gender equity) 확보에 관심을 기울이게 된다. 이를 위한 기초 작업으로 구성원들의 젠더 의식화(gender conscientisation) 작업이 필요하다. 특히 남성을 대상으로 하는 교육이 필요하다.

이러한 성인지 교육(gender training)을 통해 젠더에 대한 지식과 성인지성을 키우며, 젠더 이슈를 인지하고 해결하는 데 필요한 지식을 제공하는 것이다. 그간 은폐되었던 불평등과 차별에서 발생하는 문제들을 파악하는 능력을 키우는 것이 중요하다. 양성평등을 위해 다른 성별이 처한 상황을 고려하는 교육을 통해 문제를 인식하고 해결할 가능성을 동시에 제공하는 것이다.

2) 가정에서의 양성평등을 위한 실천

가정은 인간이 가지는 가장 작은 공동체이자 가장 중요한 조직이다. 행복한 가정은 우리 모두의 바람이지만 이런 가정을 가지기 위해서는 가족 구성원의 노력이 필요하다. 가정 내에서의 평등은 크게 부부 사이의 평등과 부모와 자식의 평등으로 나눌 수 있다. 평등한 부부는 성별 관계의 균형이 맞추어져 있는 부부를 말한다. 성별 관계에 의한 역할 분담이 정형화되지 않고 필요에 따라 같이 역할을 분담하는 것이다. 이는 돈벌이, 집안일, 육아 등의 의사 결정 과정에서 권위나 권력을 휘두르지 않고 권리와 책임을 함께 지는 부부를 의미한다. 아울러 자녀 양육에 아들딸 차별이 없는 부부를 말한다.

이처럼 양성평등을 실현한 바람직한 가정은 가족 구성원이 자유와 자율을 행사하는 한편 의무도 분담하고 가계 내의 시간과 자산에 대한 자원 배분도 공평하게 조정한다. 또 획일적인 성 역할에서 벗어나 다양성을 인정하며, 구성원 간의 위계 설정을 최소화하여 개인의 행복과 가족의 행복 사이에서 절충점을 찾아가는 가정이다. 아이를 키우는 기쁨을 아빠도 만끽할 수 있어야 한다.

이를 위해서는 자신은 물론 다른 성에 대해 좀 더 적극적으로 이해하고 사랑할 필요가 있다. 그동안 여성은 인간으로 대접받기 위해 남성처럼 활동하기를 염원하고 자신의 생애 주기를 남성화시켜왔다. 그 결과, 긍정적인 면도 많았지만, 부정적인 측면도 적지 않다. 이혼율 증가, 자녀 방치, 이중 부담과 같은 것은 대표적인 부작용이고, 여성이 여성성을 스스로 깎아내리지는 않았는지에 대해서도 고민해봐야 한다. 양성의 균형을 위해 이제 남성들이 생애 주기를 조정할 필요가 있다. 여성과 남성이 가정에서의 구체적인 역할을 담당하며 자신의 생애 주기를 서로에게 맞추어야 하는 시점이다. 가사와 육아에 기꺼이 동참하는 남편은 그 첫걸음이 될 것이다. 이러한 노력이 여성과 남성을 더 행복하게 해준다면 주저할 이유가 없다.

3) 사회적 약자들과의 연대

여성권은 인권의 좋은 시금석이다. 여성권이 지켜지지 않는 사회에서는 다른 사회적 약자의 인권도 지켜지지 않는다. 이런 차별은 사회적이기 때문에 근본적 해결도 사회적 범주에서 이루어져야 한다. 여성권을 진작하기 위해서는 여성 스스로 자기 삶에 대한 통제력을 강화(gender empowerment)하는 동시에 자신을 둘러싼 사회적 환경을 개선하려고 노력해야 한다. 따라서 억압과 차별을 받은 소수자나 장애인과 같은 사회적 약자와 함께 구조적 불평등을 해결하기 위해 연대할 필요가 있다.

자신이 처한 상황을 극복하기 위한 노력을 통해 자신과 사회적 환경에 대한 통제력을 키워가는 과정에 여성주의가 해야 할 시대적 요청이 여기에 있다. 여성주의의 필요성은 단지 여성권을 진작시키는 것에 있지 않다. 여성권을 포함해 사회적 약자들의 인권을 지켜나가는 과정을 통해 양성평등은 물론 사회 발전을 위한 대안으로 자리매김하는 것이다. 바로 이 과정에서 생기는 권한의 강화를 통해 평등하고 정의로운 사회가 실현되기 때문이다(Jarl, 2000).

4) 법적·제도적 평등의 확보를 위한 노력

양성평등의 기본 조건은 법적·제도적 평등의 확보이다. 여성들은 오랫동안 양성 간의 법적 평등을 위해 노력해왔다. 이러한 결실의 대표적인 사례가 고용평등법과 동일노동동일임금법이다. 한국에도 근로자에 대한 사업주의 성차별을 규제하는 남녀고용평등법이 존재한다. 이 법에는 노동시장에서는 물론 작업장에서 성별이나 외모 및 기타 조건에 의해 생활 보조금 지급 및 승진이나 해고의 경우 불이익을 당해서는 안 된다고 명시되어 있다. 경제적 정의의 핵심은 동일 노동·동일 임금의 적용이며 성별에 의한 임금 차별에 대한 제재이다.

양성평등 채용 목표제 또한 노동시장에서의 차별을 방지하기 위한 제도적 틀이다. 2002년 한국에 도입된 양성평등 채용 목표제는 성비 불균형 해소를 위해 남녀 모두의 최소 채용 비율을 설정하는 제도로, 공무원 채용 시험에 남성이든 여성이든 합격자의 70%가 넘지 않도록 한다. 여성이나 남성이 합격자의 30%에 못 미쳤을 때 가산점을 주어 합격자의 성비를 조정하는 것이다. 나라마다 차이는 있지만, 기업 임원이나 공기업 이사에 여성을 할당하는 제도도 시행되고 있다. 정부와 기업의 육아휴직제나 모성보호제도도 양성평등을 위한 제도적 기반으로 작동하고 있다.

제도적 여건의 핵심은 돌봄 노동의 가치가 구체적으로 인정되어 돌봄이 여타 시장 노동처럼 국가와 사회에서 체계적으로 관리되고 인정받는 상황

〈그림 12-1〉 양성평등을 실현하기 위한 정책 조합

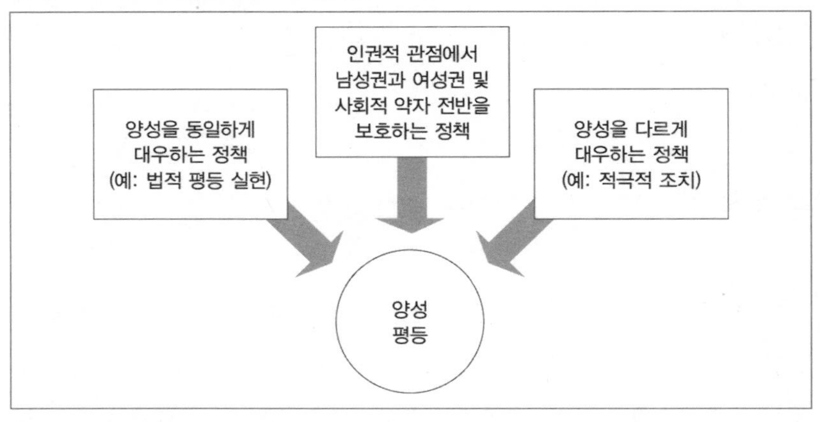

자료: 한국여성정책연구원.

을 만드는 것이다. 이를 위한 제도적 조치를 통해 돌봄 노동의 가치 평가가 제대로 이루어질 때 양성평등은 물론 재생산의 위기와 사회의 위기의 해법이 생기게 된다.

양성평등은 한 가지 정책만으로 이루어지지 않는다. 앞의 〈표 2-1〉에서 확인한 19세기부터 21세기에 걸친 여성운동의 시도와 실패, 성취와 변화를 짧은 시간에 그것도 동시에 이루어가야 하는 어려움을 가지고 있다. 이는 제1차 여성운동에서 현재까지 어느 단계도 확실히 매듭짓지 못한 채 미완으로 다음 시대에 넘긴 여성운동의 현실 때문이기도 하다.

〈그림 12-1〉은 양성평등을 실현하기 위한 정책 조합을 보여준다. 지나치게 불평등한 부문은 적극적 조치 같은 방식을 통한 차등 적용 정책을 써야 한다. 여성이 남성과 같은 대우를 받아야 하는 법제화 등의 영역에서는 동등 적용 정책을 써야 한다. 동시에 사회적 약자는 물론 여성과 남성 모두의 인권을 존중하는 정책을 써야 한다. 이처럼 양성 간의 문제는 여러 문제가 중층적으로 나타나기 때문에 다양하고 유연한 정책 조합이 필요하다.

양성평등이 실현되기 위해서는 사회 전반의 성숙한 시민 의식이 필요하다. 이를 위해서는 인권이 지켜지는 사회를 만들어야 한다.

5. 맺음말

여성들이 꿈꾸는 세상은 여성도 동등한 인간으로 인정받고 자유롭게 자신의 역량을 펼칠 수 있는 세상이다. 여기서 양성평등을 이해하는 기준은 물리적 평등의 실현이라기보다는 정의의 실현이라고 볼 수 있다. 즉, 양성평등은 사전적인 의미의 평등이 아니라 사회 안의 권리와 의무에서 공정성과 정의의 실현이라는 측면이 강하다. 가령 경제 정의는 동일한 노동은 동일한 가치가 있으며 동일한 물건은 동일한 가치가 있다는 것을 배경으로 한다. 이처럼 정의의 가장 중요한 내용은 평등이다.

경제적 형평을 배경으로 한 경제적 정의는 구체적인 평등 정책에 사용됨으로써 현실 속에서 실현된다. 노동이 만들어내는 가치를 생각할 때 시장 노동과 가사 노동의 차이는 노동 종류의 차이이지 가치의 차이는 아니다. 이를 실현하기 위해서는 여러 각도의 노력이 필요하다. 먼저 육아와 일 사이의 질곡을 해결해야 한다. 이는 개인의 노력만으로는 해결하기 어렵다. 아울러 여성 교육에 힘써야 하며, 여성들도 자신의 인적 자본 축적을 위해 적극적으로 노력해야 한다. 이러한 인적 자본의 성격이 여성의 생물학적 조건과 부합한다면 더욱 큰 의의를 지닌다.

기업도 양성평등에 좀 더 적극적으로 나설 필요가 있다. 기업의 장기적인 발전과 경쟁력 강화를 위해 여성 인력을 활용해야 함은 이미 잘 알려진 사실이다. 기업은 여성 인력의 채용과 교육에 투자해야 하며 적극적으로 승진상의 불이익을 제거해야 한다. 아울러 정부는 여성의 경제활동과 관련해 발생하는 추가적 비용을 감당하고 여성 정책을 시행하며 양성평등에 나서야 한다. 동시에 경제주체 모두가 수용할 수 있는 총체적이고 포괄적인 사회 통합 정책을 제시해야 한다. 정치권 또한 여성의 권한 강화를 위해 여성 의원 할당제를 실천하고 여성의 권한 강화에 힘써야 한다. 마지막으로 같이 이 세상을 살아가는 남성들을 설득하는 작업을 해야 한다. 양성평등은 그들의 권리를 빼앗으려는 것이 아니라 우리 모두의 권리를 한층 더 강화하는 것이라는 점을 설득시키고 그들의 동의를 이끌어내야 한다.

13장

여성주의 대안 경제론

1. 머리말

여성들이 제시하는 대안적 경제는 어떤 것인가? 그것이 여성주의 대안 경제론으로 인정받기 위해서는 현재 경제 시스템의 문제점을 해결할 방안을 가지고 있어야 하고, 현실 속에서 관철될 만한 힘이 있어야 한다. 그리고 그것이 여성주의와 관련되어야 한다. 여기에서 제시하는 대안의 핵심은 여성성이다. 지금까지 세상을 지배해온 남성성이 아니라 더불어 같이 살고 서로 보살피는 여성성의 복원이 세상을 구할 방안이라는 것이다. 여성의 삶과 경제가 남성 중심 경제 구조의 영향을 받는다는 점을 생각할 때 대안 경제의 기본 조건은 먼저 현 경제 구도의 문제점을 지적하고 다음으로 대안을 제시하는 일이 된다. 여성 문제를 해결하는 것은 여성이 속한 사회적 조건을 변혁하는 과정이기 때문이다.

여성주의가 제시하는 대안 경제는 현재 사회가 필요로 하는 대안 경제여야 한다. 여성을 위한 대안이라면 그것은 진정한 대안일 수가 없기 때문이다. 이러한 입장에 따라 이 장에서는 현재 진행되는 대안 경제를 통해 여성 문제의 해결뿐만 아니라 사회구조를 변화시키려는 시도들을 소개한다.

이를 통해 여성들이 제시하는 대안 경제의 기본 틀을 소개하고 현재 진행되는 대안 경제 운동의 현주소를 살펴본다. 이를 통해 기존 경제학과 경제 운영 방식을 변화시킬 실마리를 마련한다. 순서는 다음과 같다. 먼저 여성주의 대안 경제가 필요한 이유를 설명한다. 다음으로 대안 경제의 이면을 살펴보고, 이를 바탕으로 여성주의 경제의 적용 가능성을 연대 경제, 공유 경제, 공정 무역, 마켓 페미니즘, 소액 대출 제도 등 대안 경제의 사례를 통해 살펴본다. 마지막으로 이러한 대안 경제의 가능성과 한계를 분석한다.

2. 왜 여성주의 대안 경제가 필요한가?

2008년 미국발 금융 위기와 2011년 유럽발 재정 위기로 세계경제가 한 치 앞도 내다보기 힘든 상황이 되자 지구촌 곳곳에서 기존의 경제 운용 방식이나 시스템에 대한 비판이 일었다. 이러한 상황은 자연히 기존 경제학에 대한 비판으로 이어졌고 대안 경제학에 대한 요구도 증가하고 있다. 당장 해결해야 할 재정 위기나 금융 위기도 문제이지만 이러한 위기의 결과로 나타나는 가계 부채 및 실업자와 빈곤층의 증가는 각국 경제 시스템의 근간을 흔들고 있다. 그러나 이에 대한 뚜렷한 대안이 없는 것이 현실이다.

대안을 제대로 제시하기 위해서는 여성주의 경제에 주목할 필요가 있다. 현재 세계경제의 문제가 일시적인 문제가 아니고 구조적인 문제라는 것이라는 것에 동의한다면 해결책도 근본적이어야 하기 때문이다. 현재 제기되는 빈곤과 소외, 실업, 사회적 불평등 문제는 여성주의 경제가 그간 지속해서 제기하고 해결하려 노력했던 문제이다. 상위 1%가 아니라 전체를 위한 경제에 대한 시대적 요구에 부응하는 대안을 찾기 위해 여성주의 경제 경험은 큰 시사점을 줄 수 있다.

여성주의 경제와 여성주의 경제학은 태동부터 사회적 주류에서 배제된 세상의 50%인 여성 문제를 해결하고, 사회적 약자를 포함해 전체를 위한 경제를 고민해왔다. 여성은 남성에 비해 손쉽게 사회적 약자로 전락한다. 사실 현재 세계적 경제 위기를 가장 심각하게 겪고 있는 계층도 가난한 여성들이다. 현재 세계가 직면한 경제 문제가 근본적인 문제이기 때문에 기존 경제학과 경제 운영의 한계를 지적하고 대안 경제를 모색해온 여성주의 경제학의 문제의식이 근본적이라는 점에서 대안을 마련할 수 있다.

아울러 현재의 경제 문제를 해결하기 위해서는 국가뿐만 아니라 개인이나 공동체, 지역이 나서서 문제를 해결하는 것이 필요하다. 이들이 모두 나서서 시장에서 도태된 사람들이 실업과 빈곤, 그리고 부채에서 벗어나 자립할 방안을 제시해야 한다. 이런 점에서 여성주의 경제의 경험은 제3세계 빈곤 여성뿐만 아니라 선진국의 몰락한 중산층에게도 큰 시사점을 제공한다. 사회적 약자인 여성의 경험은 현재 사회적 약자 계급으로 새롭게 진입하는 중산층이 현실을 이해하고 해결 방법을 모색하는 데 도움이 되기 때문이다.

여성주의 경제는 지금의 경제 문제가 금융 위기나 재정 위기를 외관으로 하나 근본적으로는 경제주의에 입각한 물신주의적 경제 운영의 결과라고 주장한다. 이러한 경제 운영이 여성뿐만 아니라 생태계의 존립 자체를 흔들고 있으므로, 이에 대한 전면적인 재고 없이는 작금의 경제 위기는 물론이고 앞으로 닥쳐올 종말적인 재앙도 막을 수 없다고 보는 것이다.

한 걸음 더 나아가 여성주의 경제학은 이런 경제 문제의 배후에 경제와 경제학 및 경제 운영 방식의 남성성이 존재한다고 본다. 경쟁, 이익, 성장, 시장, 적자생존 등으로 대변되는 남성성이 그 강력한 힘을 절제하지 못해 오히려 세상을 망치고 있다는 것이다. 이를 해결하기 위해 보살핌, 연대, 조화, 헌신 등으로 대변되는 여성성이 필요하다. 여기에 여성주의 대안 경제의 필요성이 있다.

3. 여성주의 경제론의 공통점

물론 여성들이 제시한 대안 경제는 나라마다, 지역마다, 시기마다 차이가 존재한다. 그럼에도 이들이 제시한 대안 경제에는 상당한 공통점이 있다. 이들은 일관성 있게 시장을 중심으로 한 경제행위에 대한 지나친 집중을 비판하며, 삶과 연계된 경제 전반에 주목하고 경제의 참된 의미를 실현할 방식을 제시하려고 한다. 아울러 여성의 권익을 보호하려는 원래의 목적에 따라 경제행위뿐만 아니라 가계, 공동체 등 비시장적 영역에서 이루어지는 경제활동과 가사 노동, 돌봄 노동, 자원봉사처럼 화폐로 환산될 수 없는 경제활동에 대해서도 의미를 부여한다. 또 남성 중심, 시장 중심, 성장 중심의 국가 운영 방식에 이의를 제기하며 공정한 분배, 빈곤에서의 탈피, 더불어 생존하는 연대 등에 관심을 기울인다.

이처럼 경제와 경제학의 남성성 과잉을 경제 문제의 중요한 원인으로 보는 여성주의 대안 경제의 핵심은 여성과 남성, 약자와 강자가 더불어 사는 삶이다. 이를 실현할 방법으로는 사회적 경제, 연대 경제, 공정 무역, 소액 대출, 사회적 기업 등을 지지하는 것이다.

물론 이러한 대안 경제는 여성들에 의해서만 추진되지 않으며 여성만을 위한 것도 아니다. 그러나 이러한 대안 경제 운동이 사회적 약자를 보호하거나 시장경제만으로 해결되지 않는 문제를 해결하려는 목적으로 이루어졌다는 점을 고려한다면 이러한 운동과 여성 문제의 연관을 이해할 수 있다. 사실 이러한 대안 운동을 통해 여성 문제 해결에도 진전이 생겼다. 여성들은 이러한 대안 경제 운동에서 대부분 중추적인 역할을 하고 있다. 조직의 성격에 따라 차이는 있지만 많은 대안 경제 운영의 주체가 대부분 여성이라는 점이 이를 분명하게 보여준다.

4. 여성주의 대안 경제의 이념

1) 같이 잘사는 경제

여성주의 경제는 함께 벌고 함께 쓰며 후손에게 잘 물려줄 세상을 지향한다. 대안 경제 운동은 자본주의의 태동부터 자본주의 경제 시스템에서 생긴 문제점을 비판하고 대안을 제시하기 위해 등장했다. 그러나 대안 경제가 구체적인 운동으로 자리매김한 것은 선진국 경제가 장기 침체에 빠진 1970년대 이후이다. 대안 경제 운동은 나라에 따라, 지역에 따라, 활동하는 주체와 주목하는 문제에 따라 강조점에 차이가 있다. 명칭도 연대 경제, 자조 자립 경제, 사회적 경제, 제3섹터 경제, 공동체 경제, 지역 경제, 도덕 경제 등으로 다양하게 불린다. 이처럼 대안 경제라는 큰 틀 속에는 자본주의 경제의 문제점을 비판하고 보완하려는 다양한 시도가 존재한다.

이러한 대안 경제들이 가지는 첫 번째 이념은 같이 잘사는 경제이다. 따라서 이윤 극대화의 관점이 아니라 인간 생활에 필요한 욕구의 충족을 강조하는 경제 운용을 지지한다. 따라서 대안 경제의 덕목에는 이윤이나 경쟁, 시장 외에도 민주주의, 양성평등, 사회적 약자의 권익 강화, 국제적 연

〈표 13-1〉 국제협동조합의 운영 방식

1. 자발적이며 개방된 조합원 제도(Voluntary and Open Membership)
2. 조합원에 의한 민주적 조직 관리(Democratic Member Control)
3. 조합원의 경제적 참가(Member Economic Participation)
4. 자치와 자립(Autonomy and Independence)
5. 교육, 훈련, 정보의 공유(Education, Training and Information)
6. 협동조합 간의 협동(Co-operation among Co-operatives)
7. 지역사회에 대한 기여(Concern for Community)

자료: 홍태희(2011).

〈표 13-2〉 연대 경제의 원칙

· 연대, 상호 부조, 협동(solidarity, mutualism, and cooperation)
· 모든 면에서의 평등: 인종, 민족, 국적, 계급, 성별(equity in all dimensions: race, ethnicity, nationality, class, gender)
· 이윤과 고삐 풀린 시장의 법칙을 넘어선 사회적 복지에 대한 자각(recognizes the primacy of social welfare over profits and the unfettered rule of the market)
· 지속 가능성(sustainability)
· 사회적 · 경제적 민주주의(social and economic democracy)
· 다원주의와 유기체적 접근, 차이 허용, 밑에서부터의 항시적 변화 수용(pluralism and organic approach, allowing for different forms in different contexts, and open to continual change driven from the bottom up)

자료: 홍태희(2011).

대, 환경 친화적인 생산과 소비, 지속 가능한 발전 등이 있다. 대표적인 대안 경제 조직인 국제협동조합연합(International Co-operative Alliance)의 활동 원칙은 이러한 덕목을 잘 보여준다. 이들은 '민주의 원칙', '독립의 원칙', '장려와 지원의 원칙', '연대의 원칙'을 가지고 조직을 운영한다. 이러한 원칙에 따른 운영 방식은 〈표 13-1〉에서 보는 것처럼 누구나 참여할 수 있고 민주적으로 의사를 결정하며 협동과 자율, 연대와 보살핌을 기본 틀로 하고 있다.

2008년 이후 급격히 어려워진 경제 사정에서 고용률이 떨어진 스페인에서 몬드라곤 협동조합 복합체(MCC)는 오히려 1만 4,000명 이상을 신규 채용했다. 이는 협동조합이 대안임을 보여주는 좋은 사례라 할 수 있다.

〈표 13-2〉에서 볼 수 있듯이 연대 경제는 경쟁의 원리 대신 협동과 연대를 통한 상호성의 원리를 강조하며 계층 간·세대 간·지역 간의 형평과 인간과 자연의 형평을 주장한다. 대안 경제 운동 중에는 자본주의를 인정하고 문제점을 보완하려는 시도도 있고 자본주의 자체를 거부하는 움직임도 있다. 연대 경제는 자본주의의 문제점을 보완하는 것이다.

이처럼 여성주의 대안 경제는 불평등과 소외를 극복하고 연대의 경제를 지향하며 여성, 아동 및 사회적 약자의 경제적 권익을 위해 힘쓴다. 여성들은 출산과 육아 과정을 통해 자연스레 더불어 사는 것을 익히고, 자신도 사회적 약자이므로 연대의 필요성 또한 인식하게 된다. 여성주의 경제가 지향하는 인간상도 이러한 여성의 특성에 맞게 설정되어 있다. 즉, 자기 이익 극대화를 추구하는 개인이 아니라 생태계라는 큰 틀 속에서 서로 도우며 더불어 살아가는 모성을 지닌 인간이다.

2) 모든 사람이 존중되는 정의로운 경제

여성주의 대안 경제론의 두 번째 이념은 정의로운 경제이다. 여성주의는 타고난 성에 따라 사람을 부당하게 취급하는 것은 정의롭지 못하다는 문제의식에서 출발한다. 따라서 여성주의는 정의를 실현하기 위한 이론적이고 실천적인 이념이다. 이는 차별과 편견을 극복하고 양성평등을 주장하는 여성주의 이념의 기초가 인권과 정의라는 도덕적 근간을 지니기 때문이다. 그러므로 여성주의는 여성의 권익만을 주장하지 않으며 사회적 약자, 소수자와의 연대를 강조한다. 여성의 권익에만 머물지 않고 성별, 인종, 지역, 종교를 넘어 인간 보편의 권익을 위한다. 따라서 여성주의 대안 경제론의 이념이 정의인 것은 자명하다.

이처럼 여성주의 경제가 지향하는 것은 무엇보다도 정의롭고 공평한 경제활동이다. 여성주의를 경제학에 접목한 여성주의 경제학은 특히 여성의 경제적 현실에 주목한다. 그리하여 경제 이론 속에 있는 성차별은 물론이고 현실 경제 속에 존재하는 여성 경제 문제의 해결을 모색한다. 이러한 실천적인 면은 여성주의 경제학이 기존 경제학과 다르다는 사실을 잘 보여주는 것이다. 즉, 생산과 분배의 문제가 정의롭고 공평하게 해결되는 사회를 지향하는 것이다.

3) 관계재를 생산하고 분배하는 경제

관계재(relational goods)는 혼자 사용하는 재화가 아니라 합창단이나 야구팀처럼 같이 모여야 가치가 만들어지는 재화이다. 여성주의 대안 경제의 이념은 관계재를 생산하는 경제이다. 여성주의 경제는 고립된 개인이 아니라 함께 살아가는 우리가 모여 만드는 가치를 존중한다. 돌봄 같은 서비스는 대표적인 관계재이다. 이런 관계재가 중심이 된 경제의 대표적인 예가 사회적 경제이다. 사회적 경제에서 생산자와 조합원이 신뢰와 정성을 담아 만든 관계재는 더불어 일하고 함께 나누는 삶의 방식을 담은 재화이다. 관계재는 누구를 구축(crowding out)하지 않고 모두가 동참(crowding in)하는 경제에서 더 효율적으로 생산되고 분배된다.

여성주의 대안 경제도 기본적으로 관계재의 생산과 분배에 집중하고 있다. 이러한 경제는 시장에서 돈으로 환산될 수 있는 경제행위뿐만 아니라, 인간의 삶 속에서 만들어지는 다양한 가치를 인정하는 경제이다.

4) 자립하고 자조하는 경제

여성주의 경제의 마지막 이념은 자립하고 자조하는 경제이다. 평등한 대우를 받으려면 평등하게 의무도 수행해야 한다. 여성이라고 남성에게 의존하여 각종 편익을 누리는 동시에 양성평등을 주장하는 이중성으로는 세상을 변화시킬 수 없다. 각자가 자신의 의식주를 스스로 해결하기 위해 노동을 해야 하며, 문제가 발생했을 때 스스로 해결책을 찾는 노력을 아끼지 않아야 한다. 짐을 같이 나눈 다음에야 동등하게 분배받을 수 있다. 여성주의 경제는 자조와 자립의 이념을 지향하며 독립적이고 당당한 여성관을 바탕으로 해야 한다.

5. 여성주의 대안 경제의 지향점

기존의 시장 중심 경제 이해에 대한 여성주의 경제의 비판은 기존 경제 이해가 경제 현상을 제대로 해명하지 못하고 때로 경제 문제의 원인이 된다는 점에 있다. 물론 이러한 비판은 여러 가지 대안 경제론이 가지는 공통점이지만, 주류와의 관계를 어떻게 설정하느냐에 따라 각기 다른 특성을 나타낸다. 여성주의 대안 경제의 특징은 여성성을 강조한다는 점이다.

여성주의 대안 경제가 지향하는 경제는 기존의 경제 이해와는 입장과 관

〈표 13-3〉 여성주의 대안 경제의 지향점

바람직한 경제활동의 목적	이윤의 추구가 아니라 필요의 충족을 위한 경제활동
바람직한 경제활동의 범주	돈벌이를 위한 세계시장이 아니라 세상을 보호하기 위한 지역 중심의 교환과 자급자족
바람직한 젠더 인식	돈벌이가 되면 성차별도 가능하다는 인식에서 경제활동의 목표로 양성평등을 우선적 가치로 인정
바람직한 소비문화	여성성과 여성주의를 상업화시키는 소비사회에 대한 비판적 관점을 가지고 소비

점을 달리하고 있다. 여성주의 대안 경제의 지향점을 살펴보면 현실적으로 여성주의 경제가 여성에 대한 차별의 시정을 하부적인 목표로 삼고 대안적 경제론으로서 보편성과 상호성을 상위 이념으로 보느냐는 문제가 발생한다. 이는 여성주의 경제를 기존 경제의 대안으로 보느냐, 보완 정도로 보느냐에 따라 차이가 난다. 여성주의 대안 경제는 기존 경제 이해의 단점을 보완한다기보다는 기존 경제 전체에 대한 전면적 수정을 시도하고 있다.

물론 현재 여성주의 경제는 아직 그 특징을 통일하지 못한 채 각 조직의 입장이나 학자들의 학문적 지평에 따라 다양성을 지니고 있다. 〈표 13-3〉은 이러한 다양성을 극복하고 나아가야 하는 여성주의 경제의 지향점을 정리한 것이다. 여성주의 경제 이념이 실현되기 위해서는 먼저 기존의 경제 이념을 교정해야 한다. 무엇보다도 시장주의를 극복하고 시장과 비시장, 여성과 남성을 아우르는 원리로 바꾸어야 한다. 이러한 의미에서 여성주의 대안 경제는 여성의 권익만 주장하는 소극적 입장을 극복하고 인류가 만든 문제, 가난과 전쟁, 실업과 경쟁, 오염과 파괴를 해결하는 적극적인 휴머니즘의 실현이라 할 수 있다.

6. 여성주의 대안 경제론의 문제점

여성주의 경제의 이념을 현실에 적용하는 데는 여러 가지 문제가 있다. 무엇보다도 여성주의가 지향하는 보편성과 여성주의가 처한 특수성 사이의 조화가 문제이다. 사실 여성주의 경제가 이념적으로는 여성과 남성을 아우르는 원리를 강조하더라도, 현실적으로는 여성의 경제적 권익을 주장하는 경우가 많다. 이는 여성주의 경제가 양성평등을 주장하면서도 또 다른 성 편향을 나타낼 가능성이 있음을 의미한다.

아울러 자본주의 시스템 속에서 시장과 경쟁을 배제한 연대와 협동을 현실화시키는 것이 공허한 이야기로 들릴 수 있다. 따라서 여성주의 경제는 현실 적용에서 여전히 여성의 권익을 중점에 둘 수밖에 없는 한계에 직면해 있다. 여성주의 경제의 정체성이 가난하고 소외된 여성의 경제적 권한을 강화하는 역할이라는 것은 부인하기 어려운 사실이다. 앞에서 지적한 것처럼 여성주의 경제 내에는 양성평등의 보편적 이념과 여성 권익이라는 특수한 지평이 혼재되어 있다. 아울러 계량화될 수 없는 가치를 인정해야 한다고 주장하면서도 어떻게 인정할 것인가에 대해서는 구체적인 답을 제시하지 못하고 있다.

여성주의 경제의 현실적 모색 속에서도 문제는 드러난다. 여성주의 경제 이념이 실현되려면 일회적이거나 일시적인 운동이 아니라 지속적이고 근본적인 변화를 위해 인프라를 구축해야 한다. 그러나 여성주의 경제는 다양한 여성 문제를 해결하기 위한 단기적인 과제에 전력하고 있다. 이를 넘어 대안 경제 운동에서도 좀 더 주도적인 역할을 해야 한다. 지금도 많은 대안 경제 조직에서 여성 참가자의 수에 비해 여성의 권한은 지나치게 작다. 조직의 의사 결정이나 집행의 중요한 부문에서 양성평등을 위한 변화가 필요하다. 여성주의 대안 경제의 사례를 살펴봐도 공정 무역을 통해 여성의 삶이 확연히 나아졌다는 사실은 확인하기 어렵다. 소액 대출에서도 여전히 가난한 채무자로서의 여성 존재만이 부각될 뿐이다. 하루아침에 해결되지 않을 이 문제를 앞으로 이끌고 갈 후진 교육도 필요하다.

7. 맺음말

대안을 제시하는 작업은 쉬운 일이 아니다. 특히 많은 이해관계가 얽혀 있는 경제 문제의 대안은 차악이나 차선을 찾는 작업이기 십상이다. 그러나 대안도 없으면서 비판만 일삼는다면 이는 문제를 더 악화시키는 결과를 나을 수 있다. 여성주의 경제를 주장하려면 단지 기존의 문제를 지적하는 것이 아니라 이에 합당한 대안을 제시해야 한다. 이러한 어려움 속에서 여성주의 경제학이 대안이 되려면 인간 보편을 위한 경제를 강조할 필요가 있다. 이에 따라 세상을 어떻게 변화시킬 것인가에 대한 장기적 비전을 제시하고 이에 따른 로드맵과 단기적 프로그램을 정해야 한다.

무엇보다 먼저 집중해야 할 것은 여성주의 경제를 주류화하려는 의지와 이를 위한 대안이다. 이를 위해 인간에 대한 올바른 이해가 필요하다. 인간은 합리적인 경제인의 이윤 극대화를 위해 경쟁할 뿐만 아니라 공존하고 연대한다는 사실을 더욱 적극적으로 알릴 필요가 있다. 이를 자각한 보통 사람들이 빈자와 부자, 여성과 남성, 약자와 강자 할 것 없이 연대와 협동을 할 때 현재의 경제 문제 해결은 물론 인류의 바람직한 새 지평도 확보할 수 있다.

14장

여성 경제정책으로 평등 세상 만들기

1. 머리말

오랜 시간 세상의 주변에서 살던 여성들은 민주주의 이념의 시대인 20세기를 맞아 역사의 전면에 나서게 된다. 그들의 일차적 목표는 그간 누리지 못했던 것을 누려보는 것이었다. 남성처럼 선거에 참여하고 남성처럼 대학에 가고 남성처럼 시장에 가는 것이었다. 이처럼 처음 그들이 선택한 것은 중심으로 가기 위한 힘을 키우는 것이었다. 이러한 노력으로 여성들은 모든 분야에서 그들의 선배들과는 다른 처지에 있게 되었다.

그럼에도 여성의 현실적 입지는 아직도 중심에 가지 못했다고 파악된다. 미국에서조차 1964년 시민법 제정으로 인종 문제 해결책을 모색한 지 50년이 지난 2014년에 여성 동일 임금 문제가 제기되고 있다. 이러한 현실을 둘러싸고 여성계 안팎에서 문제가 제기되었고 여성 정책에 대한 요구로 이어졌다. 이는 주변에서 중심으로 옮기는 것이 아니라 여성이 시대의 주류가 되는 것(gender mainstreaming)을 의미한다.

나라마다 교육과 계몽이 아니라 구체적인 삶과 공동체 속에서의 실현에 여성 정책의 초점을 맞추게 되었다. 여성권 보호에 집중하던 한국 여성 정책도 2007년 이후에는 좀 더 포괄적인 '일·가족 양립 정책(reconciliation of work and family)'으로 바뀌었다. 이 장에서는 여성들이 세상의 변방에서 중심으로 가기 위해 노력한 과정을 여성 정책을 통해 설명한다. 시대에 따라 어떻게 여성 정책이 변하고, 그 결과 여성들의 삶은 어떻게 변해왔는지를 살펴본다. 이를 통해 바람직한 여성 정책이 무엇인지 가늠해본다.

2. 여성 정책의 전개 과정

1) 여성 정책의 목적

여성을 위한 정책은 각 나라의 국가 이념은 물론이고 경제발전 정도나 인권의 신장 정도에 따라 차이가 있다. 그러나 여성이 특수하게 경험하는 어려움을 개선하는 것이 공통된 정책의 기본 방향이다. 양성평등을 위한 정책에는 보육 정책, 교육 정책, 재정 정책, 임금 정책 등이 있다. 보육 정책이 여성의 경제활동에 큰 걸림돌이 되는 육아 문제의 해결에 맞추어져 있다면, 교육 정책은 남성보다 인적 자본 축적이 어려운 여성을 도와주기 위한 정책이다. 이에 비해 노동시장 정책은 여성이 노동시장에서 받는 고용과 승진에서의 차별을 없애고 여성 공용의 어려움을 제도적으로 해결하는 적극적 조치와 같은 정책이다.

국가의 여성 정책은 문화적 요소와 사회적 권력관계 및 사회의 이해관계의 영향을 받는다. 따라서 나라별로 문화와 권력관계에 따라 다른 여성 정책이 작동한다. 그러나 경제 영역에서 이야기할 수 있는 핵심에는 동일노동·동일 임금 문제가 있다. 또 국가 차원의 성인지적 관점에서 예산을 재조정하려는 성인지 예산 제도(gender budget)도 여성 정책의 대상이다. 성인지 예산은 1995년 베이징 세계여성대회에서 '성인지 예산에 관한 행동강령'이 채택된 이후 세계적으로 확산된 제도로, 성인지적 관점을 가지고 예산의 편성과 집행 과정에 접근하여 양성평등을 실현하려는 제도이다.

다양한 조세제도도 여성 정책의 대상이다. 세금 문제가 전면에 등장한 것은 19세기 근대국가가 성립한 이후라고 할 수 있다. 세금을 어떻게 매기느냐 하는 문제는 국가의 중요한 결정이다. 그런데 조세제도는 성별에 따라 다르게 작동한다. 소비세의 경우 누구나 비슷하게 쓴다는 것을 가정한다면 성차별적 요소가 상대적으로 작다. 그러나 소득세는 납부 방법에 따라 성차별적 결과를 낳을 가능성이 크다. 부부 단위 과세인지, 개인 단위 과세인지 여부도 여성의 경제적 지위에 영향을 미치며 여성의 노동시장 참여에까지 영향을 미칠 수 있다. 나라마다 차이는 있지만, 조세제도나 상속제도에 여성에게 불리한 법적 제약이 많다. 한국에서는 국민연금법의 연금 수급권에도 성차별이 존재한다. 이를 바꾸어가는 것이 여성 정책의 과제이다.

2) 법과 제도의 역할

양성평등의 기초적 조건은 법적 평등의 확보이다. 한국에서 대표적인 예는 근로자에 대한 사업주의 행동을 규제하는 남녀고용평등법이다. 이 법은 노동시장에서는 물론 작업장에서 성별이나 외모, 그리고 기타 조건에 의해 규제와 생활 보조금 지급 및 승진이나 해고에서 불이익을 가해서는 안 된다고 명시하고 있다. 이를 통해 국가는 단지 여성권 보장뿐만 아니라 일·가정 양립을 위한 제도적 조건을 확보하려고 하는 것이다. 남녀 차별을 금지하고 그 구제 방안을 마련하기 위한 법률은 1999년 2월 28일에 제정되었으나, 2005년 6월 여성부가 여성가족부로 개편됨에 따라 국가인권위원회의 차별 금지 업무로 통합되면서 폐지되었다. 법률의 골자는 고용·교육·재화·시설·용역 등의 제공 및 이용, 법과 정책의 집행에서 남녀 차별과 성희롱을 금지하는 것이다.

또 다른 국가 차원의 제도로는 양성평등 채용 목표제를 들 수 있다. 이는 성비 불균형 해소를 위해 남녀 모두의 최소 채용 비율을 설정하는 제도로, 공무원 채용 시험에 남성이든, 여성이든 합격자의 70%를 넘지 않도록 하는 것이다. 이러한 조치들은 군 가산점 문제처럼 많은 사회적 논란을 가져왔다. 그러나 이러한 논란조차 좀 더 양성평등적인 사회로 가기 위해 거쳐야 할 과정이다.

3) 여성 정책의 특성에 따른 성공 방안

여성 정책은 특정 정책으로만 해결되지 못하는 복합적 성격을 가지고 있다. 따라서 여성 정책을 성공적으로 수행하기 위해서는 앞의 〈그림 12-1〉에서 확인한 것과 같은 유연한 입장이 필요하다. 아울러 하나의 문제를 해결하기 위해서는 사회 각계의 노력과 다양한 차원의 정책적 지지가 필요하다. 임금 차별을 극복하려 할 때도 임금 정책 하나만으로는 해결하기 어렵다. 임금격차를 해소하기 위해 여성 개인은 인적 자본을 축적해 생산성에 격차를 나타내지 않아야 하며, 자신의 현실을 개선하려는 의지를 가지고 부당한 처우에 적극적으로 저항해야 한다.

또 기업은 양성평등적 기업 문화를 만드는 데 전념해야 하며, 합리적인 인사 관리를 통해 여성 근로자에 대한 차별이 발생하지 않도록 노력해야 한다. 아울러 여성 근로자의 생애 주기에 맞는 고용조건을 도입해야 하는 데, 근로유연제나 재택근무 등도 충분히 고려해야 한다.

국가의 역할도 중요하다. 동일 노동·동일 임금 같은 법적 보호 장치를 지키는 데 국가가 적극 나서야 하며, 여성 근로자의 모성보호를 위한 법적 조치를 마련해야 하고 유리천장이나 유리벽을 넘지 못해 발생하는 임금격차를 극복하기 위해 여성 할당제나 목표제를 적극적으로 도입해야 한다.

이처럼 국가는 임금격차는 물론 전체적인 젠더 격차를 줄이기 위해 여성 관련 법의 실효성을 높이는 동시에 기업의 여성 친화적인 평가와 보상 시스템 정착을 유도하며 기업과 조직의 문화 개선을 위해 노력해야 한다. 경력 단절을 방지하기 위한 다양한 세부 정책을 제시하고 노동시장에 재진입하려는 여성들을 위해 경력 개발 프로그램들을 지원해야 한다.

양성평등을 실현하기 위해서는 무엇보다 사회적 노력과 여성들 스스로 주체적이고 능동적인 자세로 상황을 극복하려는 노력이 필요하다. 기업은 여성 인력 활용의 필요성을 인식하고 인적 자본 축적을 위해 여성 인력을 숙련시키는 데에 투자해야 하며, 일과 보육을 동시에 할 수 있는 가족 친화적이고 여성 친화적인 환경을 만들 필요가 있다. 정부 역시 각종 성차별적 제도를 개선하는 한편 성차별적 상황이 시정되도록 관리해야 하며, 여성은 물론이고 남성에게도 바람직한 사회 통합적 정책을 제시해야 한다.

3. 여성 정책의 내용

1) 여성 할당제와 여성 고용 목표제

여성 할당제(gender quota system)는 정치·경제·교육·고용 등 각 부문에서 여성에게 채용이나 승진 시 일정한 비율을 할당하는 제도로, 양성평등을 실현하기 위한 적극적 조치이다. 1970년대 이후 유럽과 미국을 중심으로 활성화되었으며, 스웨덴과 같은 북유럽의 복지국가에서는 그 성과가 뚜렷이 나타났다. 그러나 자유주의적 여성운동을 펼치며 적극적 조치를 제시한 미국에서는 여전히 논란이 계속되고 있다. 스웨덴은 사회 모든 부문에서 특정 젠더가 40% 이하를 차지하는 것을 법으로 금지한다. 동아시아에서도 채택되어 타이완과 필리핀은 정치에 여성 할당제를 도입해 여성에게 40~50%를 할당했고, 그 결과 여성 국회의원 수가 획기적으로 늘었다.

기업이나 공공 조직에서 여성이 승진할 기회와 핵심 업무에 채용될 수 있도록 하는 조치도 진행되고 있다. 여성 관리자를 육성하기 위한 교육 프로그램과 인사고과나 직무평가 시 성차별을 금지하는 조항도 등장했다. 무엇보다 승진제도 관리의 투명성 보장이 많이 논의되고 있다. 물론 여성 자신도 직장 내 유리천장의 존재를 인식하고 조직 문화를 개혁하기 위해 노력해야 하며, 동일 노동·동일 임금의 가치를 실현하는 것도 필요하다.

≪포춘(Fortune)≫이 1,000대 기업의 최고경영자(CEO)와 여성 임원을 상대로 여성이 고위직에 오를 때 직면하는 장애 요인을 조사한 결과, 관리 경험 부족, 비공식적 연결망에서의 배제, 여성의 승진에 대한 고위 관리자의 의지 부족 등이 여성 개인의 야망이나 리더십 부재보다 더 큰 걸림돌로 지적되었다.

아울러 여성의 사회 진출에 가장 큰 장애가 되는 육아 문제를 해결하려는 조치도 시행되고 있다. 일과 생활의 균형을 잡기 위한 일·가정 양립 정책이 시행되어 그 일환으로 가족 친화적 기업, 가족 친화적 마을 공동체를 만들기 위한 시도도 이어지고 있다. 또한 선택 근로 시간제나 재택근무를 늘리고 일자리의 보육 시설을 늘리는 것도 논의되고 있다. 또한 정부 차원

〈표 14-1〉 여성 정책의 종류와 내용

종류		내용
모성 보호 정책	육아휴직 제도	생후 1년 미만의 영아 양육을 위한 근로자의 휴직 제도
	육아휴직 급여	육아로 생계에 위협을 받지 않도록 휴직 급여를 지급하는 제도
	모성보호 제도	산모에게 과중한 근로 및 야간 근무 금지, 직장 보육 시설 설치, 산모 휴게실 설치, 출산휴가·생리휴가 부여
	수유 여성 보호 제도	생후 1년 미만의 영아를 가진 여성 근로자에게 1일 2회 각 30분 이상의 유급 수유 시간을 부여하는 제도
교육 정책	평등교육법	남녀평등교육진흥법
	인적 자본 축적	여성 과학자 양성 정책
노동 정책	차별 방지 정책	동일노동동일임금법, 인사고과의 투명성 보장 정책
	근로 방식	탄력근무제와 재택근무제 확대
	여성 할당제	공공 부문 일자리 할당제, 여성 임원 할당제, 승진심사위원회의 성비 균형제
	적극적 고용 개선 조치	여성 고용 비율과 여성 관리자 비율이 동종 업계 평균 60% 수준에 미달할 때 AA(적극적 조치) 적용 사업장 인정
	연방유리천장위원회	여성의 승진 기회를 위해 1991년 미국에서 구성되어 전 세계에 확산된 제도
재정 정책	성인지 조세제도	자녀 세액 공제 제도, 근로 장려 세제, 아동 보육 비용 공제 제도, 부녀자 공제 제도, 부부 재산 공유제
	재정 정책	성인지 예산 제도

에서 육아휴직 지원 제도도 시행되고 있다. 〈표 14-1〉은 여성 정책의 종류와 내용을 보여준다. 대부분 한국에서 채택된 정책이다.

2) 성 주류화 정책

성 주류화 정책은 양성평등을 위한 전략으로 여성과 발전에 대한 관점에 따라 크게 강한 의미의 주류화와 약한 의미의 주류화 방식으로 사용되고 있다. 먼저 약한 의미의 주류화는 사회의 전 과정에서 여성의 참여를 증가시키는 것을 말한다. 여기서 여성들이 추구하는 바람직한 현실이란 생산과 분배의 모든 과정에서 여성이 소외되지 않고 참여하는 것을 의미한다. 즉, 약한 의미의 주류화란 기존의 사회적 틀을 인정하면서 가능한 한 여성 참여를 늘리는 것을 말한다.

이에 비해 강한 의미의 주류화는 기존의 틀에 대한 혁신과 변화를 요구한다. 강한 주류화 전략에서 여성은 기존 사회에 참여하는 것이 아니라, 오히려 변화의 주체로 등장하여 주류 자체를 변혁시킨다. 이처럼 강한 주류화는 양성평등을 위한 여성의 발전이 필연적으로 남녀 불평등 이슈를 해결하기 위한 주체적 세력화와 관련된다고 보고, 발전 과정의 혁신을 요구하는 것이다.

4. 여성 정책의 국제 비교

각국의 여성 정책에는 여성이라는 공통점과 국가와 문화와 전통, 여권의 신장 정도라는 특수성이 작용한다. 물론 서구의 여성운동이 여권운동의 전형으로 받아들여진 이후 서구의 여성 정책이 다른 나라의 기준이 된 측면은 있다. 그러나 '과연 그것은 바람직한가? 그것이 가능한가?' 하는 질문에 답하기 위해서는 먼저 문화별로 나누어 여성 정책을 살펴봐야 한다.

국가가 여성 정책에 얼마나 진정성 있게 접근하느냐를 잘 보여주는 것은 실제 국가 예산을 이 분야에 얼마나 배분하는지와 관련되어 있다. 〈표 14-2〉는 GDP에서 가족 관련 공공 지출이 차지하는 비율이다. 나라마다 가족 정책에 사용하는 예산이 차이가 나며 시간이 흘러도 큰 변화가 없다는

〈표 14-2〉 GDP 대비 가족 정책 정부 지출(%)

나라		1990	2000	2005	2007
영미형 성별 관계	영국	1.9	2.7	3.2	3.2
	미국	0.5	0.7	0.7	0.7
라인형 성별 관계	독일	1.7	2.1	2.1	1.8
	스웨덴	4.4	3.0	3.3	3.4
동아시아형 성별 관계	한국	-	0.1	0.3	0.5
	일본	0.4	0.6	0.8	0.8
이슬람형 성별 관계	터키	0.9	-	0.0	0.0

자료: OECD.

것을 알 수 있다. 라인형 국가의 지출이 가장 높고 영미형의 경우 영국은 높으나 미국의 정부 지출이 매우 낮다. 동아시아형 국가에서는 유럽이나 북미의 국가에 비해 가족 정책에 예산 지출이 적다. OECD 비교 국가 중에 2007년 현재 OECD 평균이 1.9%인 것에 비해 한국은 0.5%로 비교 국가 가운데 터키 다음으로 낮은 수준이다. 가족 관련 지원이 낮은 것은 그만큼 국가가 여성 문제를 개인 문제로 치부하고 국가적 차원에서 지원하지 않는다는 것을 의미한다.

1) 동아시아형 여성 정책

세계 주요 국가 중 여성이 승진하기가 가장 어려운 나라가 한국과 일본이다. 2013년 3월 현재 GMI 레이팅스(GMI Ratings)가 조사한 한국 기업의 여성 임원 비율은 1.9%로 최하위에서 두 번째이고, 일본은 1.1%로 45개국 중 꼴찌이다. 1위 노르웨이의 36.1%는 물론 선진국 평균인 11.8%에 많이 못 미치는 동시에 신흥국 평균인 7.4%보다도 현저하게 낮다. 대부분 선진국은 여성 임원 할당제를 도입해 여성이 유리천장을 극복하도록 법적 조치를 마련한 데 비해, 한국과 일본은 여전히 제도적 장치를 잘 활용하지 못하고 있다. 이러한 단면은 동아시아형 여성 정책의 특징을 잘 보여준다.

한국 여성 정책의 핵심은 고용상의 불이익을 제거하기 위한 남녀 고용평등 및 일·가정 양립에 대한 지원이다. 1995년 여성발전기본법이 제정되고 이 법에 따라 여성 정책 기본 계획이 시행되면서 성 주류화가 강조되었다. 1997년 성차별을 금지하기 위한 기본법인 남녀차별금지법이 제정되었다가 2005년에 폐지되었다. 2001년 여성부가 출범했고 2006년 여성가족부로 확장되었다가 2008년에는 여성부로 돌아갔으며 2014년 현재는 여성가족부로 되어 있다. 여성부의 존폐는 물론 여성 관련 행정 부서의 위상 변화만으로도 정권별 여성 정책의 방향을 살펴볼 수 있다. 재정 정책과 관련된 것으로는 부부 재산 공유제를 들 수 있으며, 성인지 예산은 2000년대에 들어서 공론화된 이후 2006년 관련 제도가 구축되었고 2010년부터 성인지 예산·결산 보고서 제출이 시행되었다.

한국에서는 2006년부터 '적극적 고용 개선 조치'가 상시 근로자 1,000명 이상의 기업 및 정부 투자, 산하 기관을 대상으로 시행되어왔으며, 2008년 3월부터 상시 근로자 500명 이상의 사업장으로 확대되었다. 해당 기업에서는 시행 계획서와 이행 실적 보고서를 제출해야 하는데, 제출하지 않거나 거짓으로 보고한 경우에는 300만 원 이하의 과태료를 부과한다. 반대로 시행 계획서와 이행 실적 보고서의 평가 점수가 높은 기업에는 우수 기업 표창 및 인센티브가 주어진다.

그럼에도 문제는 여전하다. 2009년 말 현재 한국 100대 기업의 여성 관리자 비율은 7.1%이고 여성 임원 비율은 1.1%로 아주 낮다. 2013년에도 10대 기업의 여성 임원 비율은 1.7%에 지나지 않았다. 이러한 사정 탓에 여성 임원 할당제에 대한 요구가 점점 커지고 있다. 그러나 이에 대한 비판과 반대 의견 또한 많다. 여성 임원을 늘리려면 무엇보다도 여성이 경제활동을 할 수 있는 여건이 마련되어야 한다.

2) 유럽형 여성 정책

사민주의 전통을 지닌 스웨덴은 보편적 복지와 남녀평등의 이념이 추진되어 국가의 적극적인 개입 아래 여성 정책이 시행되었다. 국가가 여성의 가사 부담을 덜어주고 경제활동을 장려하는 것이 스웨덴 여성 정책의 핵심이었다. 세계 어느 나라보다 적극적으로 성 주류화 정책이 시행되고 있어 양성평등의 모범국으로 인식된다. 1980년 남녀평등법이 시행된 후 어느 정도 양성평등이 정착되자, 1991년에는 평등기회법(Equal Opportunity Act)이 제정되었다. 이후 평등기회법을 점차 강화하여 동일 노동·동일 임금에 입각한 경제정책을 시행하고 있다.

국제의원연맹의 통계를 보면 2010년 현재 스웨덴 국회의원의 45%가 여성이다. 이는 한국 14.7%보다 높은 수치이다. 1974년에 아버지에게 유급 육아휴직제를 실시한 스웨덴은 부부의 휴가를 합산하여 총 480일(아버지 60일, 어머니 60일, 공동 360일)의 육아휴직을 허용한다. 출산휴가 시 1년간은 급여의 85%를 지급하고 나머지 6개월은 기본급을 모두 받는다. 또 유럽연합은 기업에 관한 법적 조치로 2015년 여성 임원진을 최소 30% 이상 두는 것을 법제화시키려 노력하고 있다. 이처럼 북유럽 복지국가는 평등을 지향하는 사회 풍토 아래 공공 부문의 여성 진출을 적극적으로 추진하여 여성의 경제활동이 남성에 육박하며 재산권에서도 평등이 인정된다.

독일은 남성 중심의 전통적인 가족 모델을 배경으로 보수적 여성 정책을 폈다. 1980년대 이후 여성권에 대한 요구가 커지자 양성평등을 담당하는 연방가족노인여성청소년부의 평등국에서 지속해서 양성평등 정책을 시행했다. 이후 20세기 말에는 여성 정책을 평등 정책으로 전환하면서 여성만이 아니라 남녀 모두에게 더욱 바람직한 상황을 만드는 데 주력했다. 그럼에도 유럽 다른 국가에 비해 독일의 출산율이 급격히 떨어지자 2007년에는 육아수당과 육아휴직법(Gesetz zum Elterngeld und zur Elternzeit)을 제정했다. 육아휴직 시 출산 후 12개월 동안 수입의 65~67%를 보장한다. 현재 독일의 여성 정책은 출산과 육아로 인한 여성의 불이익을 방지하는 데 중점을 두고 있다.

3) 영미형 여성 정책

영국의 여성 정책은 비버리지 보고서(Beveridge Report)에서 그 특징을 찾을 수 있다. 영국식 복지 제도를 기획한 윌리엄 비버리지(William Beveridge)는 보수적인 여성관을 지녔고 전통적인 성 역할을 강조했다. 그에 따라 영국 여성 정책은 소극적인 국가 개입을 기초로 했다. 이후 노동운동과 여성운동의 영향으로 1970년 동일임금법, 1975년 성차별금지법을 제정했다. 그럼에도 다른 유럽 국가보다 영국 여성의 경제적 지위는 열악하다.

미국에는 적극적 조치법, 임금형평법 등이 있다. 이러한 전통은 기업 경영에도 영향을 미친다. 영국과 미국은 기업 내 여성 임원 할당을 위한 법적 조치를 시행하고 있는데, 영국은 2010년을 발효 시점으로 이사진을 구성할 때 성별을 포함한 다양성을 고려해야 한다고 명문화했으며, 미국의 경우 비록 성별 쿼터제는 도입하지 않았지만 2010년부터 공기업이나 뮤추얼 펀드 회사는 위임장을 공개할 때 성별의 다양성을 고려해야 한다. 2013년 현

〈표 14-3〉 여성 임원 할당을 위한 법적 조치

나라		발효 시점	내용	입법 현황
영미형	EU	추진 중	2015년까지 30%, 2020년까지 상장 기업 비상임 이사진의 40% 할당	
	영국	2010년	이사진 구성 시 성별 다양성 포함	기업지배구조법 권고
	미국	2010년	공기업, 뮤추얼 펀드 회사 위임장 공개 시 성별 다양성 고려	
유럽형	프랑스	2011년	2016년까지 대기업의 40% 할당	여성 할당제 입법
	노르웨이	2003년	국영기업 2006년, 사기업 2008년까지 이사 40% 할당	여성 할당제 입법
	독일	-	2017년까지 최소 40% 중역 비율	
동아시아형	한국	-	논의 중	
	일본	-	논의 중	
이슬람형	파키스탄	2006년	여성보호법	

재 미국 최대 자동차 회사 GM의 최고경영자로 105년 만에 처음으로 여성인 메리 바라(Mary Barra)가 선출되었다. 이는 미국의 유리천장이 깨진 대표적인 사례로 인식된다.

5. 맺음말

이 장에서는 양성평등을 위한 다양한 여성 정책들을 살펴보았다. 여성 정책 중 핵심적인 정책은 경제정책이다. 어느 나라 할 것 없이 국가는 여성 정책을 통해 여성이 자신들의 세계로 나가기 위한 버팀목이 되어주었다. 그러면서도 국가는 여성을 국가정책의 대상으로 이용하는 측면도 있다. 국가의 여성 정책에 대해 여성의 대응은 다양하다. 가령 여성 할당제의 경우 반대하는 측에서는 여성 할당제라는 형식으로 여성이 자리를 차지하는 것이 무슨 의미가 있느냐고 주장한다. 이에 비해 찬성하는 측은 할당제라도 자리를 잡아야 한다는 주장을 한다. 이러한 지루한 공방은 모든 나라, 모든 여성 정책에서 진행되고 있다고 보면 된다.

여성 정책을 효과적으로 실행하기 위해서는 국가와 여성의 획일적인 이해에서 벗어나 좀 더 다양한 접근이 필요하다. 국가는 여성의 적이기만 한 것도 아니고 여성을 지켜줄 든든한 울타리이기만 한 것도 아니다. 여성들이 국가정책의 성격을 잘 이해하고 정책의 결과를 분석하여 자신들에게 미치는 영향을 확인하는 작업을 해야 한다. 이를 바탕으로 새로운 정책이 시행될 수 있도록 노력할 필요가 있다. 또한 노동 정책, 조세제도, 복지 정책, 가족 정책, 교육 정책 등에 분산된 여성 관련 정책이 서로 상충하지 않게 정리하는 작업도 필요하다.

15장

보살핌으로 세상을 치유하기

1. 머리말

독일권의 여성 학자와 여성 전문가들이 1992년에 창설한 '보살핌의 경제 네트워크(Netzwerk Vorsorgendes Wirtschaften)'는 현재의 생산양식과 소비양식으로는 조만간 지구촌의 살림살이가 거덜 날 수밖에 없다고 보며, 그에 대한 대안을 마련하기 위해 경제 운영 방식과 생활양식의 새로운 전형을 찾고 있다. 2012년 독일에서 이 단체의 창립 20년을 기념하는 집회가 열렸다. 이들은 지금까지 찾은 해답을 확인하고 앞으로 풀어야 할 '무엇을 어떻게 계속할 것인가'라는 질문을 던졌다.

이들은 이익 극대화를 목적으로 하는 기존 경제학에 반대하며 '조화로운 삶의 실현'을 경제행위의 목적으로 삼는다. 여기서 '조화로움'이란 물질적·사회적·문화적·미적 차원의 조화로움인 동시에 현재와 미래 사이의 조화이고 부엌과 시장 사이의 조화이며, 넓게는 생태계 전체의 조화이다. 또한 '보살핌'이란 조화로운 삶을 위한 경제적 행위, 살림을 잘사는 것을 말한다. 조화로운 삶은 독일어 'Gutes Leben'과 영어 'good life'의 번역으로 좋은 삶, 선한 삶, 바른 생활 등으로 번역된다. 보살핌의 경제론과 같은 맥락에 있는 스콧 니어링(S. Nearing)의 경제사상이 국내에서 '조화로운 삶(good life)'으로 번역되었기 때문이다.

보살핌의 경제론은 독일 여성 학자들에 의해 제시된 대안 경제의 하나이다. 이들이 해결하려는 가장 큰 문제는 여성 문제이며 이들이 집중하는 영역도 여성 경제 영역이다. 그러나 보살핌 경제론의 문제 제기와 해결 방식은 기존 여성주의 경제학의 방식과도, 생태주의 관점과도 다르다. 보살핌의 경제론은 여성 문제를 배경으로 하지만, 여성을 전면에 내세우지 않고 생태계 전체 살림살이를 갈무리하는 인간상을 '인류 보편'으로 제시한다.

이 장에서는 생태 여성주의 대안 경제 중 하나인 보살핌의 경제론을 소개한다. 먼저 성립 배경과 연혁, 함의, 이론적 바탕을 살펴보고, 보살핌의 경제론의 경제행위 원칙 및 실현 방식과 문제 해결 방식을 살펴본다. 이를 통해 여성주의 대안 경제론으로서의 가능성과 한계를 제시한다.

2. 왜 보살핌의 경제론인가?

1) 보살핌의 경제론의 연혁

보살핌의 경제론은 독일어권의 여성 학자와 활동가들이 주축이 된 여성 공동체인 '보살핌의 경제 네트워크'의 핵심 논지이다. 여성 문제와 환경 문제에 대한 해결 방안을 모색하던 비제커(A. Biesecker)를 비롯한 독일 여성 학자들은 1992년 스위스 생갈 대학교에서 열린 제5회 '오이코스 학회(Oikos-Konferenz)'에서 '여성의 시각에서 본 지속 가능한 경제'란 분과를 맡게 된다. 이 분과에서 보살핌의 경제론이 처음 발의되었다. 이후 이들은 1993년

슈바이스푸르트 재단(Schweisfurth-Stiftung)의 지원을 받아 독일 뮌헨에서 워크숍을 연다. 이 회합에서 '보살핌의 경제'라는 용어가 처음으로 사용되었다. 이후 1994년에는 학술지 ≪정치적 생태주의(Politische Ökologie)≫에 보살핌의 경제론을 기고하면서 논지의 기본 골격을 갖추었고, 1996년에는 보살핌의 경제 네트워크가 만들어졌다.

1998년에는 투트징(Tutzing)에서 첫 학술대회가 개최되었으며, 2000년에는 30명의 여성과 2명의 남성을 필진으로 보살핌 경제론의 기본서인 『보살핌의 경제(Vorsorgendes Wirtschaften)』(2000)가 출판되었다. 현재 비제커, 미즈, 크노블로흐(U. Knobloch), 부시-뤼티(C. Busch-Lüty), 랑(E. Lang), 요힘젠(M. Jochimsen), 브뤼허(C. M. Brücher) 등을 주축으로 50여 명의 전문가가 활동하고 있다. 보살핌의 경제 네트워크에는 관련 여성 학자뿐만 아니라 각 분야의 실무자들도 포함되어 있다. 이들의 특징은 사례 지역을 직접 방문하고 체험하여 이론 작업을 진행한다는 것이다. 1995년 처음으로 쾰른의 '사회경제를 위한 보증 은행(Bürgschaftsbank für Sozialwirtschaft)'을 방문하여 보살핌 경제의 실현 여부를 논의했다. 이후 현재까지 정기적으로 적합한 공동체나 프로젝트에 참여하여 이론 작업을 검증하고 보완한다.

2) 보살핌의 경제론의 함의

보살핌의 경제론은 기존 경제학에 대한 비판 및 대안으로서 이론과 실천의 통합 구조로 되어 있다. 즉, 보살핌의 경제론은 기존의 경제학을 전면적으로 비판하고 경제 전체에 대한 재해석을 시도한다. 이들은 성장과 효율의 논리만 강조하며 경쟁을 당연시하는 현재의 경제관은 행복을 창조하는 도구가 아니라 그 자체로 치유하기 어려운 질병이라 지적한다.

〈표 15-1〉 보살핌의 경제론과 기존의 경제 이론의 비교

	보살핌의 경제론	기존의 경제론
경제의 지향점	조화로운 삶	이윤 추구
경제주체	넓게는 삼라만상	경제인(Homo Economicus)
경제행위의 이유	필요의 충족(생존)	이윤 극대화(축적)
경제행위의 평가	비용을 건지면 만족	부가가치를 얻어야 만족
이상적인 시장	물물교환, 지역 시장	돈벌이가 가장 쉬운 세계시장
금융과의 관계	화폐와 은행 신용의 최소화	부채와 신용을 적극 활용
국가와의 관계	가능한 국가에서 독립	자본 축적의 보조 기구로 국가 인정
소유 구조	자원의 공유화와 사용의 사유화	자원의 사유화와 사용의 사유화
공공재	대가 없는 이용	사유화시켜 임대
정치적 체제	풀뿌리 민주주의	돈벌이에 쉬운 정치체제
경제행위 방법	연대와 자율	경쟁
보상 체계	평등과 형평	성과에 따른 차이
성인지성	성인지적	성몰인지적
경제발전	지속 가능성이 보장되어야 인정	성장 제일주의
경제행위의 시점	현재와 미래	현재
경제의 중심 영역	가계	시장
문제 해결의 원칙	사전 예방의 원칙	사후 대책의 원칙
경제 이해	사회적 맥락 속의 경제	사회적 맥락에서 분리된 경제
조정 방법	소통과 협력	경쟁

자료: 홍태희(2005).

이러한 사정의 배후에는 인간의 경제행위를 '삶 일반', '공동체 일반', '사회 일반'과 떼어서 분석하려는 경제주의, 분리주의, 이원주의가 자리하고 있으며, 이에 따른 몰현실적·몰성적·몰생태적 현실 이해가 결국 삶 자체를 파괴한다고 비판한다. 따라서 주류 경제학의 근간에 대한 전면적인 재고가 필요하다고 본다. 〈표 15-1〉은 기존의 경제학과 보살핌의 경제론의 기본 관점을 비교·정리한 것이다.

이들은 무엇보다 경제인이 이기적이라는 경제학의 기본 설정에 반대한

다. 합리적인 경제인의 이익 극대화란 일종의 우화라고 비판하며, '상호적 인간' 개념을 제시한다. 상호적 인간은 서로 철저히 연결되어 있고, 연결망 속에서 그 정체성이 결정된다고 주장한다. 또 인간뿐만 아니라 여타 삼라만상에 동등한 권리가 있다고 보고, 그 권리를 지킬 방법을 모색한다. 보살핌 경제론은 이윤 추구를 위해 시장 노동과 시장경제에만 집중하는 현재의 경제학을 비판하며 경제를 돈벌이와 살림살이의 통일체로, 경제행위의 목적은 '모두가 같이 살기'가 되어야 한다고 주장한다.

또한 기존 경제학의 방법론적 개인주의나 개인의 집계로서의 전체 개념을 부정하며 가치의 양화도 인정하지 않는다. 이처럼 보살핌 경제론은 기존 경제학의 몰성적 성격도 비판하며, 젠더를 경제 분석의 카테고리로 설정하여 성별 간 관계의 균형을 이루고, 생태계 전체의 권리를 갈무리해야 한다고 주장한다. 이에 따라 보살핌의 경제론을 잠정적으로 규정하면 다음과 같다.

대항 경제론은 현재의 경제 방식으로는 인류에게 희망이 없다는 상황 판단에서 출발해 현재의 경제 운영 방식에 반대하는 학문적·실천적 접근 전체를 지칭한다. 대항 경제론 중 하나인 보살핌의 경제론은 돈이 아니라 삶, 상품화 대신 자급자족, 이익의 극대화 대신 공동체의 공존, 개발 이익 대신 환경 친화적인 삶을 목표로 한다. 또한 기존 경제학의 이원론적 접근을 지양하고 통합론적 관점에서 사회적·생태적·규범적·제도적 영역 속의 경제행위를 해석한다. 통합론(synthetic theory)은 사회 이론의 한 갈래로 거시(구조)와 미시(행위), 주체와 객체의 분리에 반대한다. 이에 따라 미시적 동기와 거시적 결과 사이를 연결하고, 그 연결 고리를 분석하며, 행위자가 주어진 구조 안에서 어떻게 행위를 하고 변화를 만드는지를 분석한다.

또한 여성과 남성, 주체와 객체, 돈벌이와 살림살이, 시장과 부엌의 통합

〈표 15-2〉 보살핌의 경제론의 특징

분류	특징
정체성	기존 경제학에 반대하는 대항 경제론
구조	이분론을 지양하는 통합 경제론
성인지성	성인지성을 갖춘 생태 여성주의 경제론
범주	윤리와 미적 덕목도 범주에 포함하는 경제 윤리론과 경제 미학

자료: 홍태희(2005).

을 시도한다. 보살핌의 경제론은 경제행위가 아름다움, 조화로움, 좋음 등의 덕목과 별개가 아니라고 주장한다. 경제와 윤리를 별개로 보는 기존 경제학의 설정을 이익 극대화 행위를 정당화시키기 위한 공리주의적 윤리관이 가지는 억지로 보기 때문이다. 보살핌 경제론은 여성 문제를 해결하기 위해 여성 학자들이 제시했다는 측면에서는 여성주의 경제론이지만, 대상을 여성에 국한하지 않고 생태계 전체로 본다는 점에서는 생태 여성주의 경제론이다. 자연에 대한 지배와 여성에 대한 지배의 구조적 연관성을 염두에 두고 지배의 해체를 모색하는 시도이다. 나아가 여성성의 강조를 통해 경제학 및 경제행위의 가치 기준까지 변혁시키려는 매우 적극적인 여성주의 경제론이다.

3. 보살핌의 경제론의 이론적 배경

보살핌의 경제론은 다양한 관점을 이론적 배경으로 삼고 있다. 특히 기존의 경제 분석에서 소홀히 다루어진 규범적 기초에 집중한다. 모든 경제행위는 가치판단과 관계되고, 경제 윤리적 근거가 있다고 본다. 울리히(P. Ulrich)의 지지를 받은 통합 경제 윤리학(Integrative Wirtschaftsethik)은 삶에 기여하는 경제 윤리를 복원하려는 시도로, 공리주의적 윤리관이 개인의 이익 극대화에 도덕적 정당성을 부여하고 윤리와 경제를 분리해놓음으로써 인류 전체를 비윤리적 상황으로 몰고 간다고 비판한다. 이것이 경제학의 자기 분열과 소외를 일으켰다고 보고 '윤리적인 것이 곧 경제적인 것'이라고 주장하며 경제 윤리 자체의 변화를 시도한다. 보살핌의 경제론은 이러한 통합 경제 윤리론에 여성주의적 시각을 접목해 근대의 원칙론적 윤리(공리주의적 윤리, 칸트의 정언명법)의 극복을 꾀하고 '통합론적 여성주의 경제 윤리'를 모색한다.

제도주의의 전통을 물려받은 보살핌의 경제론은 인간 행위를 역사적인 과정에서 이해하며, 가치가 외생적으로 주어지는 것이 아니라 과정에서 만들어져가는 것이라고 본다. 이들이 복구하려는 경제는 여타의 인간 조건과 분리된 경제가 아니라 역사적·사회적 맥락 속에 있는 경제이다. 또한 기존 경제학이 경제행위의 영역을 화폐로 측정 가능한 영역으로 한정한 것을 지적하며, 경제행위의 장을 사회적·경제적·문화적 지평으로 옮긴다. 동시에 경제인 개념을 확장하여 자기 안에 고립된 경제인이 아니라, 외부와 의사소통을 하고 합의를 만들어가는 자율적이며 대화 가능한 주체로 상정한다.

보살핌의 경제론의 또 다른 이론적 근거는 빌레펠트 학파의 '자급경제론'이다. 자급경제론은 1970년대와 1980년대 독일 빌레펠트 대학교를 중심으로 발전된 담론이다. 미즈(M. Mies), 벨호프(C. Werlhof), 벤홀트 톰젠(V. Bennholdt-Thomsen) 등이 이를 이끌었으며 흔히 여성주의 사회발전론으로 분류된다. 여기서 자급적 관점은 이윤 및 성장 우선의 개발 패러다임이 지속 가능하지 않다는 사실을 인식하고, 거기에 동참하지 않는다는 문제의식에서 출발하여, 자율적이고 자립적인 삶의 공동체를 만들어간다는 의미이다.

빌레펠트 학파가 발전시킨 자급론의 핵심 논지는 다음과 같다. 상품과 화폐가 아닌 생명의 창조 또는 재창조, 자연과의 존중 및 협력의 관계, 사람과의 비착취적 연대와 신뢰의 관계, 참여 민주주의와 풀뿌리 민주주의, 다면적 또는 시너지 효과를 낳는 문제 해결 방식, 과학·기술·지식에 대한 새로운 패러다임, 문화와 노동의 재결합, 공공재의 사유화 반대, 공공성의 보전 및 재생, 성별 분업의 폐지, 비폭력, 평화이다. 주로 제3세계에서 활동한 경력이 있는 학자들이 주축이 된 자급론은 자본주의적 경제체제가 가져오는 불평등과 불안정, 환경오염 등에 대한 대안적 생산방식으로 자급자족을 강조한다. 중요한 것은 축적이 아니라 생존이므로 재생산 영역, 여성의 영역은 자급경제론에서는 더 이상 폄하되지 않는다.

또 다른 이론적 바탕은 가계경제학이다. 가계 내부의 경제행위를 연구 대상으로 하는 가계경제학은 보살핌의 경제론에 살림살이에 대한 이해 및 개인의 개발과 전체의 공생에 대한 이론적 접근을 쉽게 만들어준다. 그러나 보살핌의 경제론은 각 가계에 대한 미시적 담론이라기보다는 생태계의 가계경제학을 자처하며, 성인지적 관점에서의 '생태계 전체의 살림살이'를 꾸려가는 거시적 담론이다.

마지막으로 보살핌의 경제론은 생태주의와 긴밀한 연관성을 지닌다. 보수적인 환경주의는 물론이고 진보적인 생태주의에도 성인지적 관점이 배제된 경우가 흔히 있다. 보살핌의 경제론은 생태적 환경과 사회적·문화적 맥락을 동시에 이해해야 한다고 주장하는 북친(M. Bookchin)의 사회 생태주의와 흡사한 면이 있다. 주어진 사회구조가 지배자의 이익을 위해 구성원을 억압하도록 기능하고, 이 억압적인 사회구조가 인간에 의한 자연 지배를 포함해 지배를 조장하는 생활양식을 강화한다고 파악하는 것이다. 또한 심층 생태주의(deep ecology)의 세계 이해와도 무관하지 않다. 심층 생태주의는 인간을 모든 가치의 근원으로 보는 천층생태론(shallow ecology)에 반대하며, 인간과 자연을 분리하지 않고 세계를 서로 얽혀 있는 상호 의존적인 현상의 연결망으로 파악한다. 이처럼 보살핌의 경제론은 특정 입장을 지지하기보다 다양한 관점을 받아들이고 있다.

4. 보살핌의 경제론의 행위 원칙

보살핌의 경제론은 경제적 현실을 사회적 맥락 속에서 재해석하고 이를 바탕으로 경제적 현실 자체를 변화시키려는 시도이다. 따라서 인간의 삶에 영향을 미치는 모든 영역, 특히 윤리적·사회적·환경적 영역과 경제와의 관계를 재구성해야 한다. 그리고 이 재구성은 단지 이론적인 영역에 국한된 것이 아니라 조화로운 삶이라는 목적을 달성하기 위한 실천적 행위 규칙으로 제시되어야 한다. 보살핌의 경제론은 '사전 대책', '협동', '조화로운 삶을 위해 필요한 것을 충족시키기'를 세 가지 원칙으로 제시한다.

사후 대책 대신 사전 예방의 원칙(precautionary principle)

경제적 행위의 시행 시점을 사후 대책이 아니라 사전 예방의 원칙에 따른다. 여기서 사전 예방의 의미는 장기적인 관점에서 시공간적·사회적 상황 속에서 일어날 수 있는 특정 상황에 대한 고려를 의미한다. 즉, 사전 예방의 내용은 어떤 일이 일어날 것을 대비해 미리 조심하며 대책을 세우는 것을 말한다. 가령 앞으로 발생할 전 지구적 환경 재앙에 미리 대비해 경제 행위를 하거나, 기아로 목숨을 잃기 전에 미리 먹을거리를 제공하는 행위

등을 지칭한다. 또한 극빈에 대비한 사회 안전망의 구축 등은 가장 전형적인 사전 예방의 경제행위라고 할 수 있다.

경쟁 대신 협동(cooperation principle)

경쟁은 한편으로는 인간의 본성으로, 다른 한편으로는 사회 발전의 조건으로 이해되었다. 그러나 보살핌 경제론에서는 경쟁 대신 협동의 원칙을 제시한다. 보살핌의 경제론은 행위자의 연결 고리로 의사소통을 중시한다. 연대나 협동 없이 경쟁만 있다면 공동체란 존재하지 않는다. 따라서 이들은 연대와 협동을 강조하면서 이를 통해 시장경제의 재조직을 구상한다. 여기서 협동은 단지 인간 사이의 협동뿐만 아니라 인간과 자연의 협동도 포함한다. 행위자 사이에 경쟁 대신에 협동의 체제가 성립되면 지배 체제가 무너지고 인간과 인간, 인간과 자연의 관계가 복원되며 생태계 전체를 살리는 경제가 만들어진다.

돈 모으기 대신에 필요한 만큼만 쓰고 살기(survival principle)

마지막 원칙은 필요한 만큼만 생산하고 소비하는 경제를 만들자는 것이다. 경제행위의 목적이 돈벌이에 맞추어져 있으면 생태계의 지속 가능성을 확보할 수 없으므로 '삼라만상의 살림'이 목적이 되어야 한다. 이를 위해서는 재순환을 통해 다시 자원을 복원할 수 있는 자연의 능력과 인간의 생활양식의 균형을 맞추어야 하며 필요한 것을 필요한 만큼 생산하고 소비해야 한다.

이상의 세 가지 행위 원칙은 보살핌의 경제론을 현실로 만들기 위한 지침인 동시에 사회의 권력관계를 이해하고 이원론적 분리를 통합할 시준을 제시한다. 아울러 지배와 서열 관계를 극복하고, 물신주의와 구조를 변화시켜야 한다고 주장한다. 이처럼 이 원칙에 따르면 물질 만능의 가치관이 폐기되고 인간이 재화의 지배자가 되어 삶의 필요에 따라 재화를 배분하게 되어 생태계 전체의 조화로운 지속 가능성이 이루어진다고 본다.

5. 보살핌 경제론의 대안 경제학으로의 가능성과 한계

1) 보살핌의 경제의 적용 방식과 사례

보살핌의 경제의 실현 방법은 대화와 체험이다. 특히 살림살이 영역과 관련된 여성들의 경험을 바탕으로 구성원의 협동과 연대를 이끌어내고, 체험을 통해 이론을 수정하고 보완함으로써 실현된다. 다양한 직업과 다양한 이념적 스펙트럼을 가진 사람들 사이의 연대를 통해 보살핌 경제 프로젝트나 이론이 만들어진다. 아울러 공공 기관과의 의견 교환과 토론을 통해 '보살핌 경제적' 경제 운영 방식을 공론화한다. 이처럼 보살핌의 경제론은 이론이 만들어지고 실천되는 과정에서 끝없이 피드백을 주고받으며 발전해 가는 열린 구조로 되어 있다.

이렇듯 보살핌의 경제론은 구성원 사이의 의사소통 행위 과정에서 기존 경제 운영 방식 및 자본과 권력에 대항할 수 있는 사회적 연대가 탄생한다고 본다. 이는 많은 부분 하버마스(J. Habermas)의 해석을 수용한 것이라고 할 수 있다. 하버마스는 사회를 화폐 및 권력에 의해 조정되는 층과 언어에 의한 의사소통으로 조정되는 층으로 나누고, 전자를 '체계(자본주의 영역)', 후자를 '생활 세계(가족 영역)'라고 부른다. 체계에서는 체계 통합 행위가, 생활 세계에서는 사회 통합 행위가 이루어지며 각각 물질적 재생산과 상징

〈그림 15-1〉 보살핌의 경제의 실현 경로

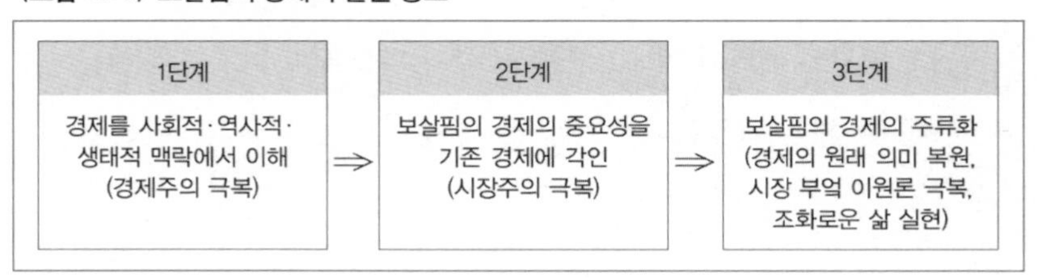

1단계		2단계		3단계
경제를 사회적·역사적·생태적 맥락에서 이해 (경제주의 극복)	⇒	보살핌의 경제의 중요성을 기존 경제에 각인 (시장주의 극복)	⇒	보살핌의 경제의 주류화 (경제의 원래 의미 복원, 시장 부엌 이원론 극복, 조화로운 삶 실현)

자료: 홍태희(2005).

적 재생산을 담당한다고 보았다.

사실 하버마스는 공/사, 체계/생활 세계, 물질적 재생산/상징적 재생산 등으로 나누며 몰성적 이분법으로 자본주의를 분석했다고 프레이저(N. Fraser, 1987) 같은 학자들에게 비판을 받아왔다. 그러나 '보살핌의 경제론'이 하버마스의 철학에 주목하는 것은 생활 세계 개념 속의 의사소통이다. 물론 여타 여성주의자들이 왜 하버마스를 비판하는지 모르는 것은 아니다. 그러나 이들은 오히려 한 걸음 더 나아가 여성 영역과 남성 영역이 엄연히 구분된 현실 세계를 인정하고, 오히려 이를 동력으로 하여 생활 세계의 작동 원리로 체계 자체를 변화시키자는 입장이다.

보살핌의 경제론은 체계에서 발생한 전 지구적인 위기를 해결하기 위해 생활 세계에서의 소통 구조에 주목한다. 이에 따라 실현 방법으로 대화와 토론, 연대와 협동을 통해 구조를 변화시키려고 시도한다. 이는 생활 세계가 여성의 몫이라면 바로 이 여성성을 통해 체계에서의 왜곡을 바로잡아야 한다고 주장하며, 사실 이것만이 유일한 방법이라고 본다.

〈그림 15-1〉은 보살핌 경제의 실현 경로를 간단하게 나타낸 것이다. 먼저 경제 개념을 재정립한다. 경제를 여타 역사적 배경이나 사회적 환경에서 분리해 접근하려는 기존의 이해를 교정하고, 경제법칙이 여타 사회적·문화적 규범보다 앞선다는 편견을 교정한다. 다음 단계는 보살핌의 영역,

가계경제, 여성 영역에 대한 인식을 분명히 하고, 이 영역이 전체 경제에 어떤 기여를 하고 있으며 이 영역은 어떤 방식으로 운영되고 있는지를 재확인하다. 이를 통해 시장 노동, 시장경제만 강조하는 기존의 주류적 이해를 교정한다. 마지막으로 현재 전 지구적인 생존과 지속 가능성의 위기에 대한 대안으로 보살핌의 경제론을 제시하고 이에 따라 경제 전반을 보살핌 경제의 원칙에 따라 작동시킨다.

이를 위한 미시적 범위에서의 실현 과정은 지극히 상식적이다. 즉, 실천과 이론을 지속해서 피드백하면서 미시적 문제를 해결하고 새로운 지평을 찾아간다. 특정 공동체에 경제 문제가 발생했을 때 미시적 범위에서의 해결 과정은 다음과 같이 요약할 수 있다.

· 문제의 외연을 정하고 다양한 의견을 수렴하여 실행의 출발점 확립
· 문제의 내포를 구체적으로 결정하여 해결의 우선순위를 매김
· 문제에 대한 접근을 위해 지속적인 관심과 반복적인 토론
· 구체적인 사례를 통해 새로운 인식 획득
· 피드백과 이 과정의 반복

이들은 해당 공동체를 방문하여 공동체가 실현하는 프로젝트가 '보살핌 경제적'인지, 기본 원칙이 관철되었는지를 평가한다. 특히 프로젝트가 어떤 의미가 있고 사람은 물론 자연과 어떤 관계를 설정해놓았는지도 검토하며 프로젝트를 수행해야 하는 이유가 무엇인지도 살펴본다. 공과 사, 생활세계와 체계의 구분이 없고 경제가 모든 사회적 관계 속에서 바른 자리를 잡고 있는 사례로 이들은 보증 은행(Bürgschaftsbank), 튜니히 성 환경 센터(Umweltzentrum Schloss Türnich), 헤르만스도르프 작업장(Hermannsdorfer

Landeswerkstätten), 스스로 일하는 집(Haus der Eigenarbeit), 발트비르트샤프트(Waldwirtschaft: Hatzfeldt-Wildenburg'sche Waldbesitz), 켐포디움(Kempodium) 등에 주목하고 있다.

2) 보살핌 경제론의 의의와 한계

조화로운 삶을 구현하는 경제학을 만들려는 보살핌 경제론의 시도는 짧은 연혁에도 시사점을 던졌다. 무엇보다 기존 경제학과 경제 운영 방식이 가지는 자기 파괴적인 속성을 지적하고, 경제학 울타리 내에서 거칠게나마 공존과 평화의 방법을 모색한 것은 현재 지구촌의 현실을 고려하면 너무나 절실한 문제 제기이다.

특히 사회의 병폐는 학문의 병폐와도 무관하지 않음을 감지하고, 학문의 병폐를 잡기 위해 가치관의 오류를 지적한 것은 현대사회에 대한 정확한 지적이라고 평가된다. 또 경도된 가치관은 자본주의적 생활양식을 지탱하는 공리주의적 윤리관에서 나오며, 이 윤리관은 약육강식을 정당화시키므로 인류와 생태계 전체를 희망 부재 상황으로 가져간다는 비판도 의미가 있다. 아울러 자연과의 공존, 타인과의 공존 없이는 생존 자체가 장기적으로 불가능하다는 지적도 현실을 잘 보여준다.

보살핌의 경제론은 이에 따라 세상을 갈무리하는 여성성을 강조하면서 여성주의와 생태주의를 결합한 경제 윤리와 그에 따른 실천 원칙을 제시하고 있다. 아울러 지난 세기보다 정확하게 사물을 파악하려고 사용한 실증주의와 이원론적 분리주의가 그 원래 목적이었던 객관적 진리를 찾아준 것이 아니라 오히려 사물과 사람의 정체성을 파괴했다고 지적한다.

분열된 자아와 파괴된 생태계를 복원하려고 삶을 전면에 내세우며 통합적 접근을 시도한 것도 의미가 있다. 여성과 남성의 대결 구도를 접고, 여성과 남성 모두에게 적합한 현실로 양성을 통합하려는 시도는 그간의 여성운동이 남긴 성과와 폐해를 비교하건대 반드시 성찰되어야 하는 논의이다.

차별받는 여성에 대한 강조는 여성 노동을 시장으로 데려오는 역할과 재생산노동의 위기 및 여성의 남성화 과정을 가져왔을 뿐, 기대했던 형평과 평등은 요원했다는 이들의 문제 제기는 정당하다. 또한 여성성을 통해 약육강식의 장소인 시장을 보살핌의 장으로 만들려는 시도는 한층 다듬어진 여성주의의 지평이라고 할 수 있다. 즉, 여성 노동의 가치를 시장에서 재평가받기보다 경제 개념 자체를 바꿈으로써 여성을 인간 보편으로 등극시켜 여성주의 경제학의 지평을 넓혔다고 평가된다.

문제 해결의 방법으로 관계의 복원을 채택하고, 그 실현 방식으로 대화와 토론을 제시한 것 역시 긍정적으로 평가된다. 공동체에서 소통이 원활하지 않으면 반드시 또 다른 모순에 노출된다. 이러한 문제의식에서 보살핌의 경제론이 제시한 비전은 간단한 것이지만 상당한 의미를 지닌다. 가계 영역에서 작동하는 보살핌의 원리가 사회 공동체에서 작동하지 못할 이유는 없다는 것이다. 구조 속에 놓인 개인이 의사소통을 통해 구조를 변화시키는 과정을 제시하고, 보살핌 경제론의 원칙을 통해 실현 방식을 제시한 것도 의미를 지닌다.

이러한 긍정적인 기여에도 이들의 논지는 문제점도 가지고 있다. 특히 통합론의 입장을 견지하는 만큼 비판도 다양한 각도에서 이루어진다. 짧은 연혁으로 완성도가 떨어지는 것은 당연하나 앞으로 더욱 발전할 가능성을 고려하여 잠정적으로나마 정리하면 다음과 같다.

먼저 지구촌 여성 일반의 상황을 담을 수 있는 설명 틀을 만들어냈는가에 대한 것이다. 가난한 아프리카 흑인 여성과 부유한 유럽의 백인 여성에게 조화로운 삶을 살 권리는 똑같이 부여되지만 조화로운 삶의 내용은 같을 수 없다. 이미 살펴본 것처럼 보살핌의 경제론은 여성 영역, 부엌, 살림살이 영역을 생태계 전체로 확장하면서 보편적인 일반론을 제시하려 했다.

이러한 일반론은 많은 부분에서 옳고 정당하다. 그럼에도 여기에서 지적하고 싶은 것은, 공사 영역의 통합이 구체적인 세상살이에서 어떤 의미를 가지냐는 점이다. 여성 영역이란 여전히 지구촌의 또 다른 여성들에게 생존과 자율을 위해 남성 영역과 분리될 필요가 있는 공간이다. 이 점을 간과한 보살핌의 경제론은 사치스러운 도회인의 주말농장 정도의 기능밖에 할 수 없게 된다.

다음으로 생태주의적 시각에서 보면, 다양한 각도로 발전하고 있는 생태주의에 대한 정확한 인식 없이 '환경경제학은 과학주의', '생태경제학은 몰성인지적'이라고 주장하는 것은 지나치게 단편적인 인식이다. 아울러 기존의 생태 여성주의와 크게 다르지 않은 논지를 가지고 있음에도 생태 여성주의와의 관계 설정에 지나치게 미온적인 것도 문제가 있다.

주류 경제학과의 관계도 문제이다. 보살핌의 경제론이 대안 경제학으로서의 면모를 갖추려면 주류적인 이해가 전 지구적인 위기의 원인이라는 주장에 앞서 주류 경제학의 어떤 부분이 어떤 문제를 가져왔는지를 분명히 해야 한다.

'보살핌의 경제론'이 더욱 적극적인 함의를 가지기 위해서는 이론적인 보강과 이에 따른 연구 축적은 물론이고 실현 문제도 심도 있게 고민해야 한다. 특히 사전 예방의 원칙에 대한 구체적인 연구가 필요하다. 또 문제와 문제 해결의 주체를 구체화할 필요가 있다. 이 논지가 잘살면서 여성권이 어느 정도 보장된 공동체에 해당하는 것인지, 가난하고 인권이 보장되어 있지 않은 공동체에서도 작동할 수 있는지를 분명히 해야 한다. 마지막으로 지적하고 싶은 점은 이들의 네트워크가 열린 연결망이 아니라 어느 정도 폐쇄된 연결망이라는 점이다. 만약 현재의 폐쇄성을 지속한다면, 보살핌의 경제 네트워크는 조만간 독일어권 여성들의 동호회 정도 수준에 머물고 말 것이다.

6. 맺음말

이 장에서는 독일을 중심으로 발전하고 있는 보살핌의 경제론을 소개하고, 생태의 위기와 삶의 위기를 극복할 수 있는 대안적 경제학으로의 가능성을 타진했다. 먼저 보살핌 경제론의 성립 배경과 연혁 및 함의를 살펴보았다. 다음으로 보살핌 경제론의 이론적 바탕을 살펴보고, 보살핌의 경제론이 제시하는 경제행위의 원칙과 각 원칙 사이의 관계를 설명했다. 이를 기반으로 보살핌의 경제론의 거시적 실현 과정과 미시적 실현 방식을 제시했다. 마지막으로는 대안 경제학으로서 보살핌의 경제론이 가지는 함의를 분석하고, 보살핌 경제론의 기여와 한계 및 보완해야 할 점을 제시했다.

보살핌의 경제론이라는 이름으로 경제 패러다임을 변화시켜 세상을 바꾸겠다고 한 지 20여 년이 지났으나 세상은 더욱 나쁜 쪽으로 변화했다. 환경오염은 더 심해졌고 가난의 문제도 해결되지 않았으며 돌봄은 여전히 폄하되고 있다. 보살핌의 경제론이 이러한 현실을 해결할 대안으로 더 많은 사람들의 공감을 얻기 위해서는 좀 더 적극적으로 자신들의 활동을 알릴 필요가 있다.

'보살핌의 경제론'이 앞으로 더 발전하기 위해서는 각 지역, 각 공동체의 경제 현실을 고려해야만 한다. 아울러 세계 전체에 대한 균형 잡힌 시각이 필요하다. 시장과 부엌의 통합은 시장과 부엌 사이를 본격적으로 고민하며 근대적 프로젝트를 작동시킨 지역에서 긍정적 현실을 제공할 수 있다. 그러나 시장과 부엌의 힘의 균형을 가지지 못한 지역에서는 여성이 가진 부엌에서의 자율권까지 앗아갈 위험이 있다. 조화로운 삶을 사는 것이 아니라 생존 자체가 목표인 가난한 나라 여성의 입장에서 보살핌의 경제론은 부유한 나라 여성의 지적 사치나 여유로 해석될 여지가 있는 것이다.

16장

여성들이 만들어가는 대안 경제 세상

1. 머리말

여성주의 경제학이 대안 경제론으로 인정을 받으려면 문제를 해결할 이론적 대안은 물론이고 실현 가능성도 가져야 한다. 현재 여성의 경제 문제는 물론 인류의 경제 문제를 해결할 대안이라는 여성주의 경제학은 어떠한 현실 적용 가능성을 가지고 있는가? 어떤 대안으로 어떤 경제 문제를 해결했는가? 여성주의 경제학은 경제학 내에 작은 영역을 마련하는 데는 성공했지만 이를 현실 경제 속에 적용하는 것은 아직도 초보 수준이다.

이 장에서는 현재 진행되는 여성의 대안 경제 운동을 살펴보고, 이를 통해 여성주의 경제를 대안 경제로 발전시킬 실마리를 마련한다. 설명의 순서는 다음과 같다. 먼저 연대 경제, 공유 경제, 공정 무역, 마켓 페미니즘, 소액 대출 제도 등의 대안 경제의 사례를 소개한다. 다음으로 이러한 대안 운동의 여성주의 경제의 적용 가능성을 살펴본다. 마지막으로 이러한 대안 경제 운동의 한계를 확인한다.

2. 여성들이 중심이 된 대안 경제 운동

1) 연대 경제

1970년대 이후 사회운동은 그간 계급 문제에 집중되었던 운동의 대상을 여성, 생태 등의 영역으로 확장해나갔다. 대안 운동 중에는 자본주의를 인정하고 문제점을 보완하려는 시도들도 있고 자본주의 자체를 거부하는 움직임도 있다. 이 과정에서 등장한 대안 경제 운동과 여성 문제의 해결을 위한 노력 속에 여성의 경제 문제가 드러나고 여성이 사회운동의 주체로 등장했다. 이러한 사회적 분위기에서 쟁점이 된 것이 가사 노동의 경제적 가치를 둘러싼 '가사 노동 가치 논쟁'이다. 이후 다양한 사회 운동에서 여성은 주축이 되어갔고 최근에는 여성의 경제력을 향상할 목적을 지닌 여성 기업 운동도 등장했다.

여성들의 대안 경제 활동은 다양하게 전개되었지만, 공통으로 연대 경제(solidarity economy), 사회적 경제를 지향했다. 연대 경제는 고립된 경제인 개념에서 벗어나 더불어 사는 사람의 경제를 강조하는 경제 이념을 지칭한다. 또한 연대 경제는 현재 활발히 활동하는 운동단체인 '연대 경제 네트워크(Solidarity Economy Network)'를 줄여서 부르는 이름이기도 하고, 자본주의 초기부터 등장한 사회적 경제나 공정 무역 등을 포괄하는 용어로도 쓰인다.

앞의 〈표 13-2〉 연대 경제의 원칙에서 볼 수 있듯이 연대 경제는 경쟁의 원리 대신 협동과 연대를 통한 상호성의 원리를 강조하며 계층 간, 세대 간, 지역 간 형평 및 인간과 자연의 형평을 주장한다.

이처럼 연대 경제는 사회적 경제, 대안 경제, 지역 경제의 개념과 비슷하

〈표 16-1〉 연대 경제의 범위와 종류

공동 소유를 통한 연대	집, 공장, 농장 등을 함께하는 공동체 운동
공동 주거를 통한 연대	뜻이 맞는 사람끼리 같이 사는 마을 공동체 운동
직거래 연대	생산·소비 공동체, 생필품 조합
지식과 정보 연대	공동 지식, 자유 소프트웨어, 위키피디아
국제적인 교역 연대	공정 무역 운동
대안 화폐, 대안 금융 연대	지역 화폐, 지역 은행 등을 통한 경제 운동

자료: 홍태희(2011b).

고 공제회, 자활 사업, 제3섹터, 비영리 조직, 생활협동조합 등의 개념도 담지하고 있다. 현재 유럽을 중심으로 활발히 활동하고 있는데, 다양한 대안적 경제 운동과 이를 추진하는 단체, 기업, 조직 등이 지지하고 있다. 이러한 조직과 활동은 나라마다, 지역마다 다른 성격을 가지고 있다. 규모나 내력에서 차이가 나지만 이들 사이의 공통점은 삶의 물질적 필요를 공동의 힘으로 충족하는 것이다.

2) 공유 경제

공유 경제(sharing economy)는 2008년 미국의 레식(L. Lessig) 교수가 쓴 책 『리믹스(Remix: Making Art and Commerce Thrive in the Hybrid Economy)』에서 처음 사용된 말이다. 공유 경제의 핵심은 공동 소비이다. 정보 통신의 발전과 인터넷의 활성화를 배경으로 나누어 소비하는 네트워크를 구축하여 필요한 것을 조달하는 운영 방식이다. 레식은 경제를 상업 경제와 공유 경제로 나눈다. 상업 경제는 수요와 공급으로 이루어지고 화폐적 교환으로 소유권이 정해진다. 시장이 작동하는 원리의 근간에 있는 사유재산권은 배제성을 가진다. 자기 것이 아니면 쓰지 못한다. 그러나 공유 경제는 이와 다르다. 소유권과는 별개로 각자 필요한 것을 누린다. 자신에게 필요 없는 것을 다른 이들이 쓰고 자신이 필요한 것은 다른 이들의 것을 사용한다. 레식은 대표적인 예로 위키피디아를 든다. 자신의 것을 남과 공유하는 것은 저성장 시대의 생존 방법이기도 하고 불필요한 자원의 낭비를 막아주기도 한다.

공유 경제는 현재 자본주의 경제의 문제점을 해결할 대항마로 발전하고 있다. 소유가 아니라 사용으로 재화에 대한 패러다임을 변화시켜 모두가 편익을 누리는 시스템을 만들자는 구체적인 노력이 꾸준히 이루어지고 있다. 사실 물건을 누군가의 소유로 두고 배제성을 행사하는 것이 아니라 공동으로 사용하는 것은 공공재나 공유자산의 틀로 자본주의 경제 시스템 안에 늘 존재했다. 그러나 대부분은 특정 재화에 한정되었다.

현재 진행되는 공유 경제 운동은 인터넷 발전을 배경으로 모든 재화에 대해 거래 비용을 줄이고 영역을 광역화하며 진화하고 있다. 특히 2008년 경제 위기 이후 구매력을 상실한 사람들이 불황에서 살아남을 방법이자 환경오염을 방지할 수 있는 윤리적 장점도 가지고 있다.

이처럼 공유 경제는 자본주의 경제의 각박함에 질린 보통 사람들의 자기 성찰인 동시에 나누면서 행복해지는 인간 본성의 확인이기도 하다. 무엇보다 공유하면서 생기는 신뢰는 시장이라는 정글에서 시달리는 현대인 모두의 숨통이다. 현재 공유 경제의 실현은 전 세계적으로 점차 활성화되는 추세이다. 미국에서는 샌프란시스코를 중심으로 집을 나누어 쓰는 '에어비앤비(Airbnb)'나 '카우치 서핑(Couch surfing)'이 등장했고 자동차를 공유하는 '사이드카(Sidecar)', 집카(zipca)'도 활성화되어 있다.

여성들이 주축이 된 활동이 두드러지는데, 대표적인 예로 캘리포니아 여성 네트워크(California Women's Network)라는 단체를 중심으로 공유 경제 운동이 활발히 전개되고 있다. 이들은 'P2P(peer-to-peer)' 교환 시스템을 만들어 차, 집, 보모, 물품, 의류 등 모든 것을 교환한다. '크레이그리스트(Craigslist)' 같은 인터넷 활동도 인상적이다. 크레이그리스트는 현재 세계적으로 활동하고 있다.

한국에서도 2013년 서울시가 '공유 도시 서울'을 추진하고 있다. 집을 공유하는 서비스로 '비앤비히어로', '코자자' 등이 있다. 또한 차를 공유하는 '그린카', '쏘카'도 서비스 중이며, 옷을 공유하는 '키플'과 '열린 옷장', 책을 나누어 읽는 '국민도서관 책꽂이', 그 밖의 개인 물품을 공유하는 '원더랜드'라는 서비스도 있다. '공유 장터'라는 인터넷 공유 경제가 작동하고 있다.

공유 경제는 여성에게 특별한 의미를 가진다. 집을 공유할 경우에는 남성과 다른 위험이 있기도 하지만 공유 경제는 상대적으로 사회적 약자에 속하는 여성 사이의 연대 가능성을 가진다. 여성들이 주축이 된 또 다른 활동으로는 육아와 관련된 '베이비플레이스(BabyPlays)' 같은 조직이 있는데, 이는 아이들에게 필요한 장난감을 공유하는데 편익도 누리고 환경오염도 막는 효과가 있다. 광주의 '키즈공유센터'도 이런 사업을 전개한다. 특히 할머니들은 공유 경제의 최대 수혜자라고 할 수 있다. 할머니들은 공간과 시간, 당장 필요 없는 물품을 가지고 있지만, 그에 비해 현금이 부족하다. 공유 경제를 통해 그들과 다른 세대 사이의 '콜라보레이션'도 발생할 수 있다.

이러한 비전에도 불구하고 좀 더 자세히 공유 경제를 살펴보면 여러 가지 문제점이 있다. 특히 공유 경제와 대여업의 경계가 모호한 부분이 많다. 이를 분명히 해야 한다. 법적 장벽을 넘는 것도 어려움이다. 특히 나라마다 고유의 법적 제한이 있기 때문에 공유 경제의 원칙을 일률적으로 적용하는데 어려움이 있다. 따라서 공동체의 성격에 맞게 유연성을 가지고 실행해야 한다.

3) 공정 무역

공정 무역(fair trade)은 소비자 운동의 일종으로 가난한 나라의 생산자가 만든 친환경 상품을 적정한 가격에 사서 쓰는 운동을 말한다. 공정 무역은 국가 사이의 거래에서 발생하는 불공정 거래를 공정하게 바꾸자는 취지로 제2차 세계대전 이후 유럽에서 등장했다. 이후 1980년대 후반 옥스팜과 텐 사우전드 빌리지 같은 시민단체가 제3세계 민주화를 지원하기 위해 추진하면서 세계적으로 알려졌다.

여기서 '공정하다'라는 의미는 생산과 유통, 그리고 소비의 전 과정에 걸쳐 사람과 자연에 공정하다는 것을 의미한다. 기존의 무역 방식이 개발도상국의 경제발전은 물론 환경보호에 별 도움이 되지 못했으며 오히려 문제를 악화시켰고 선진국의 이익만 공고히 했다는 반성에서 출발한다. 따라서 개발도상국이 지속 가능한 개발을 할 수 있는 방향으로 재화를 생산하고 수출하도록 유도하는 동시에 생산과정에서도 친환경, 아동노동 금지, 안전한 작업 환경 등을 추구한다. 〈표 16-2〉에 나오는 공정 무역의 원리는 이러한 입장을 잘 요약해준다. 개발도상국이 생산한 물건을 선진국이 소비하는 네트워크를 구축한 공정 무역은 수공예품, 커피, 코코아, 차, 바나나, 꿀, 면화, 포도주, 과일, 의류 등을 주거래 품목으로 하고 있다.

현재 공정 무역은 초기의 특정 단체 중심의 활동을 넘어 국제적인 연대사업으로 발전했다. 이를 추진하는 기구의 대표적인 기구로는 국제공정무역연합(IFAT), 유럽공정무역연합(EFTA), 국제공정무역상표기구(FLO), 공정무역연합(FTF) 등이 있다. 국제공정무역연합(IFAT)은 1989년에 설립된 공정무역생산자조합과 협회들의 글로벌 연합체로 수출 거래 회사, 수입업자, 소매상, 그리고 국가 및 지역의 공정 무역 지지 기구 등이 포함되어 있다.

〈표 16-2〉 공정 무역의 10대 원리

원칙	내용
경제적 약자인 생산자에게 기회 부여	· 빈곤 완화와 지속 가능한 발전을 위한 전략 · 경제적으로 불리할 뿐만 아니라 소외당하는 생산자들에게 판매 기회를 제공하는 것이 일차 목적
투명성과 책임	· 무역 상대와의 공정하며 상호 존중하는 거래를 위해 투명한 경영과 통상 관계를 할 책임이 있음
역량 강화	· 생산자의 자립을 돕는 방법 · 생산자들의 경영 능력을 키우고 새로운 시장에 접근하는 동안 경제적 지속성을 보장
공정 무역 촉진	· 세계 무역에 정의로움의 가능성과 공정 무역 인식을 높임 · 공정 무역 조직은 어떤 조건에서 만들어지는 생산품인지 생산지에 관한 정보를 소비자에게 제공 · 제품의 질과 포장을 최고 기준으로 하는 것을 목표로 하여 광고와 마케팅에 정직하게 이용
공정한 가격 지급	· 지역에서의 공정한 가격은 대화와 참여를 통해 동의한 것임 · 생산 비용을 포함할 뿐만 아니라, 사회적으로 정당하고 환경적으로 건강한 생산을 가능하게 함 · 생산자들에게 공정한 대가를 지급하고 남녀 구분 없이 동일 노동·동일 임금을 받는다는 원칙을 준수 · 공정 무역을 하는 무역업자는 수확 전이나 생산하기 전에 생산자들이 자금 접근성을 높일 수 있도록 돕고 미리 제품의 가격 지급을 보장
성 평등	· 남녀 구분 없이 정당하게 평가된 노동의 대가를 받음 · 모든 사람은 항상 그들이 생산과정에 이바지한 만큼의 임금을 받음 · 성별을 떠나 자신이 속한 단체에서 정당한 권리를 가짐
노동환경	· 생산자들을 위해 안전하고 건강한 노동환경 제공 · 아동의 참여는 아동의 건강, 안전, 교육적 충족과 뛰어노는 데 불리한 영향을 미치지 않도록 하고, 법률이나 사회규범과 마찬가지인 유엔 아동권리에 관한 협약을 준수
아동노동	· 아동의 건강, 안전, 교육적 충족과 뛰어놀아야 하는 점에 불리한 영향을 미치지 않았다는 것을 보증하기 위해서 법률이나 사회규범과 마찬가지인 유엔 아동권리에 관한 협약을 존중 · 비공식적으로 일하는 조직의 생산과정에 아이들이 연루되어 있다면 폭로해야 함
환경보호	· 좀 더 친환경적인 행동과 책임 있는 생산방식의 적용을 적극적으로 권고함
무역 관계	· 사회적·경제적·환경적으로 겨우 살아가는 소규모 생산자의 삶을 고려하여 소규모 생산자들의 비용을 최대화하지 않고 거래하는 것임 · 공정 무역의 성장과 촉진에 기여하는 상호 존중과 신뢰 및 연대를 기반으로 장기적인 관계를 유지 · 만약 생산자가 요청하면 최소한 거래 대금의 50%는 이자가 없음

자료: World Fair Trade Organization(WFTO), http://www.wfto.com; 홍태희(2011b).

한국에서는 현재 한국공정무역연합(KFTA)이 활동 중이다.

공정 무역의 대표적인 사례로는 옥스팜, 글로벌 익스체인지, 네팔리 바자로 등이 있다. 국내에서는 두레생협연합과 여성환경연대 등이 활동 중이다. 유럽에는 이미 7만여 개의 아울렛, 3,000여 개의 월드숍, 3만 3,000여 개의 슈퍼마켓, 50개의 슈퍼 체인에서 공정 무역 상품을 취급하고 있다. 판매량도 전 세계적으로 2004년 8억 유로, 2005년 11억 유로, 2006년 16억 유로, 2007년 23억 8,000유로로 해마다 급증하고 있다. 그러나 공정 무역 매출이 전체 무역에서 차지하는 비율은 0.1%로 지나치게 낮다. 따라서 아직 경제에 미치는 영향력은 미미하다고 할 수 있다.

공정 무역 참여자의 80%는 여성이다. 그만큼 여성들은 공정 무역에 주도적으로 참여하고 이를 발전시키며 기존 무역 방식의 문제점을 인식시키는 데 기여하고 있다. 이처럼 공정 무역은 기본적으로 가난한 나라 여성에 대한 착취를 막고 자립을 돕기 위해 개발된 것이고 여성주의 경제에 깊이 뿌리내리고 있다. 호혜와 상생을 실현하려는 여성주의 경제의 거래가 공정해야 함은 당연하다.

4) 마켓 페미니즘

정치적 영역에서의 권한 강화를 주장한 20세기의 여성운동은 포스트모더니즘이 유행하던 20세기 말에 와서 다양한 형태로 변화된다. 칸톨라와 스콰이어스(J. Kantola and J. Squires, 2008)는 여성 운동의 장이 시장으로 옮겨진 현상에 주목하며 마켓 페미니즘(market feminism)을 주장한다. 일종의 소비자 운동이라고 할 수 있는 마켓 페미니즘은 기업이 여성 소비자를 의식하고 자사 제품이나 홍보에 여성 친화적인 광고를 넣어 성인지적 관점의 소비를 유도하게끔 한다. 영국의 우먼스 에이드(Women's Aid)가 더바디샵(THE BODY SHOP)과 함께 여성과 아동에 대한 폭력을 없애는 운동을 벌여나간 것이 그 사례이다. 여성이 행복한 도시를 표방한 서울시의 여행(女幸) 프로젝트도 여성주의와 구체적인 삶을 결합해 양성평등, 인권 증진 등 큰 문제를 현실 속에서 구체적으로 해결하려는 대표적인 사례이다.

이러한 소비를 통해 사회운동에 참여하여 보람된 삶을 만들기 원하는 사람들의 염원도 충족시킨다. 즉, 여성주의와 소비의 결합은 단지 시장에서의 교환가치뿐만 아니라 사용가치와 가치의 보존까지 연결하여 생산적인 돈의 소비, 의미 있는 시간의 소비, 개념 있는 행동의 소비에 대한 인식을 열어준다. 가령 생태 여성주의가 채식주의와 결합하여 육류 산업의 문제점을 심층적으로 검토하고 이에 따른 소비자 운동을 전개하는 것도 대표적인 사례이다. 이러한 운동은 현재 윤리적 소비, 착한 소비 등의 영역으로 진화하고 있다.

물론 마켓 페미니즘 운동은 상업주의와 여성주의의 야합이 될 여지가 많다. 백화점 여성 전용 주차장이나 기타 여성 편익 시설의 증대는 여성을 보호받을 대상으로 폄하시킬 가능성도 있다. 그럼에도 이러한 시도들은 그간 지나치게 정치화된 여성주의가 구체적인 삶 자체로 결합하는 계기를 마련했고 여성주의 이념을 담은 소비를 통해 여성주의 경제의 가능성을 열었다고 판단된다. 아울러 이러한 운동이 다른 연대 경제로 이어져 도농 직거래 추진을 위한 생태 운동이나 환경 운동으로 발전하고 공정 무역이나 소액대출 등의 추진에 큰 도움을 준다고 할 수 있다.

포스트모더니즘의 영향을 받아 여성주의와 시장을 결합한 마켓 페미니즘은 경쟁과 이윤 극대화의 시장을 호혜와 공생의 장으로 변화시켰고 대안적 시장의 등장으로 해석된다. 좀 더 지켜봐야 하겠지만, 이들의 비전이 여성주의와 시장을 결합하여 소비자들에게 삶의 중요한 영역인 시장에서 자신들의 정체성을 구체적으로 확인하고 자신들의 권익을 증진하는 방향으로 소비하고 체험하게 하여 여성주의 경제를 실현하려고 한다는 점은 분명한 것 같다.

대안적 소비와 관련해서 중요한 점은 소비 산업의 정체성에 대한 깊은 성찰이다. 자본주의 사회에서 소비와 소비 산업은 매우 정교한 방법으로 여성을 길들인다. 소비는 대중매체와 합작해 인간의 의식과 무의식, 취향과 취미는 물론 삶의 목적 및 생활 전반을 지배한다. 새로운 상품을 계속 만들어내면서 여성이 거기에 집착하게 함으로써 여성적인 영역에 안주하게 하거나 프로 주부, 미시족, 유니섹스 등의 말을 만들어 사회구조의 변혁과 자기실현이라는 허위의식을 심어주며 기존의 구조를 유지한다.

가령 미니스커트 같은 특정 소비 패턴을 유행시키면서 그것의 실현이 여성해방이라도 되는 듯이 의사 페미니즘을 연출하기도 한다. 성 개방의 추세와 함께 여성의 성적 매력을 상품 가치로 부각하면서 외모 가꾸기나 몸매 경쟁, 성형수술 등의 소비 산업을 조장하는 것이 그 전형적인 예이다. 이러한 소비는 결국 남성 중심의 문화를 유지하는 역할을 하게 된다. 건강한 소비와 건강한 삶을 위해 성인지적 관점에서 성찰적인 소비를 할 필요성이 있다.

5) 사회적 기업

사회적인 가치와 경제적인 가치를 동시에 실현하는 사회적 기업(social enterprise)은 일종의 대안 기업으로 공익과 사익을 함께 추구하는 제3의 경제주체이다. 수익 창출을 본래 목적으로 하지만 수입을 사회적 목적을 위해 환원 또는 재투자하는 일종의 새로운 경제주체로, 비영리 조직과 협동조합의 특성을 동시에 가진 기업이라고 할 수 있다. 일반적으로 연대 경제에서 강조하는 기업은 민주적 소통이나 공동경영 등을 강조하는 것에 비해, 사회적 기업은 경영을 통해 윤리에 맞게 사회적으로 공헌하는 것을 강조한다.

이처럼 사회적 기업은 기존의 한시적 경제활동의 한계를 극복하고 지속가능한 경제의 가능성을 보여주려고 한다. 선진국에서 1970년대부터 시작되어 전 세계적으로 확산된 사회적 기업은 단순한 경제주체가 아니라 기업이기 때문에 조직의 형태, 목적, 의사 결정 구조 등을 어떻게 하느냐는 문제를 가지고 있고, 이를 지원하는 사회적 기업 육성법 같은 제도적 배경이 필요하다. 한국의 사회적 기업 육성법, 이탈리아의 사회적 기업 지원법, 미국의 사회적 기업 협회 등이 그 전형적인 예이다.

프랑스의 앙비(Envie), 이탈리아의 라 스트라다 디 피아자 그란데(La Strada di Piazza Grande), 미국의 루비콘 프로그램(Rubicon Programs Inc.), 영국의 빅 이슈(The Big Issue) 등이 대표적 사례이다. 영국의 비즈니스 링크(Business link)는 정부나 기타 공공 기관이 경영 자원의 일부를 사회적 기업에 접목한다. 이를 통해 전문가 그룹의 비결을 전수하여 기업의 경쟁력을 높이는 것이다. 2006년 현재 영국에는 5만 5,000여 개의 사회적 기업이 있으며 전체 고용의 5% 정도가 사회적 기업에서 일하고 있다.

한국에는 2003년에 등장하여 2007년부터 정부 주도로 실질적으로 시작되었다. 2013년 현재 한국에서 인정받은 사회적 기업은 1,013개가 있다. 어느 국가를 막론하고 사회적 기업 종사자의 대부분은 여성이다. 한국에는 교보의 다솜이 간병 사업단, 서울시 도봉구의 약손 엄마, 구미 신평동의 아름다운 베이커리 등이 대표적인 예이다.

이러한 사회적 기업이 발전하기 위해서는 재무구조의 안정을 위한 인프라 구축이 필요하다. 재정적 안정 없이는 공적 영역과 사적 영역에 걸친 기업을 운영하기 어려울 뿐만 아니라 기업의 지속적 성장을 이끌어낼 수도 없다. 아울러 운영자들에 대한 심도 있는 교육이 필요하다. 또한 기부와 자원봉사 문화 역시 정착되어야 한다. 무엇보다도 중요한 것은 제품의 질이 향상되어야 한다는 점이다. 한국에서 2010년에 영업이익을 낸 사회적 기업은 491곳 중 71곳으로 전체의 14.4%에 지나지 않는다. 사실상 정부의 지원이 끊기면 구조조정이나 도산이 불가피한 실정이다. 이러한 문제점에도 사회적 기업은 여성의 경제활동이 증진되는 것에 기여하며 여성주의 경제를 실현하고 있다고 판단된다.

6) 무보증 무담보 소액 창업 대출

1861년 독일의 신용협동조합 운동과 1900년 캐나다 퀘벡의 서민 금고(Caisse populaire)에서 유래한 무보증 무담보 소액 창업 자금 대출(micro credit)은 가난한 여성 기업가나 자영업자를 대상으로 대출해주는 제도를 말한다. 세계적 금융 네트워크인 세계여성은행(Women's World Banking), 그라민 은행(Grameen Bank), 솔리다리오(Solidario), 프로 무헤르(Pro Mujer), 나마스테 다이렉트(NamasteDirect) 등이 그 대표적인 예이다.

1976년 무함마드 유누스(Muhammad Yunus)에 의해 설립된 방글라데시의 그라민 은행을 통해 널리 알려진 무보증 무담보 소액 창업 대출은 전 세계적인 호응을 받고 있다. 지원 방법은 대개 창업을 원하는 사람이 사업 계획서를 제출하면 현장 실사와 담당을 통해 심사하여 지원하는 것이다. 소액의 창업 자금을 통해 경제력을 가지게 되면서 여성의 사회적·경제적 지위가 향상되었다는 그라민 은행의 성공은 사회적 관심을 받았다. 1976년 이후 30여 년간 52억 3,000만 달러의 대출 실적을 올렸으며 대출 상환율은 99%에 이르며 지원받은 빈민 600만 명 중 절반 이상이 가난에서 벗어났다. 그라민 은행의 성공 이후 1979년에는 다국적 기관인 액시온(ACCION)이 브라질에서 발족했고, 국제연합 여성개발기금도 엘살바도르에 은행을 만들었다.

한국에서도 정식 금융 기구는 아니지만 2000년부터 사회연대은행이나 신나는 조합, 아름다운 재단 등의 기관이 활동해왔고 정부 주도의 미소금융으로도 발전되었다. 신나는 조합은 3~5명이 공동 창업을 하는 경우 대출을 해준다. 신나는 조합이 자활 공동체를 만드는 방식이라면 사회연대은행은 빈곤층에 전문성 높은 경영 기법을 지원하는 데 중점을 두고 있다. 2003년부터 2007년까지 5년간 기금 총액 93억 800만 원으로 정부 기금 47.2%, 민간 기금 52.8%로 구성되었다. 창업 지원 사업은 2003년 10개 업체에 대한 지원을 시작하여 2007년 165개로 늘었고 2010년에는 220개 업체, 39억 원을 지원하는 등 전국 1,385개 업체가 288억 원의 지원을 받았다. 아름다운 재단은 저소득 여성 가장을 지원한다.

이런 은행 운영의 문제점 중 하나는 재정의 자립이다. 신나는 조합이나 사회연대은행의 주요 재원은 국가와 기업에서 빈곤층 창업 사업을 위탁받거나 개인 기부금으로 충당하고 있다. 앞으로 더욱 발전하기 위해서는 지역과 시민이 적극적으로 재원을 마련해야 한다. CGAP(Consultative Group to Assist the Poor)의 경우처럼 국제기구, 민간 단체, 각국 정부의 컨소시엄 같은 법적·제도적 환경을 마련하고 기타 인프라를 지원해야 한다.

무담보 소액 대출이 여성주의 경제의 사례로 주목받는 이유는 설립부터 가난한 여성을 대상으로 하는 경우가 많고 여성의 경제적 자립을 지원했기 때문이다. 현재 한국의 사회연대은행의 경우도 지원금의 75%가 여성에게 지원된다. 여성은 가장 열악한 환경에 처한 사회적 약자이면서 지원 효과가 큰 존재이기도 하다. 지원금 규모가 소액이라는 것도 여성 관련 사업에 적합했다. 여성은 사업 이익이 생겼을 때 남성보다 적극적으로 가족 및 사회와 나누며 대출금 상환율도 남성보다 월등히 높았다. 같은 조건의 소액 대출에서 남성의 상환율이 85%인 데 비해 여성은 100%에 육박한다.

물론 소액 대출을 통해 실제로 여성의 경제적 자립이나 여성권 증진이 얼마나 이루어졌는가에 대해서는 여전히 논란이 되고 있다. 그럼에도 소액 대출은 의미 있는 결과를 가져오고 있어 여성주의 대안 경제의 실현에 중요한 수단으로 여겨진다. 아울러 현재 '착한 사마리아인 자본'으로 불리는 사회적 은행(social bank)도 주목할 필요가 있다. 사회적 은행은 일반 금융과 달리 이윤 추구가 아니라 사회적 유용성과 도덕적 기준으로 투자와 대출을 실천한다.

7) 프리건 운동

프리건(freegan) 운동은 과잉 소비를 반대하며 쓰레기통을 뒤져 의식주를 해결하는 운동이다. 최소의 소비를 지향하는 프리건은 자본주의 유통 수단인 화폐를 거부하고 쓰레기통에서 음식을 찾고 생필품을 얻는다. 최소한 적게 사고 필요한 만큼만 사용한다는 것이 이들의 지침이다. 이를 그들은 일종의 혁명이라고 주장하며, 소비하지 않는 것이 현재 경제 시스템에 대한 거부의 표식이라고 한다. 이들이 꿈꾸는 올바른 정치·경제 시스템은 가능한 한 분권적이고 평등해야 한다.

이들은 세계가 불공평하고 잔인하다고 비판하면서, 한정된 자원에 대한

〈표 16-3〉 국제적 대안 경제 운동

단체	연혁	개요
페멘 (FEMEN)	· 2008년 우크라이나 성매매 반대 운동에서 시작 · 성극단주의(Sextremism) 단체	· 여성 신체를 사용해 시위하는 사회운동 단체 · 여성 신체를 매매하는 사회는 물론 독재와 가부장제, 종교 억압에 반대
프리건 (freegan)	· 최소 소비를 지향하는 단체 · 캐나다를 중심으로 대부분 개인적이거나 소그룹으로 활동 · 공짜(free)+채식주의자(vegan)의 합성어	· 자본주의 유통 수단인 화폐를 거부하고 쓰레기통에서 음식과 생필품을 얻는 활동 · 쓰레기통 뒤지기(Dumpster diving), 최소한 쇼핑(Curb shopping), 물물교환(Bartering), 채집한 물품 교환(Trading Foraging for wild food), 노동과 먹을거리 나누기(Work Sharing), 텃밭 가꾸기(Gardening), 무주택 운동, 자발적 실업 운동 · 자본주의 세계화에 소극적으로 저항하는 운동
공동체경제협회 (Community Economies Collective: CEC)	· '다른 경제는 가능하다(Other economies are possible)'라는 명제로 운동 · 깁슨과 그레엄(J. K. Gibson-Graham)이 중심인 국제적 공동 연구 네트워크	· 대안적 삶의 방식을 연구하는 공동체 · 자본주의의 한계와 대안 연구 · 액션 리서치(Action Research)
윤회를 점령하라 (Occupy Samsara)	· '월가를 점령하라(Occupy Wall Street)' 운동의 하나로 미국과 캐나다가 중심이 된 운동 · 내면의 분노를 명상을 통해 평화로 만드는 운동	· 남성의 군국주의적이며 경제적인 탐욕에 제동 · 억압과 차별 속에서 아이와 가정을 지키는 여성성의 중요성 강조 · 세상의 폭력적 시스템을 여성성을 통해 평화로 전환

고려 없이 이윤을 추구하는 현재 시스템에 대한 경종을 울리고 있다. 쓰레기통 뒤지기(Dumpster diving), 최소한 쇼핑(Curb shopping), 물물교환(Bartering), 채집한 물품 교환(Trading Foraging for wild food), 공유(Sharing), 텃밭 가꾸기(Gardening) 등이 프리건이 경제활동을 하는 모습이다. 자발적으로 탁발승처럼 살아가는 이들 프리건은 대다수가 여성이다.

3. 대안 경제 운동의 과제

이 장에서 살펴본 대안 경제 운동들은 여성주의 경제의 좋은 시작점이 될 수 있다. 공정 무역을 통해 노동에 대한 정당한 대가를 지불받으며 소액 대출을 통한 창업으로 경제적 자립은 물론 신용 있는 인간이 되는 대상은 여성뿐만 아니라 사회적 약자 전체이다. 대안적 경제 운동을 통해 일하면서 자신 노동의 가치를 재인식하고 연대 경제를 통한 경제 문제의 해결로 조직을 경험하고 시선을 넓혀 다른 사회적 약자나 소수자와 연대하는 것은 여성주의 경제의 지향점으로 가는 출발점이 될 수 있다.

이러한 운동은 현재와 같은 사회에서 더욱 큰 사회적 의미가 있다. 항시적 위기 속에 있는 가난한 여성들의 자립 과정은 현재 세계적으로 급속하게 증가하는 신빈곤층에게 제기를 위한 모델이 됨은 물론이고, 현재의 시스템이 해결하지 못하는 경제 문제의 대안을 만드는 데 기여한다.

앞으로 한 걸음 더 나아가기 위해 여성주의 대안 경제 운동은 다음과 같은 과제를 해결해야 한다. 여성주의 경제가 대안 경제 운동으로 자리를 잡으려면 세상을 어떻게 변화시킬 것인가 하는 장기적 비전이 제시되고 이에 따른 로드맵과 단기적 프로그램이 정해져야 한다. 그러나 앞에서 지적한 것처럼 여성주의 경제 내에는 양성평등의 보편적 이념과 여성 권익이라는 특수한 지평이 혼재되어 있다. 아울러 계량화될 수 없는 가치도 인정해야 한다고 주장하지만 어떻게 인정할 것인가에 대해서는 구체적인 답을 제시하지 못하고 있다.

여성주의 대안 경제 운동은 지속해서 추진되어야 한다. 여성주의 경제 이념이 실현되려면 일회적이거나 일시적인 운동이 아니라 지속적이고 근본적인 변화를 위해 인프라를 구축해야 한다. 그러나 여성주의 대안 경제

〈표 16-4〉 한국의 대안 경제 운동

단체	연혁	개요
대안 생리대 운동	· 2003년 피자매 연대가 주도 · 천 생리대 사용을 통한 생태 여성주의 실현 운동	· 여성의 몸과 환경에 대한 재인식 · 자매애에 대한 이해 · 여성성에 대한 사회적 조명
글로컬 페미니즘 학교	· 2009년 지구지역행동네트워크(NGA) 활동가들이 만드는 학교 · 남아공, 멕시코, 중국, 한국 등의 국제적 공조	· 글로컬은 글로벌(global)과 로컬(local)의 조화를 시도 · 여성주의를 기반으로 자본주의적 가부장 체제의 변화를 주도
언니네 텃밭	· 한국 여성 농민이 주도된 로컬 푸드 사회적 기업 · 6개 도, 13개 시·군 시행	· 여성 농민의 생산, 가공, 유통 협업을 통한 식량 주권의 실현 · 건강 먹을거리(제철 꾸러미)를 통한 사회 기여 · 먹을거리 공동체 구현
한밭레츠	· 1999년 창립된 대전 지역 교관(고용) 거래 체계 · 다자간 품앗이 공동체	· 자본주의의 대안 운동 · 공동체 화폐 '두루'를 만들어 사용하는 마을 공동체 운동
공간 사이	· 재화의 소유가 아니라 사용을 중심으로 한 경제 · 천안에 개소된 공유 경제 허브	· 소셜 벤처나 NGO, NPO에게 사무 공간 지원 · 공연이나 모임 장소 제공 · 열린 책꽂이

운동은 단기적인 과제에 전력하는 것으로 파악된다. 특히 정부의 지원이나 사회적 관심이 있을 때만 활동하다가 지원이 사라지면 슬며시 사라지는 경우가 많다.

아울러 대안 경제 운동에서도 여성이 좀 더 주도적인 역할을 해야 한다. 현재까지 대부분 대안 경제 운동의 참가자가 여성인 것에 비해 여성의 권한은 그에 걸맞게 강화되어 있지 않다. 따라서 조직의 의사 결정이나 집행의 중요한 부문에서 양성평등을 위한 변화가 필요하다.

마지막으로 여성주의 경제를 주류화하려는 의지와 이를 위한 대책이 필요하다. 무엇보다도 인간에 대한 올바른 이해의 변화가 필요하다. 인간은 합리적인 경제인의 이윤 극대화를 위해 경쟁하는 것만이 아니라 공존하고 연대한다는 사실을 더욱 적극적으로 주지시킬 필요가 있다. 빈자와 부자, 여성과 남성, 약자와 강자의 연대와 협동을 통해서만 현재의 경제 위기는 물론 바람직한 새 지평도 확보될 수 있다는 신념과 그에 대한 비전이 필요하다.

4. 맺음말

이 장에서는 여성주의 대안 경제 운동의 여러 모습을 제시했다. 기껏 이런 것을 대안으로 제시하느냐 하는 비판을 받을 수도 있다. 세상을 지배하는 거대하고 막강한 힘과 그것을 밑에서 떠받치는 자본주의의 정교하고 치밀한 구조에 비해 이러한 대안은 너무 미력하거나 시시하게 보일 수 있다. 그러나 세상이 이렇게 병든 것은 거대하고 웅장하고 강력한 무언가가 세상을 바꿀 수 있다고 우리가 맹목적으로 믿었기 때문이다. 그것이 개발이든 혁명이든 전쟁이든, 이러한 거대한 것들은 결국 인간과 지구를 죽이고 인간성을 죽이는 결과만 낳았다.

거대한 남성성이 파괴한 지구에 다시 꽃을 심고 가꾸는 것은 보잘것없지만 아름다운, 힘도 없고 돈도 없는 사람들의 연대이다. 이런 사람들에 의해서 기존의 경제 운영 방식과는 다른 운영 방식이 제시되고 있다. 이들은 고립되어 서로 경쟁하지 않고 같이 살기를 시도하며, 돈 없이도 행복하게 살아가는 방법을 모색한다.

이러한 대안들이 모두 여성주의 경제란 이름으로 묶일 수는 없다. 그러나 적어도 이러한 움직임을 주도해가는 사람들은 어느 나라 할 것 없이 여성이다. 이들은 전쟁 대신 평화, 경쟁 대신 공존을 내세우며 대가 없이 아이를 돌보는 모성으로 지구촌을 관리하려고 노력한다. 이처럼 시작은 미미하지만, 그 끝은 알 수 없는 대안들의 현주소이다. 그리고 공통점은 공존과 조화이다.

세상은 논리적인 연립방정식 체계가 아니다. 세상은 사람이 살아가는 곳이다. 수학의 연역체계와 그것으로 이루어진 경제학이 아니라 대안 경제를 모색하는 이들의 뜨거운 가슴을 통해 다른 삶의 가능성, 다른 경제 운영 방식의 가능성, 또 다른 경제로 가는 출구가 열린다고 생각한다. 그 출구를 여는 열쇠는 '여성성'이다.

참고문헌

권순형. 1998. 「여성사 쟁점: 다시 생각하는 고려 여성의 지위」. ≪여성과 사회≫, 제9호, 196~202쪽.

그라프, 존 드(John de Graaf)·데이비드 왠(David Wann)·토머스 네일러(Thomas Naylor). 2001. 『소비중독 바이러스 어플루엔자』. 박웅희 옮김. 한숲.

금재호. 2010. 「여성의 경제적 지위는 향상되었는가?」. ≪월간노동리뷰≫, 9월, 48~69쪽.

금재호·윤자영. 2011. 『외환위기 이후 여성 노동시장의 변화와 정책과제』. 한국노동연구원.

김경희. 2000. 「국가페미니즘의 가능성과 한계」. ≪경제와 사회≫, 봄호, 특별부록, 62~88쪽.

김상대·장유미. 2009. 『가족 및 여성경제학』. 경상대학교 출판부.

김상준. 2008. 「중간경제론: 대안 경제의 논리와 영역」. ≪경제와 사회≫, 제80호, 140~164쪽.

김성희. 2002. 『한국 여성의 가사 노동과 경제활동의 역사』. 신정.

김영옥. 2012. 「거시경제, 재정 및 젠더」. 한국여성경제학회. 『젠더와 경제학』. PEARSON.

김영옥 외. 2007. 「성인지 예산 분석기법 개발 및 제도적 인프라 구축방안 연구」. 한국여성정책연구원 연구보고서.

김용학. 1996. 『사회구조와 행위』. 지식산업사.

김유미. 2011. 『사회적 기업과 여성주의 대안노동』. 푸른 사상.

김재희. 2000. 『깨어나는 여신: 생태문명과 에코페미니즘의 비전』. 정신세계사.

김정희. 2009. 『공정무역 희망무역: 아시아의 여성 공정무역을 중심으로』. 동연.

김종숙 외. 2005. 『여성 무급가사노동의 실태와 가치평가, 가계생산의 국민소득계정 통합을 위한 연구보고서』. 여성가족부.

김종철. 1998. 「보살핌의 경제에 대하여」. ≪녹색평론≫, 제41호, 2~25쪽.

김태홍 · 전기택 · 주재선. 2011.『한국의 성평등 보고서』. 여성가족부.

깁슨-그레엄, J. K.(J. K. Gibson-Graham). 2013.『그따위 자본주의는 벌써 끝났다: 여성주의 정치경제 비판』. 엄은희 · 이현재 옮김. 알트.

남승연 · 조창현 · 정무권. 2010.「사회적 기업의 개념화와 유형화 논쟁: 사회적 기업의 다양성과 역동성의 이해를 위하여」. ≪창조와 혁신≫, 제3권 제2호, 129~173쪽.

니어링, 스콧(Scott Nearing) · 헬렌 니어링(Helen Nearing). 2002.『조화로운 삶의 지속』. 윤구병 · 이수영 옮김. 보리.

다스굽따, 아지뜨(Ajit K. Dasgupta). 2000.『무소유의 경제학: 간디가 생각한 경제』. 강종원 옮김. 솔.

러딕, 사라(Sara Ruddick). 2002.『모성적 사유』. 이혜정 옮김. 철학과 현실사.

러미스, C. 더글러스(C. Douglas Lummis). 2002.『경제성장이 안되면 우리는 풍요롭지 못할 것인가』. 김종철 · 최성현 옮김. 녹색평론사.

문유경 · 주재선. 2000.『OECD 회원국의 여성고용정책』. 한국여성개발원.

미즈, 마리아(Maria Mies). 1995.「산업경제를 넘어 생존경제로」. ≪녹색평론≫, 제21호, 31~40쪽.

_____. 1999.「생존이냐, 세계화냐: 21세기 경제의 분수령」. ≪아세아여성연구≫, 제38호, 199~212쪽.

밀브래스, 리스터(Leaster W. Milbrath). 2001.『지속 가능한 사회: 새로운 환경패러다임의 이해』. 이태건 · 노병철 · 박지운 옮김. 인간사랑.

북친, 머레이(Murray Bookchin). 1998.『사회생태주의란 무엇인가』. 박홍규 옮김. 민음사.

브로이엘, 비르기트(Birgit Breuel) 외. 2000.『아젠다 21』. 윤선구 옮김. 생각의 나무.

사티쉬, 쿠마르(Kumar Satisch). 1997.「스와데시-간디의 자립경제 철학」. ≪녹색평론≫, 제32호, 128~137쪽.

살트마쉬, 존 (John A Saltmarch). 1999.『스코트 니어링 평전』. 김종락 옮김. 보리.

서근하 · 황미애. 2007.「여성창업과 소액 대출 개선에 관한 연구」. ≪여성연구≫, 제17권 제1호, 51~86쪽.

시바, 반다나(Vandana Shiva) · 마리아 미즈(Maria Mies). 2000.『에코페미니즘』. 손덕수 · 이난아 옮김. 창비.

신광영 · 이병훈 외. 2010.『일의 가격은 어떻게 결정되는가 I: 한국의 임금결정 기제 연구』. 한울.

신명호. 2009.「한국의 '사회적 경제' 개념 정립을 위한 시론」. ≪동향과 전망≫, 제75호,

11~46쪽.
엄한진 · 박준식 · 안동규. 2011. 「대안운동으로서의 사회적 경제」. ≪사회와 이론≫, 제18권, 169~203쪽.
엄형식. 2008. 『한국의 사회적 경제와 사회적 기업: 유럽 경험과의 비교와 시사점』. 실업극복국민재단 함께 일하는 사회 정책연구원.
오정진. 2007. 「여성주의 경제의 비전과 대안적 경제활동: 공정 무역, 소액 대출, 사회적 기업을 중심으로」. ≪여성학연구≫, 제17권 제1호, 1~19쪽.
윤소영. 2004. 「확대된 생산개념을 적용한 가계생산의 부가가치산정」. ≪가정의학회지≫, 제42권, 131~143쪽.
윤자영. 2009. 「Household Production and Extended Income Inequality: Evidence from South Korea」. ≪여성경제연구≫, 제6권 제2호, 31~59쪽.
_____. 2010. 『비시장시간과 자녀의 인적자본형성』. 한국노동연구원.
이배용 외. 1999. 『우리나라 여성들은 어떻게 살았을까』. 청년사.
이상호. 2001. 「센의 능력과 사회정의」. ≪사회경제평론≫, 제21호, 283~316쪽.
이승신 외. 2003. 『가계경제 분석』. 신정.
이승희. 1993. 「국가 · 자본주의 · 여성 문제: 가부장제 국가론 비판을 중심으로」. ≪경제와 사회≫, 제20호(겨울), 283~308쪽.
이은선. 2009. 「사회적 기업의 특성에 관한 비교 연구: 영국 · 미국 · 한국을 중심으로」. ≪행정논총≫, 제47권 제4호, 363~397쪽.
이종영. 2001. 『성적 지배와 그 양식들』. 새물결.
이지선. 2012. 「한국 맞벌이, 가사 노동시간이 부족하다」. LG 경제연구원 보고서.
이진옥. 2008. 「여성사 연구의 현 주소 그리고 희망」. ≪역사와 경계≫, 제66권, 197~211쪽.
임정빈 · 정혜정. 1997. 『성 역할과 여성』. 학지사.
장덕진. 2003. 「연결망과 사회 이론」. 한국이론사회학회 가을학술회의 발표문.
정선희. 2004. 『사회적 기업』. 다우.
정진주 외. 2012. 『돌봄노동자는 누가 돌봐주나: 건강한 돌봄노동을 위하여』. 한울.
정현백. 2007. 『여성사 다시쓰기: 여성사의 새로운 재구성을 위하여』. 당대.
정현백 · 김정안. 2011. 『처음 읽는 여성의 역사: 고대부터 현대까지, 우리가 몰랐던 인류 절반의 역사』. 동녘.
정희진. 2013. 『페미니즘의 도전: 한국 사회 일상의 성정치학』. 교양인.
조영탁. 2004. 「생태경제학의 방법론과 비전」. ≪사회경제평론≫, 제22호, 39~78쪽.

조옥. 2013.『지역화폐와 여성주의: 한밭레츠의 경험에서 길을 찾다』. 푸른사상.
차은영 · 홍태희. 2000.「가계분석의 연구동향과 젠더개념의 도입가능성에 대한 연구」. ≪응용경제≫, 제3권 제1호, 23~48쪽.
천성림. 2008.「새로운 여성사: 쟁점과 전망」. ≪역사학보≫, 제200집, 131~164쪽.
최일성 · 김현정. 2002.『한국 여성사』. 백산자료원.
최현실. 2007.「여성을 위한 국제적 대안경제: 공정무역, 소액대출, 사회적 기업을 중심으로」. ≪여성학연구≫, 제17권 제1호, 21~49쪽.
츠치야 하루요. 2006.「생산자와 소비자의 새로운 만남, 윤리적인 소비의 발전」. ≪여성이 새로 짜는 세상≫, 제28호, 1~5쪽.
통계청.『생활시간조사 보고서』.
퍼버, 마리안(Marianne A. Ferber) · 줄리 넬슨(Julie Nelson) 엮음. 1997.『남성들의 경제학을 넘어서: 페미니스트 이론과 경제학』. 김애실 외 옮김. 한국외국어대학교 출판부.
페멘(FEMEN). 2014.『분노와 저항의 한 방식, 페멘』. 갈리아 아케르망(Galia Ackerman) 엮음, 김수진 옮김. 디오네.
하트만, 하이디(H. Hartmann) 외. 1989.『여성해방이론의 쟁점』. 김혜경 · 김애령 옮김. 태암.
한국여성개발원. ≪여성통계연보≫.
한국여성경제학회. 2012.『젠더와 경제학』. PEARSON.
한국여성연구소여성사연구실. 1999.『우리 여성의 역사』. 청년사.
허라금. 2004.『원칙의 윤리에서 여성주의 윤리로』. 철학과 현실.
홍태희. 2003.「경제학과 젠더(Gender): 성별 경제학(gender economics) 정립을 위한 근대 경제학비판」. ≪경제학연구≫, 제51집 제2호, 151~177쪽.
_____. 2004a.「경제발전론의 성인지적 재해석: '발전에의 여성참여'에서 '성주류화'로」. ≪경상논집≫, 제18권, 41~61쪽.
_____. 2004b.「성별 관계를 통해 본 현대자본주의국가의 동일성과 다양성」. ≪사회경제평론≫, 제23호, 347~382쪽.
_____. 2004c.「모신의 보이지 않는 손: 여성주의 경제학」. 박만섭 엮음.『경제학 더 넓은 지평을 향하여』. 이슈투데이.
_____. 2004d.「여성주의 경제학의 시각과 대안 경제학으로의 가능성」. ≪여성경제연구≫, 제1권 제1호, 23~46쪽.

_____. 2005. 「조화로운 삶을 위한 '보살핌의 경제론'의 함의와 대안 경제론으로서의 가능성」. ≪경제학연구≫, 제53집 제3호, 153~181쪽.
_____. 2007. 「현대자본주의국가와 성별 관계」. 김형기 외. 『현대자본주의 분석』. 한울.
_____. 2008. 「맨큐의 경제학의 10대 기본원리와 대안적 재해석」. ≪사회경제평론≫, 제30호, 331~358쪽.
_____. 2010a. 「거시경제학과 젠더: 성인지적 거시경제학 정립을 위한 시론적 연구」. ≪여성경제연구≫, 제7권 제1호, 109~130쪽.
_____. 2010b. 「성인지적 포스트 케인지언 경제학의 정립 가능성 모색」. ≪질서경제저널≫, 제13권, 67~87쪽.
_____. 2011a. 「미시경제학과 젠더: 성인지적 미시경제학 정립을 위한 시론적 연구」. ≪질서경제저널≫, 제14권 제2호, 1~18쪽.
_____. 2011b. 「젠더와 대안 경제」. ≪여성경제연구≫, 제8권 제2호, 40~73쪽.
_____. 2012. 「돌봄과 수선에 관한 경제학적 이해」. ≪여성경제연구≫, 제9권 제2호, 163~182쪽.
황정임 외. 2006. 『빈곤여성의 자영창업을 통한 자활지원방안 연구』. 한국여성개발원.

"공정무역은 아직도 배고프다." ≪한겨레 21≫, 제674호, 2007.8.23.
"엄마 힘내세요, 마이크로 크레디트가 있잖아요." ≪한겨레 21≫, 제623호, 2006.10.26.
"재정지원 끝나는 사회적 기업 존폐 위기." ≪경향신문≫, 2011.12.18.

ACCION. 1997~2001. Annual Report. ACCION international.
Aerni, A. L. and K. McGoldrick(eds). 1999. *Valuing Us All: Towards Feminist Pedagogy in Economics*. Ann Arbor, MI: University of Michigan Press.
Afshar, H. and C. Dennis(eds.). 1992. *Women and Adjustment Policies in the Third World*. St. Martin's Press.
Agarwal, B. 1997. "Bargaining and Gender Relations: Within and Beyond The Household." *Feminist Economics*, Vol.3, No.1, pp.1~51.
Akram-Lodhi, A. H. and C. L. Hanmer. 2008. "Ghosts in the machine: a post Keynesian analysis of gender relations, households and macroeconomics." in F. Bettio and A. Verashchagina(eds.). *Frontiers in the Economics of Gender*, Siena Studies in Political Economy. London: Routledge.

Albelda, R. 1984. *Equality in Employment: A Royal Commission Report*. Ottawa: Supply and Services Canada.

_____. 1997. *Economics and Feminism: Disturbance in the Field*. New York: Twayne Publishing.

Albelda, R. and C. Tilly. 1997. *Glass ceilings and bottomless pits: Women's work, women's poverty*. Boston: South End Press.

Altvater, E. and N. Sekler. 2006. *Solidarische Ökonomie: Reader des Wissenschaftlichen Beirats von Attac*. Hamburg: vsa.

Antonopoulos, R. 2013. *Gender Perspectives and Gender Impacts of the Global Economic Crisis*, Routledge Frontiers of Political Economy. Routledge.

Aristotle. 1979. *Aristotle: Generation of Animals*. translated by A. L. Peck. Loeb Classical Library, Harvard University Press.

Arrow, K. J. 1950. "A Difficulty in the Concept of Social Welfare." *Journal of Political Economy*, Vol.58, No.4, pp.328~346.

Badgett, L. 2001. *Money, Myths & Change: The Economic Lives of Lesbians and Gay Men*. Chicago: University of Chicago Press.

Balakrishnan, R.(ed). 2002. *The Hidden Assembly Line: Gender Dynamics of Subcontracted Work in a Global Economy*. Bloomfield: Kumarian Press.

Barker, D. K. and E. Kuiper(eds.). 2003. *Toward a Feminist Philosophy of Economics*. London and New York: Routledge.

_____(eds.). 2010. *Feminist Economics*, Critical Concepts in Economics, Vol. I, II, III, IV. London and New York: Routledge.

Barker, D. K. and S. F. *Feiner*. 2009. *Liberating Economics: Feminist Perspectives on Families, Work, and Globalization*. University of Michigan Press.

Basu, K. 2006. "Gender and Say: A Model of Household Behaviour with Endogenously Determined Balance of Power." *The Economic Journal*, Vol.116, Issue 511, pp.558~580.

Bauhardt, C. and G. Çağlar(eds.). 2010. *Gender and Economics: Feministische Kritik der Politischen Ökonomie*. Wiesbaden: VS Verlag für Sozialwissenschaften.

Bechtold, B. H. 1999. "The Practice of Econometrics: A Feminist Critique." *Review of Radical Political Economics*, Vol.31, No.3, pp.40~52.

Becker, G. S. 1991. *A Treatise on the Family*, enlarged ed. Cambridge University Press.

Becker-Schmidt, R. 1998. "Trennung, Verknüpfung, Vermittlung: zum feministischen Umgang mit Dichotomien." in G. Knapp(ed.). *Kurskorrekturen: Feminismus zwischen Kritischer Theorie und Postmoderne*. Frankfurt am Main: Campus.

Becker-Schmidt, R. and G. Knapp(eds.). 1995. *Das Geschlechterverhältnis als Gegenstand der Sozialwissenschaften*. Frankfurt and New York: Campus.

Benería, L. 2003. *Gender, Development, and Globalization: Economics as If All People Mattered*. Brunner-Routledge.

Benería, L., A. M. May and D. Strassmann(eds.). 2011. *Feminist Economics*, Vol. I, II, III. Edward Elgar.

Bergmann, B. R. 1974. "Occupational Segregation, Wages and Profits When Employers Discriminate by Race or Sex." *Eastern Economic Journal*, Vol.1, No.2, pp.103~110.

_____. 1995. "Becker's Theory of the Family: Preposterous Conclusions." *Feminist Economics*, Vol.1, No.1, pp.141~150.

Berik, G. 1997. "The Need for Crossing the Method Boundaries in Economics Research." *Feminist Economics*, Vol.3, pp.121~125.

Bettio, F. and A. Verashchagina(eds.). 2008. *Frontiers in the Economics of Gender*, Siena Studies in Political Economy. London: Routledge.

Biesecker, A. 1997. "Für: eine vorsorgende Wirtschaftsweise notwendige(neu?) Institutionen." in Diskussionskreis frau und wissenschaft(ed.). *Ökonomie weiterdenken!* Frankfurt and New York: Campus Verlag.

_____. 2003a. "Brennpunkt Versorgung. Versorgungssicherheit durch Vorsorgendes Wirtschaften." Institut für sozial-ökologische Forschung(ISOE), Working paper.

_____. 2003b. "(Re)Produktivität als Grundkonzept geschlechterbewußter Analyse ökonomischen Handelns." *Zeitschrift für Wirtschafts- und Unternehmensethik*, Vol.4, No.1, pp.56~66.

_____. 2004. "Das Ganze der Arbeitim Konzept Vorsorgendes Wirtschaften." in Euregio (eds.). *Frauen-Euregio-Projekt: Leben ist nicht nur Erwerbsarbeit-Zur Neudefinition und Umverteilung aller vorhabenden Arbeit*.

Biesecker, A., M. Mathes, S. Schön and B. Scurrell(eds.). 2000. *Vorsorgendes Wirtschaften: Auf dem Weg zu einer Ökonomie des Guten Lebens*. Bielefeld: Kleine Verlag.

Bjørnholt, M. and A. McKay. 2014. *Counting on Marilyn Waring: New Advances in Feminist Economics*. Demeter Press.

Blau, F. D., M. A. Ferber and A. E. Winkler. 2010. *The Economics of Women, Men, and Work*. Pearson.

Bock, G. 1989. "Women's history and gender history: aspects of an international debate." *Gender & History*, Vol.1, No.1, pp.7~30.

Bookchin, M. 1990. *Remarking Society: Pathways to a Green Future*. South End Press (『사회생태주의란 무엇인가: 녹색미래로 가는 길』, 박홍규 옮김, 민음사, 1998).

Boserup, E. 1989. *Woman's Role in Economic Development*. New York: Earthscan Publications Limited.

Bowles, S., R. Edwards and F. Roosevelt. 2005. *Understanding Capitalism: Competition, Command, and Change*. Oxford University Press (『자본주의 이해하기』, 최정규 · 최민식 · 이강국 옮김, 후마니타스, 2009).

Brewer, R. M., C. A. Conrad and M. C. King. 2002. "The Complexities and Potential of Theorizing Gender, Caste, Race and Class." *Feminist Economics*, Vol.8, No.2, pp.3~18.

Bristor, J. M. and E. Fischer. 1993. "Feminist Thought: Implications for Consumer Research." *Journal of Consumer Research*, Vol.19, No.4, pp.518~536.

Bryant, W. K. and C. D. Zick. 2006. *The Economic Organization of the Household*, 2nd ed. Cambridge University Press.

Budlender, D., D. Elson, G. Hewitt and T. Mukhopadhyay. 2002. *Gender Budgets Make Cents*. London: Commonwealth Secretariat Publications.

Busch-Lüty, C., M. Jochimsen, U. Knobloch and I. Seidl(eds). 1994. *Vorsorgendes Wirtschaften: Frauen auf dem Weg zu einer Ökonomie der Nachhaltigkeit, Politische Ökologie*, Sonderheft 6. München: ökom.

Busse, M. and C. Spielman. 2006. "Gender Inequality and Trade." *Review of International Economics*, Vol.14, No.3, pp.362~379.

Cagatay, N. 2003. "Engendering Macroeconomics." in M. Gutierrez(ed.). *Macro-Economics: Making Gender Matter: Concepts, Policies and Institutional Change in*

Developing Countries. London and New York: Zed Books.

Caiazza, A., A. Shaw and M. Werschul. 2003. *The Status of Women in States: Wide Disparities by Race, Ethnicity and Region*. Washington: Institute for Women's Policy Research.

Cecile, J. and R. Pearson(eds.). 1998. *Feminist Visions of Development: Gender Analysis and Policy*. Routledge.

Charusheela, S. 2004. *Structuralism and individualism in economic analysis: the contractionary devaluation debate in development economics*. London: Routledge.

Charusheela, S. and C. Danby. 2006. "A through-time framework for producer households." *Review of Political Economy*, Vol.18, pp.29~48.

Collier, P. 1994. "Gender Aspects of Labour Allocation During Structural Adjustment: A Theoretical Framework and the African Experience." in S. Horton, S. M. R. Kanbur and D. Mazumdar(eds.). *Labor Markets in an Era of Adjustment*. Washington: World Bank.

Connell, R. W. 1990. "The state, gender, and sexual politics: Theory and appraisal." *Theory and Society*, Vol.19, No.5, pp.507~544.

Corner, L. 1996. *Women, Men and Economics: The Gender-Differentiated Impact of Macroeconomics*. UNIFEM.

Daly, M.(ed.). 2001. *Care Work: The quest for security*. ILO.

Danby, C. 2004. "Toward a gendered Post Keynesianism." *Feminist Economics*, Vol. 10, No.3, pp.55~75.

Da Rocha, J. M. and L. Fuster. 2006. "Why are Fertility and Female Participation Rates Positively Correlated across OECD Countries." *International Economic Review*, Vol.47, No.4, pp.1187~1222.

Dawson, G. et al. 2000. *Market, State, and Feminism: The Economics of Feminist Policy*. Edward Elgar.

Dimand, M. A., R. W. Dimand and E. L. Forget(eds.). 2000. *A Biographical Dictionary of Women Economists*. Edward Elgar.

Dimand, R. W. 1995. "The neglect of women's contributions to economics." in M. A. Dimand, R. W. Dimand and E. L. Forget(eds.). *Women of Value*. Edward Elgar.

Donath, S. 2000. "The Other Economy: A Suggestion for a Distinctively Feminist

Economics." *Feminist Economics*, Vol.6, No.1, pp.115~123.

Douglas, M. 1978. *Cultural Bias*. London: Royal Anthropological Institute.

Eisenstein, Z. R.(ed.). 1979. *Capitalist patriarchy and the case for socialist feminism*. New York: Monthly Review Press.

_____. 1998. *Global Obscenities: Patriarchy, Capitalism, and the Lure of Cyberfantasy*. New York University Press.

Elson, D. 1995. *Male Bias in the Development Process*. Manchester and New York: Manchester University Press.

Emami, Z. 1993. "Challenges facing social economics in the twenty-first century: A feminist perspective." *Review of Social Economy*, Vol.52, No.4, pp.416~425.

Engels, F. 1884. *Der Ursprung der Familie, des Privateigentums und des Staats*. Hottingen, Zürich.

England, P. 1989. "A Feminist Critique of Rational-Choice Theories: Implication for Socioiogy." *The American Sociologist*, Vol.20, No.1(Spring), pp.14~28.

Esterlin, R. 1975. "An Economic Framework for Fertility Analysis." *Studies in Family Planning*, Vol.6, No.3, pp.54~63.

Evers, B. 2003. "Broadening the Foundations of Macro-economic Models through a Gender Approach: New Developments." in M. Gutierrez(ed.). *Macro-Economics: Making Gender Matter: Concepts, Policies and Institutional Change in Developing Countries*. London and New York: Zed Books.

Evers, A. and J. Lavile. 2004. *The Third Sector in Europe*. Cheltenham: Edward Elgar.

Federici, S. 2000. *Caliban and the Witch: Women, the Body and Primitive Accumulation*. Autonomedia.

Ferber, M. A. and J. A. Nelson(eds.). 1993. *Beyond Economic Man: Feminist Theory and Economics*. Chicago: The University of Chicago Press (『남성들의 경제학을 넘어서: 페미니스트 이론과 경제학』, 김애실 외 옮김, 한국외국어대학교 출판부, 1999).

_____(eds.). 2003. *Feminist Economics Today: Beyond Economic Man*. Chicago and London: University of Chicago Press.

Figart, D. M. 1997. "Gender as more than a dummy variable: Feminist approaches to discrimination." *Review of Social Economy*, Vol.55, No.1, pp.1~32.

Fitzgerald, E. V. K. 1993. *The macroeconomics of development finance: A Kaleckian analysis of the semi-industrial economy*. New York: St. Martin's Press.

Floro, M. and G. Dymski. 2000. "Financial Crisis, Gender, and Power: An Analytical Framework." *World Development*, Vol.28, No.7, pp.1269~1283.

Flynn, P. 1999. "Contributions Feminist Economics Can Make To The Quality Of Life Movement." *Feminist Economics*, Vol.5, No.2, pp.133~137.

Folbre, N. 1994. *Who Pays for the Kids? Gender and the Structures of Constraint*. London and New York: Routledge.

_____. 2001. *The Invisible Heart: Economics and Family Values*. New York: The New Press (『보이지 않는 가슴: 돌봄 경제학』, 윤자영 옮김, 또하나의문화, 2007).

_____. 2006. "Measuring care: gender, empowerment, and the care economy." *Journal of Human Development*, Vol.7, No.2, pp.183~199.

_____. 2008. "Conceptualizing Care." in F. Bettio and A. Verashchagina(eds.). *Frontiers in the Economics of Gender*. London and New York: Routledge.

_____. 2010. *Greed, Lust and Gender: A History of Economic Ideas*. Oxford University Press.

Folbre, N. and J. A. Nelson. 2000. "For Love or Money--Or Both?" *Journal of Economic Perspectives*, Vol.14, No.4, pp.123~140.

Fortunati, L. 1995. *The Arcane of Reproduction: Housework, Prostitution, Labor and Capital*. translated by Hilary Creek. New York: Autonomedia.

Fraser, N. 1987. "What's Critical about Critical Theory? The Case of Habermas and Gender." in S. Benhabib and D. Cornell(eds.). *Feminism as Critique: Essays on the Politics of Gender in Late-capitalist Societies*. Cambridge: Polity Press.

Freiburg-Strauss, J. 2003. "Macroeconomics and Gender: Options for their Integration into a State Agenda." in M. Gutierrez(ed.). *Macro-Economics: Making Gender Matter: Concepts, Policies and Institutional Change in Developing Countries*. London and New York: Zed Books.

Fuller, C. G. 1996. "Elements of a Post Keynesian alternative to 'household production'." *Journal of Post Keynesian Economics*, Vol.18, No.4, pp.595~607.

Galindo, M.-A. and D. Ribeiro(eds.). 2014. *Women's Entrepreneurship and Economics: New Perspectives, Practices, and Policies*. Springer.

Gardiner, J. 1997. *Gender, Care and Economics*. London: Macmillan Press.

Genetti, E. 1995. *Die Geschlechtergrenze des bürgerlichen Staates. Zur Kritik der Geschlechtergleichheit im Wohlfahrtsstaat*. Wien: Diplomarbeit.

Giegold, S. and D. Embshoff(eds.). 2008. *Solidarische Ökonomie im globalisierten Kapitalismus*. VSA: Verlag.

Gilligan, C. 1997. *In a Different Voice: Psychological Theory and Women's Development*. Cambridge: Harvard University Press.

Goldschmidt-Clermont, L. and E. Pagnossin-Aligisakis. 1999. "Houshold's Non-NSA Production labour time, value of labour and product, and contended private consumption." *Review of Income and Wealth*, Vol.45, No.4, pp.519~529.

Grapard, U. 1996. "Feminist economics: let me count the ways." in F. Foldvary(ed.). *Beyond Neoclassical Economics*. Edward Elgar.

Gutierrez, M.(ed.). 2003. *Macro-Economics: Making Gender Matter: Concepts, Policies and Institutional Change in Developing Countries*. Zed Books.

Hanmer, L. C. and A. H. Akram Lodhi. 1998. "The house of the spirits: toward a Post Keynesian theory of the household?" *Journal of Post Keynesian Economics*, Vol.20, No.3, pp.415~433.

Harding, S. 1986. *The Science Question in Feminism*. Cornell University Press (『페미니즘과 과학』, 이재경 · 박혜경 옮김, 이화여자대학교 출판부, 2002).

Hartmann, H. 1981. "The unhappy marriage of Marxism and Feminism: towards a More Progressive Union." in L. Sargent(ed.). *Women and Revolution: A Discussion of the Unhappy marriage of marxism and feminism*. Boston: South End Press.

Haug, F. 2001. "Geschlechterverhältnisse." in W. F. Haug(ed.). *Historisch-Kritisches Wörterbuch des Marxismus*, Vol.5. Hamburg: Argument.

Hendersen, H. 1996. *Creating Alternative Futures: The End of Economics*, Reissue. Kumarian Press.

Himmelweit, S. 2002. "Making Visible the Hidden Economy: The Case for Gender-Impact Analysis of Economic Policy." *Feminist Economics*, Vol.8, No.1, pp.49~70.

_____. 2007. "The Prospects for Caring: economic theory and policy analysis." *Cambridge Journal of Economics*, Vol.31, No.4, pp.581~599.

Hirway, I. 2005. "Integrating Unpaid Work into Development Policy." Levy Institute.

Hong, T. H. 2002. "Unsichtbare Frauenarbeit." *frauen solidarität*, No.82.

_____. 2007. "Ahnenkult, Produktionsweise und Geschlechterverhältnisse im Neuen China und im Neuen Ära China." *Das Argument*, Nos.5-6, pp.122~128.

Hoppe, H. 2002. *Feministische Ökonomik. Gender in Wirtschaftstheorien und ihren Methoden*. Edition Sigma.

Hudson, P. 2008. "The historical construction of gender: reflections on gender and economic history." in F. Bettio and A. Verashchagina(eds.). *Frontiers in the Economics of Gender*. New York: Routledge.

Hughes, C. 2013. *Feminism Counts: Quantitative Methods and Researching Gender*. Routledge.

International Institute for Management Development. 2003. *The World Competitiveness Yearbook 2003*.

International Labour Organization. 1995. *Gender, Poverty and Employment: turning capabilities into entitlements*. Geneva.

Iversen, V. 2003. "Intra-household inequality: a challenge for the capability approach?" *Feminist Economics*, Vol.9, No.2-3, pp.93~115.

Jacobsen, J. P. 1998. *The Economic of Gender*, 2nd ed. Cambridge, MA: Blackwell.

Jacobsen, J. P. and A. Zeller(eds.). 2007. *Queer Economics*. London and New York: Routledge.

Jaggar, A.(ed.). 1994. *Living with contradictions*. Westview Press.

Jarl, A. C. 2000. *Women and economic justice*. Uppsala.

Jennings, A. 1993. "Public or Private? Institutional Economics and Feminism." in M. A. Ferber and J. A. Nelson(eds.). *Beyond Economic Man: Feminist Theory and Economics*. Chicago: The University of Chicago Press.

_____. 1994. "Toward a Feminist Expansion of Macroeconomics: Money Matters." *Journal of Economic Issues*, Vol.28, No.2, pp.555~565.

Jochimsen, M. A. 2002. "Kooperation im Umgang mit Verletzlichkeit: Eckpunkte der Koordination von Sorgesituationen in der Ökonomie." in A. Biesecker, W. Elsner and K. Grenzdörffer(eds.). *Kooperation und interaktives Lernen in der Ökonomie*. Frankfurt: Peter Lang.

_____. 2003. *Careful Economics: Integrating Caring Activities and Economic Science*. Kluwer Academic Publishers.

Jochimsen, M. A. and U. Knobloch. 1993. "Towards a Caring Economy. Broadening the Economic Method from an Ethical Perspective." IFEA Conference Paper.

_____(eds.). 2006. *Lebensweltökonomie in Zeiten wirtschaftlicher Globalisierung.* Bielefeld: Kleine Verlag.

Jonas, H. 1984. *Das Prinzip Verantwortung. Versuch einer Ethik für die technologische Zivilisation.* Frankfurt a. M.: Suhrkamp.

Kantola, J. and J. Squires. 2008. "From State Feminism to Market Feminism." International Studies Association Annual Convention.

Karamessini, M. 2013. *The Economic Crisis and The Future for Gender Equality.* Routledge.

Klasen, S. and F. Lamanna. 2009. "The Impact of Gender Inequality in Education and Employment on Economic Growth: New Evidence for a Panel of Countries." *Feminist Economics*, Vol.15, No.3, pp.91~132.

Kreisky, E. 1995a. "Der Staat ohne Geschlecht? Ansätze feministischer Staatskritik und feministischer Staatserklärung." in E. Kreisky and B. Sauer(eds.). *Feministische Standpunkte in der Politikwissenschaft. Eine Einführung.* Frankfurt/Main.

_____. 1995b. "Der Stoff, aus dem die Staaten sind. Zur männerbündischen Fundierung politischer Ordnung." in R. Becker-Schmidt and G. Knapp(eds.). *Das Geschlechterverhaltnis als Gegenstand der Sozialwissenschaften.* Frankfurt/New York.

Kritikos, A. S., F. Bolle and J. H. W. Tan. 2007. "The economics of solidarity: A conceptual framework." *The Journal of Socio-Economics*, Vol.36, No.1, pp.73~89.

Kuiper, E. and D. K. Barker(eds.). 2006. *Feminist Economics and the World Bank: History, Theory and Policy.* London: Routledge.

Kuiper, E. and J. Sap(eds.). 1995. *Out of the Margin: Feminist Perspectives on Economics.* London: Routledge.

Lachenmann, G. 2001. "Geschlechtsspezifische Einbettung der Wirtschaft." in G. Lachenmann and P. Danecker(eds.). *Die geschlechtsspezifische Einbettung der Ökonomie.* Münster, Hamburg, Berlin, Wien, London and Zürich: LIT Verlag.

Lang, E. 2002. "Finanzpolitik des Staates auf dem Prüfstand einer nachhaltigen Entwicklung." *Vereinigung für Ökologische Ökonomie(VÖÖ) Conference Paper.*

Lawson, T. 1999. "Feminism, Realism, and Universalism." *Feminist Economics*, Vol.5, No.2, pp.25~59.

Leibenstein, H. 1975. "The Economic Theory of Fertility Decline." *Journal of Economics*, Vol.89, No.1, pp.1~31.

Lerner, G. 1997. *Why History Matters: Life and Thought*. New York: Oxford University Press (『왜 여성사인가: 한 역사가의 치열한 삶과 사상을 들여다보며』, 강정아 옮김, 푸른역사, 2006).

Lessig, L. 2008. *Remix: Making Art and Commerce Thrive in the Hybrid Economy*. Penguin Press.

Levin, L. B. 1995. "Toward a feminist, post-Keynesian theory of investment." in E. Kuiper et al.(eds.). *Out of the margin: feminist perspectives on economics*. London: Routledge.

Liebeswar, C. 2013. *Feministische Kapitalismuskritik*. GRIN Verlag.

Lourdes, B. 2003. *Gender, Development, and Globalization: Economics as if All People Mattered*. New York: Routledge.

Lundberg, S. 2008. "Gender and household decision making." in F. Bettio and A. Verashchagina(eds.). *Frontiers in the Economics of Gender*, Siena Studies in Political Economy. London: Routledge.

Matthaei, J. 1996. "Why feminist, Marxist, and anti-racist economists should be feminist—Marxist—anti-racist economists." *Feminist Economics*, Vol.2, No.1, pp.22~42.

McCain, R. A. 2003. *Game Theory: A Non-technical Introduction to the Analysis of Strategy*. South-Western College Pub (『게임이론: 쉽게 이해할 수 있는 전략 분석』, 이규억 옮김, 시그마프레스, 2008).

McClintock, A. 1995. *Imperial Leather*. New York and London: Routledge.

McCloskey, D. N. 1993. "Some Consequences of a Conjective Economics." in M. A. Ferber and J. A. Nelson(eds.). *Beyond Economic Man: Feminist Theory and Economics*. Chicago: The University of Chicago Press.

McDonough, R. and R. Harrison. 1978. "Patriarchy and relations of production." in A. Kuhn and A. Wolpe(eds.). *Feminism and Materialism: Women and Modes of Production*. London: Routledge and Paul.

Mies, M. 1986. *Patriarchy & Accumulation on a World Scale*. London: Zed Books.

Mies, M. et al. 1988. *Women, The Last Colony*. London: Zed Books.

Mies, M. and V. Shiva. 1993. *Ecofeminism*. London: Zed Books (『에코페미니즘』, 손덕수 · 이난아, 창작과 비평사, 2000).

Miles, R. 2001. *Who Cooked the Last Supper? The Women's History of the World*. New York: Three Rivers Press (『최후의 만찬은 누가 차렸을까?: 세계 여성의 역사』, 신성림 옮김, 동녘, 2005).

Molina, J. A.(ed.). 2013. *Household Economic Behaviors*, International Series on Consumer Science. Springer.

Molyneux, M. 1985. "Mobilization without Emancipation? Women's Interests, the State, and Revolution in Nicaragua." *Feminist Studies*, Vol.11, No.2, pp.227~254.

Moser, C. 1993. *Gender Planning and Development: Theory, Practice and Training*. London: Routledge.

Naess, A. 1973. "The shallow and the deep, Long Range Ecology Movements: A summary." *Inquiry*, Vol.16, pp.95~100.

Nelson, Julie A. 1992. "Gender Metaphor and the Definition of Economics." *Economics and Philosophy*, Vol.8, No.1, pp.103~125.

_____. 1995. "Feminism and Economics." *The Journal of Economic Perspectives*, Vol.9, No.2, pp.131~148.

_____. 1996. *Feminism, Objectivity and Economics*. London, New York: Routledge.

_____. 2001. "Economic Methodology and Feminist Critiques." *Journal of Economic Methodology*, Vol.8, No.1, pp.93~97.

_____. 2006. *Economics for Humans*. The University of Chicago (『사랑과 돈의 경제학』, 안진한 옮김, 공존, 2007).

Netzwerk Vorsorgendes Wirtschaften(ed.). 2013. *Wege Vorsorgenden Wirtschaftens*. Weimar bei Marburg: Metropolis Verlag.

Nussbaum, M. 2003. "Capabilities as fundamental entitlements: Sen and social justice." *Feminist Economics*, Vol.9, No.1, pp.33~59.

Nussbaum, M. and A. Sen. 1993. *The Quality of Life*. Oxford: Clarendon Press.

OECD. 2012. *Closing the Gender Gap ACT NOW*.

_____. 2012. *Gender Equality in Education, Employment and Entrepreneurship: Final Report to the MCM 2012*.

Okin, S. M. 1998. "Gender, the Public, and the Private." in A. Phillips(ed.). *Feminism and Politics*. Oxford: Oxford University Press.

Okun, A. 1975. *Equality and Efficacy*. The Big Tradeoff Brookings Institution Press.

Ott, N. 1992. *Intrafamily Bargaining and Household Decisions*. Berlin, Heidelberg and New York.

Padmanabhan, M. A. 2003. "Frauenökonomie und Vorsorgendes Wirtschaften. Konzepte zur geschlechtsspezifischen Analyse Ökonomischen Handelns." *Zeitschrift für Wirtschafts- und Unternehmensethik*, Vol.4, No.1, pp.56~66.

Palmer, I. 1992. "Gender Equity and Economics Efficiency in Adjustment Programmes." in H. Afshar and C. Dennis(eds.). *Women and Adjustment Policies in the Third World*. St. Martin's Press.

_____. 1994. *Social and Gender Issues in Macro-Economic Policy Advice*. Eschborn.

Pateman, C. 1994. "Der Geschlechtervertrag." in E. Appelt and G. Neyer(eds.). *Feministische Politikwissenschaft*. Wien: Verlag für Gesellschaftskritik.

Pearson, R. and C. Sweetman(eds.). 2011. *Gender and the Economic Crisis*, Oxfam Working in Gender and Development Series. Practical Action.

Perkins, E.(ed.). 1997. "Women, Ecology and Economics." *Ecological Economics*, Vol. 20, No.2.

Peter, F. 2001. "Rhetoric vs. realism in economic methodology: a critical assessment of recent contributions." *Cambridge Journal of Economics*, Vol.25, No.5, pp.571~589.

Peterson, J. and D. Brown(eds.). 1994. *The Economic Status of Women Under Capitalism: Institutional Economics and Feminist Theory*. Aldershot, UK and Brookfield, Vermont: Edward Elgar.

Peterson, J. and M. Lewis(eds.). 1999. *The Elgar Companion to Feminist Economics*. Cheltenham, Northampton.

Picchio, A.(ed.). 2003. *Unpaid Work and the Economy: A Gender Analysis of the Standards of Living*. Taylor & Francis.

Pietilä, H. 1997. "The triangle of the human economy: Household-Cultivation-Industrial production. An attempt at making visible the human economy in toto." *Ecological Economics*, Vol.20, No.2, pp.113~127.

Plumwood, V. 1993. "Feminism and Ecofeminism: Beyond the Dualistic Assumptions of Women, Men and Nature." *Society and Nature*, Vol.2, No.1, pp.36~51.

Polkinghorn, B. and D. L. Thomson. 1998. *Adam Smith's Daughters: Eight Prominent Women Economists from the Eighteenth Century to the Present*. Edward Elgar.

Power, M. 2004. "Social Provisioning as a Starting Point for Feminist Economics." *Feminist Economics*, Vol.10, No.3, pp.3~19.

Priewe, J. 2002. "Begrenzt ökologische Nachhaltigkeit das Wirtschaftswachstum?" *Zeitschrift für Umweltpolitik & Umweltrecht*, Vol.25, No.2, pp.153~172.

Pujol, M. 1992. *Feminism and Anti-Feminism in Early Economic Thought*. Aldershot: Edward Elgar.

_____. 1995. "Into the Margin!" in E. Kuiper and J. Sap(eds.). *Out of the Margin: Feminist Perspectives on Economics*. London: Routledge.

Rai, S. M. and G. Waylen(eds.). 2013. *New Frontiers in Feminist Political Economy*, Routledge IAFFE Advances in Feminist Economics. Routledge.

Ransom, D. 2001. *The No-Nonsense Guide to Fair Trade*. Verso (『공정한 무역, 가능한 일인가?』, 장윤정 옮김, 이후, 2007).

Reid, M. 1934. *Economics of household production*. New York: Wiley.

Robeyns, I. 2005. "The Capability Approach: A Theoretical Survey." *Journal of Human Development*, Vol.6, No.1, pp.93~114.

Rubin, G. 1975. "The Traffic in Women: Notes on the 'Political Economy' of Sex." in R. Reiter(ed.) *Toward an Anthropology of Women*. New York: Monthly Review Press.

Sargent, L.(ed.). 1981. *Women and Revolution: A Discussion of the Unhappy marriage of marxism and feminism*. Boston: South End Press.

Sass, J. and L. Ashford. 2002. "Women of Our World." Retrieved June 10, 2004, from www.prb.org/PrintTemplate.cfmSection.

Sauer, B. 1998. "Antipatriarchale Staatskonzepte. Plädoyer für Unzeitgemäßes." *Juridikum. Zeitschrift im Rechtsstaat*, No.1, pp.18~21.

Schneider, G. and J. Shackelford. 1998. "Ten Principles of Feminist Economics: A Modestly Proposed Antidote." Dept. of Economics, Bucknell University. Retrieved 2012-06-20.

_____. 2001. "Economics standards and lists: Proposed antidotes for feminist economists." *Feminist Economics*, Vol.7, No.2, pp.77~89.

Schober, T. and R. Winter-Ebmer. 2011. "Gender Wage Inequality and Economic Growth: Is There Really a Puzzle?—A Comment." *World Development*, Vol.39, No.8, pp.1476~1484.

Schratzenstaller, M. 2002. "Gender Budgets: ein Überblick aus deutscher Perspektive." in S. Bothfeld et al.(eds.). *Gender Mainstreaming—eine Innovation in der Gleichstellungspolitik. Zwischenberichte aus der politischen Praxis*. Frankfurt and New York: Campus.

Scott, C. V. 1995. *Gender and Development: Rethinking Modernization and Dependency Theory*. London: Lynne Rienner Publishers.

Scott, L. M. 2000. "Market Feminism: The Case for a Paradigm Shift." in M. Catterall, P. MacLaran and L. Stevens(eds). *Marketing and Feminism: Current issues and research*. London: Routledge.

Seguino, S. 2000. "Gender Inequality and Economic Growth: A Cross-country Analysis." *World Development*, Vol.28, No.7, pp.1211~1230.

_____. 2010. "Gender, Distribution, and Balance of Payments Constrained Growth in Developing Countries." *Review of Political Economy*, Vol.22, No.3, pp.373~404.

Seiz, J. A. 1995. "Bargaining models, feminism, and institutionalism." *Journal of Economic Issues*, Vol.29, No.2, pp.609~618.

Sen, A. 1985. *Commodities and Capabilities*. Oxford: Oxford University Press.

_____. 1999. *Development as Freedom*. Oxford: Oxford University Press.

Sikoska, T. 2003. "Measurement and Valuation of Unpaid Household Production: A Methodological Contribution." in M. Gutierrez(ed.). *Macro-Economics: Making Gender Matter: Concepts, Policies and Institutional Change in Developing Countries*. London and New York: Zed Books.

Sinha, A. and N. Sangeeta. 2003. "Gender in a Macroeconomic Framework: A CGE Model Analysis." in S. Mukhopadhyay and R. M. Sudarshan(eds.). *Tracking gender equity under economic reforms: continuity and change in South Asia*. Int'l Development Research Centre.

Spelman, V. E. 2002. *Repair: The Impulse to Restore in a Fragile*. WorldBeacon Press.

Spiess, C. K. and S. Bach. 2002. "Familienförderung-Hintergründe und Bewertung aus ökonomische Sicht." *Vierteljahrhefte zur Wirtschaftsforderung*, Vol.71, No.1, pp. 7~10.

Standing, G. 1989. "Global Feminization through Flexible Labor." *World Development*, Vol.17, No.7, pp.1077~1095.

Stotsky, J. 2006. *Gender and Its Relevance to Macroeconomic Policy: A Survey*. IMF working paper WP/06/233.

Strassmann, D. 1995. "Editorial: Creating a forum for feminist inquiry." *Feminist Economics*, Vol.1, No.1, pp.1~5.

Taylor, L. 1995. "Environmental and gender feedbacks in macroeconomics." *World Development*, Vol.23, No.11, pp.1953~1961.

The Economist. 2014.3.8. "Women and work: The glass-ceiling index."

Todorova, Z. 2009. *Money and Households in a Capitalist Economy: A Gendered Post Keynesian-Institutional Analysis*. Edward Elgar Pub.

Tong, R. P. 2013. *Feminist Thought: A More Comprehensive Introduction*. Westview Press.

Truc, Gonzague. *Histoire Illustree De La Femme*. Paris: Librairie Plon (『세계여성사 I, II』, 이재형 · 도화진 옮김, 문예출판사, 1995).

Ulrich, P. 1997. *Intergrative Wirtschaftsethik. Grundlageen einer lebensdienlichen Ökonomie*. Bern, Stuttgart and Wien: Verlag Paul Haup.

United Nations. 2000. *The World's Women 2000: Trends and Statistics*.

United Nations Development Programme. 2003. *Human Development Report 2003—Millenium Development Goals: A compact among nations to end human poverty*. New York and Oxford: The University of Oxford Press.

_____. 2013. *Human Development Report 2013*. United Nations.

Visvanathan, N. et al. 2011. *Gender and Development Reader*. Zed Books.

Wagman, Barnet and Nancy Folbre. 1996. "Household services and economic growth in the United States, 1870-1930." *Feminist Economics*, Vol.2, No.1, pp.43~66.

Walby, S. 1990. *Theorizing Patriarchy*. Oxford: Blackwell Publishers (『가부장제이론』, 유희정 옮김, 이화여자대학교 출판부, 1996).

Waller, W. and A. Jennings. 1990. "On the possibility of a feminist economics." *Journal of Economic Issues*, Vol.24, No.2, pp.613~622.

Walters, B. 1995. "Engendering macroeconomics: A reconsideration of growth theory." *World Development*, Vol.23, No.11, pp.1869~1880.

Waring, M. 1988. *If Women Counted: A New Feminist Economics*. San Francisco: Harper & Row.

Weintraub, J. 1997. "The Theory and Politics of the Public/Private Distinction." in J. Weintraub and K. Kumar(eds.). *Public and Private in Thought and Practice*. Chicago: The University of Chicago Press.

Wilkens, I. 2002. "Vorsorgendes Wirtschaften auf dem Weg zu einer Öonomie des Guten Lebens." *Ökologisches Wirtschaften*, No.2. pp.32~34.

Woolley, F. R. 1993. "The Feminist Challenge to Neoclassical Economics." *Cambridge Journal of Economics*, Vol.17, No.4, pp.485~500.

World Bank. 2011. "Gender Equality and Development." World Development Report 2012, Washington DC.

World Bank—Gender and Development Group. 2003. *Gender, Equality & The Millennium Development Goals*.

World Economic Forum. 2014. *Global Gender Gap Report*.

Young, I. 1980. "Socialist Feminism and the Limits of Dual Systems Theory." *Socialist Review*, Vol.10, No.2-3, pp.169~188.

Yurval-Davis, N. and F. Anthias. 1989. *Women-Nation-State*. London: Macmillan.

Zebisch, J. 2004. "Was heißt geschlechtergerechter Haushalt konkret? Indikatoren für Gender Budgeting." Fachtagung, Haushalt für alle! Mit Gender Budgeting zum geschlechtergerechten Haushalt. Gender Budget Initiative München.

유용한 홈페이지 주소

국내 홈페이지

여성가족부 http://www.mogef.go.kr

여성문화이론연구소 http://www.gofeminist.org

여성환경연대 http://www.ecofem.net

한국여성경제인협회 http://www.womanbiz.or.kr

한국여성노동자협의회(일하는 여성들의 네트워크) http://www.kwwnet.org
한국여성민우회 http://www.womenlink.or.kr
한국여성신문 http://www.womennews.co.kr
한국경제학회 http://www.kea.ne.kr
한국여성경제학회 http://www.e-kwea.or.kr
한국여성노동연구소 http://kiwlr.org
한국여성정책연구원 http://www.kwdi.re.kr
한국여성학회 http://www.kaws.or.kr
또 하나의 문화 http://www.tomoon.org

해외 홈페이지

미국 여성철학회 http://www.uh.edu/~cfreelan/SWIP
미국 여성학회 http://www.nwsa.org
세계여성경제학회 http://www.feministeconomics.org
여성학 강의안 모음집 http://www.umbc.edu/cwit/syllabi.html
유네스코 통계국(UNESCO institute for statistics) http://www.uis.unesco.org
초기 페미니스트들 저서 목록 및 글 읽기 http://www.pinn.net/~sunshine/biblio/bibtot.html
페미니즘 이론 http://www.cddc.vt.edu/feminism
IWPR(Institute for Women's Policy Research) http://www.iwpr.org
UNIFEM(United Nations Development Fund for Women) http://www.unifem.undp.org

찾아보기

지은이

홍태희

독일 베를린 자유대학교에서 클라우스 페터 키스커 교수의 지도로 경제학을 공부했고, 석사 학위논문은 장기파동론과 관련해서 쓰고, 박사 학위논문은 경제위기론에 대해 썼다. 현재 조선대학교 경제학과 교수로 재직 중이다. 관심 연구 영역은 경제변동론, 거시경제학, 여성주의 경제학, 경제철학 등이다.

한울아카데미 1739

여성주의 경제학

젠더와 대안 경제

ⓒ 홍태희, 2014

지은이 | 홍태희
펴낸이 | 김종수
펴낸곳 | 도서출판 한울
편　집 | 이수동

초판 1쇄 발행 | 2014년 12월 19일
초판 2쇄 발행 | 2015년 8월 31일

주소 | 10881 경기도 파주시 광인사길 153 한울시소빌딩 3층
전화 | 031-955-0655
팩스 | 031-955-0656
홈페이지 | www.hanulbooks.co.kr
등록번호 | 제406-2003-000051호

Printed in Korea.
ISBN 978-89-460-5739-5 93300 (양장)
978-89-460-4925-3 93300 (학생판)

* 책값은 겉표지에 표시되어 있습니다.
* 이 책은 강의를 위한 학생판 교재를 따로 준비했습니다.
강의 교재로 사용하실 때에는 본사로 연락해주십시오.